El mundo hispanohablante contemporáneo

El mundo hispanohablante contemporáneo: historia, política, sociedades y culturas is a comprehensive and innovative course for advanced students of Spanish.

Offering a constructivist approach to the study of the contemporary civilizations, cultures and histories of the Spanish-speaking world, the course focuses on learning as an active process that enables learners to develop high-level critical thinking skills through the exposure, examination and discussion of a variety of authentic films, songs and literary texts.

Divided into two parts: Part One covers *Major Historical Events* while Part Two looks at *Globalization in the Spanish Speaking World*. High-interest topics covered include: politics, economic developments, behaviours, identity, immigration, attitudes, beliefs, and cultural products.

Each chapter begins with an introduction to the general topic followed by various activities that lead students to critically analyse a range of authentic materials. Learners are able to practise higher level critical-thinking and linguistic skills through a wealth of exercises which culminate in a capstone section at the end of each chapter that guides students to a final production using the concepts learned and sources utilized throughout the lesson.

Clara Mojica-Díaz is Professor of Spanish at Tennessee State University.

Lourdes Sánchez-López is Associate Professor of Spanish and Director of the Spanish for Specific Purposes Certificate Program at the University of Alabama at Birmingham.

El mundo hispanohablante contemporáneo

Historia, política, sociedades y culturas

**Clara Mojica-Díaz and
Lourdes Sánchez-López**

Routledge
Taylor & Francis Group

LONDON AND NEW YORK

First published 2016
by Routledge
2 Park Square, Milton Park, Abingdon, Oxon OX14 4RN

and by Routledge
711 Third Avenue, New York, NY 10017

Routledge is an imprint of the Taylor & Francis Group, an informa business

© 2016 Clara Mojica-Díaz and Lourdes Sánchez-López

The right of Clara Mojica-Díaz and Lourdes Sánchez-López to be identified as authors of this work has been asserted by them in accordance with sections 77 and 78 of the Copyright, Designs and Patents Act 1988.

Trademark notice: Product or corporate names may be trademarks or registered trademarks, and are used only for identification and explanation without intent to infringe.

British Library Cataloguing-in-Publication Data
A catalogue record for this book is available from the British Library

Library of Congress Cataloging-in-Publication Data
A catalog record for this book has been requested

ISBN: 978-1-138-93028-5 (hbk)
ISBN: 978-0-415-74830-8 (pbk)
ISBN: 978-1-315-68115-3 (ebk)

Typeset in Berthold Akzidenz Grotesk
by Saxon Graphics Ltd, Derby

Printed and bound by CPI Group (UK) Ltd, Croydon, CR0 4YY

A Larry y a toda mi familia por su infinito amor, apoyo e inspiración, siempre.

Clara

A mis hijas Paula y Olivia, y a mi esposo David, por su apoyo y amor incondicionales; y a mis padres, por enseñarme a ser quien soy.

Lourdes

Contents

Agradecimientos

Queremos expresar nuestro agradecimiento a tantas personas que nos han ayudado y apoyado en la realización de este libro; primero a nuestras familias, en Estados Unidos, Colombia y España, por su apoyo incondicional en cada paso de este largo y complicado proyecto; a nuestras instituciones y colegas, por su apoyo; a los evaluadores anónimos de Routledge, quienes tomaron el tiempo de leer y proveer comentarios y recomendaciones tan acertados y de gran valor para nosotras; a nuestros estudiantes, quienes tomaron nuestros cursos de cultura y quienes nos sirvieron de conejillos de indias para los borradores de algunos capítulos. Sus comentarios y evaluación de los materiales nos han sido de incalculable valor y merecen nuestro más sincero agradecimiento. A Diego Mojica Díaz, diseñador industrial e ilustrador, por su colaboración en algunas ilustraciones del libro y la creación del diseño original de la portada. A Samantha Vale Noya, editora asociada de Routledge, por creer en nuestro proyecto desde que era tan solo una propuesta, y guiarnos hasta que se ha convertido en realidad.

Sobre las autoras

Clara Mojica-Díaz, Ph.D.

Clara Mojica-Diaz recibió su doctorado en español en la Universidad de Illinois en Urbana-Champaign, donde completó también un Certificado de estudios avanzados en Adquisición de una Segunda Lengua y Educación de Profesores (SLATE). Actualmente es profesora titular de español en la Universidad del Estado de Tennessee, donde está encargada del área de lingüística y de civilización española y latinoamericana. Ha hecho numerosas presentaciones es co-autora de artículos profesionales sobre adquisición de lenguas extranjeras, análisis del discurso de estudiantes de español y aplicación de principios constructivistas en la enseñanza de lengua y cultura, a nivel avanzado principalmente. Es co-autora del Manual de Actividades de *Pueblos*: *Intermediate Spanish in Cultural Contexts*.

Lourdes Sánchez-López, Ph.D.

Lourdes Sánchez-López es profesora titular de español y lingüística aplicada en la Universidad de Alabama en Birmingham. Es fundadora y directora del programa Certificado de Español para Fines Específicos (*Spanish for Specific Purposes Certificate*). Sus especializaciones son la lingüística aplicada, la adquisición de segundas lenguas, la lingüística del español y el inglés, el español para fines específicos, el aprendizaje-servicio y los estudios culturales de España y Latinoamérica. Es co-autora de *Pueblos, Intermediate Spanish in Cultural Contexts* (libro de texto y Manual de Actividades) y editora de la antología *Scholarship and Teaching on Languages for Specific Purposes*. Ha publicado numerosos artículos profesionales en diversas áreas de la lingüística aplicada a nivel internacional. Para más información sobre su carrera y publicaciones, consulte http://www.uab.edu/cas/languages/faculty/lourdes-sanchez-lopez.

Introducción

El mundo hispanohablante contemporáneo: historia, política, sociedades y culturas ha sido diseñado para el desarrollo avanzado de la competencia intercultural. Ofrece una propuesta metodológica innovadora para la enseñanza y el aprendizaje del español y las culturas hispanohablantes dentro de un marco constructivista. El constructivismo es ideal para el estudio de un tema complejo y difícil como es la cultura. Los estudiantes construyen un entendimiento imparcial de las expresiones culturales para así evitar los estereotipos y la banalización. Este nuevo enfoque es vital para incrementar el uso de las habilidades de pensamiento crítico a nivel avanzado, así como para garantizar la activa participación, el compromiso y la motivación de los estudiantes para aprender. *El mundo hispanohablante contemporáneo* está diseñado alrededor de auténticos medios de comunicación como son el cine, la literatura y la música. Los estudiantes tienen la oportunidad de ver, leer y escuchar, y extraer las características y perspectivas esenciales que hacen de esta una expresión única de las comunidades destinatarias. El contenido particular abarca áreas antropológicas fundamentales de la investigación, tales como: la organización social, política y económica, y comportamientos, identidad, actitudes y creencias. Esta nueva metodología toma en cuenta otros elementos que son cruciales en el proceso de aprendizaje: datos originales, tareas cognitivamente organizadas, investigación independiente y trabajo en equipo. Los principios utilizados en este libro están en sintonía con la actual definición del aprendizaje como un proceso activo. Durante este proceso, se crea un ambiente que fomenta la interacción, la cooperación y la participación activa.

ORGANIZACIÓN DEL LIBRO

El mundo hispanohablante contemporáneo: historia, política, sociedades y culturas contiene 12 capítulos desarrollados alrededor de grandes temas del mundo hispanohablante. Los capítulos se organizan en dos secciones. Los ocho primeros capítulos configuran la primera sección, titulada *Grandes acontecimientos históricos*, y los cuatro últimos capítulos configuran la segunda, titulada *La globalización en el mundo hispanohablante*. El capítulo 1, *Siglo xx: nacionalismo e identidad hispanoamericana*, inicia el estudio cultural de esta maravillosa y contradictoria parte del planeta mediante el estudio de algunos de los muchos elementos que participaron en los esperanzadores y dramáticos acontecimientos del siglo xx en Hispanoamérica. El Capítulo 2, *México después de la Revolución*, se enfoca en México, su historia, sus desafíos y sus logros desde la Revolución mexicana hasta nuestros días. El capítulo 3, *Dictaduras del Caribe y Revolución cubana*, analiza este evento histórico que ha marcado la evolución y desarrollo no sólo de Cuba y su gente, sino también de toda una generación de cubanos que han crecido fuera del país. El capítulo 4, *Revoluciones centroamericanas y procesos de paz*, explora los eventos históricos que han marcado la historia, la política y la sociedad de Centroamérica, en particular la lucha de sus principales protagonistas: Guatemala, Nicaragua y El Salvador. El capítulo 5, *Suramérica: democratización, desarrollo e integración*, analiza los grandes acontecimientos que definen los últimos 25 años de Suramérica, centrándose en la transformación económica neoliberal; el contexto socioeconómico, militar y ambiental de la guerra contra las drogas; el desarrollo y la integración regional; la democracia, el activismo social y las organizaciones indígenas. El capítulo 6, *La guerra civil española, la posguerra y el franquismo*, nos inicia en el estudio de la historia de España explorando tres etapas decisivas y cruciales, la guerra civil (1936-1939), los años de posguerra (1940-1954) y el largo régimen militar del general Francisco Franco (1939-1975). El capítulo 7, *La nueva España contemporánea (de 1975 al presente)*, continúa explorando la historia y cultura españolas en la última parte del siglo xx y primera parte del xxi, desde la muerte de Franco, pasando por la época de transición a la democracia, la evolución política, económica y social del país hasta nuestros días. El capítulo 8, *Los latinos en Estados Unidos*, cierra la primera sección del libro con el estudio de un elemento esencial en el desarrollo y la evolución sociocultural del mundo hispanohablante: la historia, las contribuciones, la identidad y la transformación de la gran comunidad latina en Estados Unidos. La segunda sección del libro, *La globalización en el mundo hispanohablante*, la forman los capítulos 9–12. El capítulo 9, *La inmigración y la emigración en el mundo hispanohablante: las nuevas realidades sociales* es el primero de cuatro capítulos que exploran importantes y relevantes temas relacionados con la globalización en el mundo hispanohablante, como son los diferentes movimientos migratorios que han alterado e influenciado la historia, las tradiciones, las religiones, las culturas, las economías, la política y los comportamientos en Latinoamérica, España y Estados Unidos. El capítulo 10, *Los tratados de libre comercio en los países hispanohablantes y sus consecuencias socioculturales*, continúa explorando la temática de la globalización desde el punto de vista de los tratados de libre comercio que afectan a los países hispanohablantes y que han influido en las economías, las sociedades, las culturas y los comportamientos a ambos lados del Atlántico. En el capítulo 11, *La crisis económica del siglo xxi y sus efectos en los países hispanohablantes*, continuamos explorando y analizando una de las consecuencias más dramáticas y a la vez visibles de la globalización, es decir, la interdependencia económica generalizada entre países y regiones, estudiando las causas que condujeron a la crisis económica de principios del siglo xxi y sus diferentes consecuencias en los países hispanohablantes. Finalmente, el capítulo 12, *La sociedad hispanohablante contemporánea: familia, juventud, educación y cultura*, sirve como broche final a los doce temas que se han investigado, discutido y analizado en *El mundo hispanohablante contemporáneo.* Este último capítulo explora algunos de los procesos socioculturales que han sido partícipes de la evolución de las sociedades hispanoamericanas y españolas desde el final del siglo xx hasta nuestros días, enfocándonos en la familia, la juventud y la educación como pilares fundamentales que describen y definen nuestras sociedades.

ORGANIZACIÓN DE CADA CAPÍTULO

Los 12 capítulos están organizados y distribuidos de forma similar. Cada capítulo comienza con una *Introducción* general a la temática que se presenta, seguida de unas preguntas de compresión del texto. Esta lectura introductoria es crucial para enmarcar los temas dentro de la historia y de los diferentes contextos. A continuación cada capítulo contiene cinco actividades. Las *Actividades 1–4* están desarrolladas alrededor de diferentes medios de comunicación (películas, canciones y textos literarios). La *Actividad 5* es la producción de un ensayo o un debate que se ha ido preparando a través de tareas guiadas en todas las actividades del capítulo. Las *Actividades 1–4* contienen tareas que se realizan tanto individualmente en casa como en equipo en el salón de clase. Cada actividad comienza con una tarea individual de *Investigación preliminar* con preguntas guiadas que el estudiante debe investigar *a priori* antes de ver, escuchar o leer. A continuación, nos encontramos con una sección de *Análisis* de los textos, donde paso a paso, los estudiantes tienen oportunidad de compartir sus investigaciones oralmente en grupo e involucrarse a fondo en debates. Finalmente, cada actividad termina con una sección de *Conclusiones*, en la que los estudiantes deben anotar las ideas principales de los temas investigados a las que cada grupo ha llegado al finalizar la actividad. Las ideas generadas en las secciones de conclusiones de cada actividad serán información clave para el desarrollo del ensayo final de cada capítulo que constituye la *Actividad 5*.

PELÍCULAS, CANCIONES Y TEXTOS LITERARIOS

Cada capítulo desarrolla una temática que se ilustra a través de cinco actividades desarrolladas en torno a cuatro producciones originales: películas, canciones y textos literarios. A estas producciones originales se accede de forma electrónica a través de los Manuales del Estudiante y del Instructor en la Red.

MANUAL DEL INSTRUCTOR Y MANUAL DEL ESTUDIANTE (EN LA RED)

El mundo hispanohablante contemporáneo: historia, política, sociedades y culturas ofrece dos manuales complementarios en la Red: el Manual del

Instructor y el Manual del Estudiante (https//www.routledge.com/products/ 9780415748308). El Manual del Instructor contiene ideas pedagógicas para el instructor, recursos complementarios y la clave de respuestas a las actividades de contenido específico de cada capítulo. El Manual del Estudiante contiene una sección del Estudio de la Lengua complementaria a cada capítulo, una lista de lecturas complementarias a los temas de cada capítulo y una sección de ayuda con pautas de escritura para redactar los ensayos. Estos dos manuales pretenden ser fieles y útiles complementos al libro de texto con el objetivo de crear experiencias de enseñanza y aprendizaje óptimas.

ORGANIZACIÓN DEL CURSO

Aunque los doce capítulos de *El mundo hispanohablante contemporáneo: historia, política, sociedades y culturas* se encuentran en un orden lógico, sin embargo, este orden se puede alterar según las necesidades del curso o a gusto del instructor. Dada la variedad de temas recogidos en *El mundo hispanohablante contemporáneo*, el libro ofrece gran flexibilidad y adaptabilidad para adecuarse a cursos avanzados de cultura y civilización Hispanoamericana (Latinoamericana, Peninsular o combinada), o a cursos especializados tanto de grado como de posgrado. Cada capítulo está diseñado metodológicamente con una combinación equilibrada de actividades para trabajar individualmente fuera de clase y en grupo en el salón de clase. Sin embargo, cada curso y grupo de estudiantes es único y por lo tanto, el profesor siempre debe tener la última palabra en como y donde realizar las actividades para adecuarse a las propias necesidades y optimizar los resultados. Las actividades van acompañadas de símbolos que indican si deben realizarse individualmente fuera de clase (por ejemplo lecturas de la introducción, textos literarios, películas o investigaciones) o en grupos en el salón de clase (por ejemplo análisis de escenas, textos literarios y canciones; debates, discusiones o conclusiones). Los textos literarios cortos, como los poemas, pueden leerse en clase si hay tiempo, y los más largos pueden asignarse como tarea. Así mismo, las películas se presentan de dos formas, con el análisis de ciertas escenas en el salón de clase en todos los capítulos, y en algunos casos, también con el análisis de la película completa, si el profesor lo considera oportuno dada la naturaleza específica del curso. Dada la duración de 3–5 minutos de las canciones, éstas se pueden ver y escuchar en el salón de clase, aunque también se pueden asignar como tarea, dependiendo de las necesidades de cada curso. Cada capítulo está diseñado para poderse completar en cinco o seis horas, o en semana y media o dos semanas de clase. Cada hora de clase debe ir precedida de intensa investigación y otras tareas previas fuera de clase. Para los cursos más especializados en los que se vea solo una selección reducida de ciertos capítulos, el ritmo podrá ser más pausado, generando debates y discusiones a más alto nivel.

He aquí la relación de **símbolos** que identifican las actividades a lo largo de cada capítulo:

Este símbolo identifica cada actividad (al menos una por capítulo) desarrollada en torno a una canción.

Este símbolo identifica cada actividad (al menos una por capítulo) desarrollada en torno a un texto literario.

Este símbolo identifica cada actividad (al menos una por capítulo) desarrollada en torno a una película.

Este símbolo identifica cada actividad denominada "Investigación preliminar", en la que se pide a los estudiantes que realicen investigaciones fuera del aula. Esta actividad es fundamental para el éxito del desarrollo del capítulo.

Este símbolo identifica las actividades donde los estudiantes se reúnen para discutir y analizar la investigación llevada a cabo antes de la clase, y analizar en grupos las producciones originales (películas, canciones y textos literarios) que se presentan en cada capítulo.

Este símbolo identifica cada actividad que se debe realizar en parejas o en grupos en el aula.

Este símbolo identifica las actividades en la que se pide a los estudiantes que escuchen una canción.

Este símbolo identifica las actividades en la que se pide a los estudiantes que lean un texto.

Este símbolo identifica las actividades de comprensión de lectura.

Este símbolo identifica las actividades enlazadas con el Sitio Web del Estudiante, donde los estudiantes tienen acceso, a través de Internet, a las producciones originales de cada uno de los capítulos (películas, canciones y textos literarios) y a otros materiales complementarios.

Este símbolo identifica y resalta la última actividad en cada capítulo (Actividad 5), donde se pide a los estudiantes que escriban un ensayo final guiado utilizando la información y los conocimientos adquiridos a lo largo del mismo.

Este símbolo identifica las actividades en las que se pide a los estudiantes que vean una película o una escena de una película.

SOBRE LA NOMENCLATURA UTILIZADA

Al hablar del mundo hispanohablante nos encontramos frecuentemente con la dificultad de encapsular la diversidad de su población en una palabra. Al mismo tiempo, somos conscientes de la necesidad de escoger y usar consistentemente el menor número de términos por razones de claridad y economía del lenguaje. A continuación, citamos los términos que se utilizan en este libro para designar grandes agrupaciones de personas que en un momento dado comparten a nuestro parecer hechos históricos, sociales y culturales de importancia. Pedimos disculpas si al escoger estos términos denominamos erróneamente o excluimos involuntariamente a alguno de sus miembros.

La nomenclatura que utilizamos es la siguiente:
Latino para designar a todos los miembros del mundo hispanohablante que habitan en Estados Unidos. Sin querer negar la validez de la denominación *hispano*, hemos dado preferencia a la palabra *latino* principalmente por razones de origen regional, aunque no es la denominación ideal como veremos más tarde. Existen varios nombres en español para referirse al área que comienza en el río Bravo y termina en la Patagonia: *Hispanoamérica*, *Iberoamérica*, *América Latina* (*Latinoamérica*). Sin embargo, es esta última la que parece haber penetrado en la mentalidad y expresión colectiva de sus miembros, y por ende en las ediciones de libros y la prensa escrita sobre el tema. Dado que la mayor parte de los inmigrantes que llegan a Estados Unidos tiene conexiones todavía muy recientes con sus países de origen, creemos que la manera más adecuada de denominar a esta comunidad sería *latinoamericanos*. Esta denominación, sin embargo, se presta a confusiones, ya que desde los siglos xx y xxi se ha dado en designar, aunque erróneamente, a Estados Unidos como *América* y a los diferentes grupos que forman su población como *mexicano-americano*, *cubano-americano*, *africano-americano*, etcétera. Para evitar la confusión entre los ciudadanos y residentes de Estados Unidos y los nativos de los países americanos al sur de Estados Unido hemos optado por la forma corta *latino*.

Queremos así mismo reconocer el hecho de que la mayoría de los miembros de los países al sur de Estados Unidos prefiere ser identificada de acuerdo con la nacionalidad de origen de su familia (51%), según un estudio publicado recientemente por el Pew Research Hispanic Trends Project[1] (2011) y que solo un 24% usa los términos *hispano* o *latino*, de los cuales el 51% no tiene preferencia. En la medida de lo posible hemos respetado este mandato de la mayoría.

Hispanoamericano para designar a los habitantes de todos los países del continente americano cuya cultura mayoritaria o más influyente es la española.

Latinoamérica para designar a todos los países del área americana cuya cultura mayoritaria o más influyente es española, francesa o portuguesa.

Suramérica para designar a los países del sur del continente americano desde Colombia y Venezuela hasta la Patagonia. Reconocemos, sin embargo que tanto *Suramérica* como *Sudamérica* son designaciones geográficas válidas del subcontinente americano que engloba los países situados al sur del istmo de Panamá. Aunque históricamente se ha usado preferencialmente la palabra *Sudamérica*, se ha visto en los últimos años un giro hacia el término *Suramérica*. Por una parte, el Diccionario de la Real Academia Española[2] (DRAE), aunque incluye las dos nomenclaturas, *sudamericano* y *suramericano*, el primero remite al segundo, el cual contiene la definición: "Natural de Suramérica o América del Sur". Por otra parte, la prensa escrita y particularmente Internet y el periodismo digital parecen favorecer los términos *Suramérica* y *suramericano*.

NOTAS

1 Taylor, P., López, M. H., Martínez, J. y Velasco, G. (2012). *When Labels Don't Fit: Hispanics and Their Views of Identity*. En *Pew Research Hispanic Trends Project*. Recuperado de http://www.pewhispanic.org/2012/04/04/when-labels-dont-fit-hispanics-and-their-views-of-identity/
2 Real Academia Española (2001). *Diccionario de la lengua española*. Madrid: Espasa Calpe. Recuperado de http://lema.rae.es/drae/?val=suramericano.

Grandes acontecimientos históricos

CAPÍTULO 1

Siglo xx: nacionalismo e identidad hispanoamericana

I DESCRIPCIÓN

Este capítulo, titulado "El siglo xx: nacionalismo e identidad hispanoamericana", forma parte de la sección de "Grandes acontecimientos históricos" e inicia nuestro recorrido por el mundo hispanohablante contemporáneo. A través del cine, la música y la literatura vas a investigar sobre algunos de los elementos que influyeron en los esperanzadores y dramáticos acontecimientos del siglo xx en Hispanoamérica. Es necesario aclarar que, si bien el enfoque y los textos son hispanoamericanos, el contexto de los acontecimientos abarca con frecuencia toda el área latinoamericana. Por lo tanto, a lo largo del capítulo se usarán los términos *Latinoamérica* e *Hispanoamérica* de acuerdo con la cobertura o el énfasis de los hechos tratados.

II OBJETIVOS CULTURALES

Al final de este capítulo podrás:

1   Demostrar tu comprensión de la historia del siglo xx en Hispanoamérica y su relación con los comportamientos políticos, económicos, sociales y

culturales de su población. Para lograr este resultado, vas a investigar, analizar y comentar sobre:

a   El ambiente político, económico y cultural prevalente durante la mayor parte del siglo xx.
b   Los ideales y comportamientos del pueblo hispanoamericano.
c   Los cambios ocurridos, su dimensión, causas, consecuencias e impacto en la población.
d   El papel e influencia de Estados Unidos en los acontecimientos ocurridos.
e   La Guerra Fría, sus características y su impacto en la población.
f   La "guerra sucia" en Argentina, sus características y consecuencias.
g   La Teología de la Liberación, su origen, sus líderes y su importancia en las luchas sociales y políticas del pueblo hispanoamericano.
h   La internacionalización de la cultura latinoamericana y el papel de intelectuales, escritores y artistas tanto en el pensamiento como en la acción política y económica de la época.

2   Demostrar tu comprensión de la conexión entre las perspectivas filosóficas, políticas y sociales del pueblo hispanoamericano y la siguiente producción cultural en música, literatura y cine.

a   Música: El cóndor pasa (música de Daniel Alomía Robles, 1990, versión de Gonzalo Ambicho Maíz, 2011).
b   Textos literarios: "Oye Señor mi causa justa. (Salmo16)" (Ernesto Cardenal, 1969), "El mar del tiempo perdido" (Gabriel García Márquez, 1985).
c   Película: La noche de los lápices (Héctor Olivera, 1986).

III OBJETIVOS LINGÜÍSTICOS

Al final de este capítulo, podrás:

1   Interpretar y analizar las ideas principales y secundarias de textos culturales orales y escritos producidos en Hispanoamérica.
2   Usar apropiadamente el vocabulario general y específico relacionado con las producciones culturales hispanoamericanas analizadas.
3   Narrar con claridad y fluidez los hechos relacionados con la historia del siglo xx hispanoamericano.
4   Resumir, describir y comentar de manera clara y estructurada textos históricos, políticos y socioculturales de nivel avanzado.
5   Escribir textos de nivel avanzado sobre hechos socioculturales y políticos relacionados con los acontecimientos analizados.

INTRODUCCIÓN

Varios acontecimientos sirvieron de telón de fondo para el siglo xx en Hispanoamérica. Entre 1898 y 1903, Estados Unidos desplazó a España de Cuba y Puerto Rico e instigó la independencia de la provincia colombiana de Panamá, expandiendo así su control político y comercial sobre el Caribe. En 1904, Theodore Roosevelt revivió la antigua Doctrina Monroe (1823) y autoproclamó la jefatura y el poder policial de su país sobre el hemisferio. Posteriormente, con el desplazamiento de Inglaterra como principal socio comercial hispanoamericano, Estados Unidos tomó el control de los recursos naturales básicos, invadió, ocupó, promovió golpes de Estado y gobiernos dictatoriales en la región y en beneficio de sus intereses. Las compañías estadounidenses y las élites terratenientes acumularon grandes ganancias con el apoyo de leyes de expropiación de tierras a campesinos e indígenas, el mantenimiento de un sistema feudal protegido en gran medida por los militares y la explotación desmesurada de obreros y trabajadores. En México, por ejemplo, al ocurrir la Revolución (1910), según los analistas, el porcentaje de familias rurales sin tierra llegaba por lo menos a un 95 por ciento y tanto obreros como campesinos eran víctimas de un sistema económico y político despiadado.

En respuesta a la amenaza imperialista estadounidense, el escritor modernista uruguayo José Enrique Rodó publicó el influyente ensayo *Ariel* (1900). En esta obra, Rodó critica el materialismo estadounidense y destaca el desinterés personal y el espíritu idealista latinoamericanos como los legítimos cimientos de una sociedad más armónica y justa. El *arielismo* tuvo un gran impacto unificador y liberador en toda Latinoamérica: tanto jóvenes como intelectuales y políticos reformistas repudiaron la influencia política y cultural estadounidense y se lanzaron a la búsqueda de la esencia cultural de su región. La búsqueda de lo latinoamericano no sólo llevó al aprecio del mestizaje y al rescate de las tradiciones indígenas y africanas, sino a una gran creatividad y a la posterior internacionalización de su cultura, iniciada con el aclamado *boom* novelístico de los años sesenta. La búsqueda de una identidad propia influyó además en el nacionalismo político y económico que tomaría fuerza después de la Segunda Guerra Mundial y que desplazaría al desgastado sistema liberal de exportación de materias primas. El modelo liberal había mantenido una sociedad oligárquica dominada por los criollos y las compañías extranjeras, que la clase media organizada, los sindicatos de trabajadores y las organizaciones campesinas venían desafiando desde hacía tiempo. Su desafío había provocado encuentros violentos como el de la Revolución mexicana (1910), de gran influencia en Latinoamérica, y masacres de trabajadores tales como la de la Patagonia Trágica en Argentina (1921) y las bananeras en Colombia (1928). Además, la recesión económica de los años treinta había sido devastadora para la población, intensificando las tensiones laborales y políticas.

El nuevo modelo económico buscaba una reforma agraria y social, así como la recuperación de los recursos naturales y el desarrollo industrial por medio de la sustitución de importaciones. El Estado asumió la responsabilidad del desarrollo y estableció medidas de protección de la industria nacional que incluían subsidios estatales y altos aranceles de importación. También, como en el caso del gobierno de Juan Domingo Perón (1946-1955) en Argentina, se introdujeron medidas sociales y se nacionalizaron las empresas extranjeras. La nueva política económica produjo una verdadera revolución industrial: se incrementó la producción y las infraestructuras, mejoraron los salarios y crecieron las ciudades, al igual que la clase media urbana. Al llegar los años sesenta, países como México y Argentina, y en menor grado Colombia, Venezuela y Chile, se habían transformado considerablemente. Por otra parte, los cambios drásticos y los desajustes de la rápida industrialización trajeron también una gran convulsión social causada por la desigualdad, la pobreza y la miseria de grandes sectores de la población. En consecuencia, surgieron fenómenos económicos como el cultivo y tráfico de estupefacientes fortalecido por la cultura de la droga estadounidense y europea, además de fenómenos sociopolíticos como la formación de movimientos estudiantiles, obreros y campesinos, y de organizaciones guerrilleras que buscaban un cambio radical. Dichas agrupaciones, junto con los gobiernos reformistas de la época, chocaron con la política anticomunista y capitalista estadounidense y fueron aplastados o atacados militarmente aunque no fueran de ideología comunista.

El triunfo de la Revolución cubana (1959) agudizó la represión gubernamental, que contaba con una poderosa ayuda militar y entrenamiento contrainsurgente liderado por la cuestionada Escuela Militar de las Américas, hoy WHINSEC. A medida que se intensificaba la persecución militar, el sentimiento antiestadounidense aumentaba y jóvenes idealistas se adherían a guerrillas rurales y urbanas (marxistas, maoístas, peronistas, castristas, guevaristas). Mientras unas dictaduras caían (Trujillo en la República Dominicana, Somoza en Nicaragua), otras se implantaban apoyadas por Estados Unidos y algunos sectores locales (Pinochet en Chile, Junta Militar en Argentina). La fiebre anticomunista sofocó movimientos sociales moderados como la Teología de la Liberación, haciendo inevitable la radicalización de algunos de ellos, además de los levantamientos de la población y el aumento del terror y de las víctimas. Cientos de miles de campesinos, trabajadores, estudiantes, educadores, sindicalistas, sacerdotes, intelectuales y artistas fueron torturados, masacrados, expulsados de su tierra o desaparecieron, víctimas de la intransigencia política del momento. En una región plagada de impunidad como es Hispanoamérica, el proceso investigativo de los crímenes cometidos en este periodo ha sido lento, como también lo ha sido el castigo a los culpables.

La Revolución cubana, con sus líderes Fidel Castro y Che Guevara, tuvo también un profundo impacto sociocultural de dimensión internacional. Los movimientos políticos, sociales, religiosos y culturales hispanoamericanos comenzaron a atraer la atención del mundo entero, en un momento en que ya existía un gran talento literario y artístico muy consciente de la realidad sociopolítica de la región. En este contexto irrumpió la nueva novela, de avasalladora creatividad, profundamente latinoamericana y universal. Sus escritores en español −Gabriel García Márquez, Mario Vargas Llosa, Julio Cortázar, Carlos Fuentes y muchos otros maestros indiscutibles de la narración− se apoderaron del panorama internacional. Fueron también aplaudidos grandes poetas como Pablo Neruda, Octavio Paz y Ernesto Cardenal, al igual que grandes intérpretes y compositores de la Nueva Canción.

Al finalizar los años setenta, la recesión mundial ocasionada por la crisis energética seguida del alza inesperada de los intereses, agravó aún más la situación socioeconómica de la región. Pocos años antes, varios países habían incrementado considerablemente sus préstamos, esta vez a corto plazo e interés variable, lo que hizo la deuda insostenible y el costo social abrumador. Una deuda que en 1973 era de 40.000 millones de dólares, en 1999 sobrepasaba los 650.000 millones, siendo México y Argentina los mayores deudores después de Brasil. La región recurrió entonces al Fondo Monetario Internacional (FMI), que impuso programas de ajuste sumamente duros para la población y el regreso al modelo económico liberal globalizado.

El pueblo hispanoamericano, en su mayoría, no se benefició de las grandes riquezas acumuladas y del visible desarrollo del siglo xx, pero sí de la independencia cultural lograda. Hoy comparten ese legado escritores tales como Isabel Allende, Gioconda Belli, María Mercedes Carranza, Laura Esquivel, Eloy Martínez, Edmundo Paz Soldán y muchos más.

COMPRENSIÓN DE LA LECTURA

Responde a las siguientes preguntas de acuerdo con el texto que acabas de leer:

1   ¿En qué consistieron las acciones estadounidenses a principios del siglo xx y en años posteriores?
2   ¿Qué influencia tuvo el *Ariel* y por qué?
3   ¿En qué consistió el modelo nacionalista de desarrollo industrial y qué efecto tuvo?
4   ¿Cómo describirías la lucha anticomunista en Hispanoamérica?
5   ¿Cómo fue interpretada la Revolución cubana por parte de los gobiernos de la región y de Estados Unidos en comparación con los movimientos populares?
6   ¿Qué importancia tuvo el *boom* de la nueva novela hispanoamericana?
7   ¿Cómo terminó el siglo xx?

ACTIVIDAD 1

Música. "El cóndor pasa" (música de Daniel Alomía Robles, 1990; letra de Gonzalo Ambicho Maíz, 2011)

Daniel Alomía Robles (1871-1942) fue un reconocido etnomusicólogo peruano y uno de los representantes del movimiento indigenista latinoamericano. Combinó su temprana educación musical con la investigación de la cultura incaica, su música, sus mitos y leyendas. En 1990, su hijo Armando Robles Godoy publicó una recopilación de su extensa obra bajo el título *Himno al sol*, que contiene zarzuela, ópera, numerosas piezas folclóricas y poemas quechuas. Las composiciones musicales de Alomía incluyen la ópera *Illa Cori* sobre la conquista de Quito por el inca Huaina Capac, la zarzuela *Alcedo*, la opereta *La Perricholi* y las canciones "Danza huanca", "Amanecer andino" y "Resurgimiento de los Andes". Los manuscritos originales reposan hoy en la Pontificia Universidad Católica del Perú.

La canción "El cóndor pasa" forma parte de la zarzuela del mismo nombre inspirada en la música incaica de los Andes peruanos y estrenada con gran éxito en Lima en 1913. Sin embargo, la extraordinaria fama internacional de la que goza actualmente se debe a jóvenes representantes de la Nueva Canción Latinoamericana exiliados en París en los años sesenta y setenta. De allí la tomaron Simon y Garfunkel, cuya versión recorrió todo el mundo. Hoy se conocen más de cuatro mil versiones en lenguas diferentes, pero la versión que estudiamos aquí es del compositor peruano Gonzalo Ambicho Maíz y una de las más recientes.

La zarzuela *El cóndor pasa*, cuyo libreto original fue escrito por el dramaturgo Julio Baudouin, trata de la explotación de mineros peruanos por una compañía extranjera, tema social recurrente en la producción artística hispanoamericana. Está compuesta de tres ritmos andinos: un yaraví, un pasacalle incaico y una fuga de huayno. En el año 2004 fue declarada Patrimonio Cultural de la Nación por su contribución a la identidad del Perú.

COMPRENSIÓN DEL TEXTO

Completa las siguientes oraciones de acuerdo con el texto que acabas de leer:

1   Daniel Alomía fue _____
2   Este compositor peruano tuvo un gran interés en _____
_____
_____
3   Su obra _____
4   Representantes de la Nueva Canción_____
5   Simon y Garfunkel_____
6   *El cóndor pasa* _____

I. INVESTIGACIÓN PRELIMINAR

En esta sección vas a investigar y aprender sobre la búsqueda de identidad, el indigenismo y el nacionalismo cultural. Puedes encontrar información en la biblioteca, en Internet, en la bibliografía al final del libro y en Sitio Web del Estudiante. Toma notas para poder hacer tus comentarios en la clase.

La búsqueda de una identidad propia

1   Se dice que Manuel González Prada fue clave en la creación de las bases del *indigenismo*. ¿En qué consistió su pensamiento al respecto?
2   ¿Cómo ven el mestizaje el mexicano José de Vasconcelos y el cubano Alejo Carpentier? ¿En qué difieren del concepto europeo del momento?
3   ¿Quiénes fueron Víctor Haya de la Torre y José Carlos Mariátegui? ¿Qué ideas relacionadas con las culturas indígenas proponían? ¿Por qué?

El indigenismo y el negrismo en literatura y arte

1   ¿Quién escribió y de qué trata la novela *Huasipungo*? ¿A qué se debe su éxito?
2   ¿Quién fue el autor de *Hombres de maíz* y de qué trata esa novela?
3   ¿Quién fue José María Arguedas? ¿Cuáles son sus obras más conocidas? ¿Qué temas trató en sus obras?
4   ¿Qué caracteriza la obra del escritor Manuel Zapata Olivella? Describe una de sus obras.
5   ¿Quién fue Oswaldo Guayasamín y cómo evolucionó su arte?

Producciones nacionalistas en la música y el cine

1   ¿Qué tienen en común y qué caracteriza la música de Carlos Chávez, México; Amadeo Roldán, Cuba; Alberto Ginastera, Argentina; y Adolfo Mejía Navarro, Colombia?
2   Investiga el trabajo de dos de los siguientes directores de cine y compáralos: Fernando Solanas, Argentina; Jorge Sanjinés, Bolivia; Santiago Álvarez, Cuba; Miguel Littin, Chile.

II. ANÁLISIS

A. Palabras clave

Estudia el siguiente vocabulario de la canción "El cóndor pasa" y determina su significado según el contexto en el que aparece. Luego, al final de la lista escribe tus ideas preliminares sobre el tema.

- ❏ son — en son de libertad
- ❏ alas — en alas del amor
- ❏ cumbres — en las inmensas cumbres
- ❏ flamear — flameen las banderas
- ❏ crueldad — no más crueldad, guerra ni maldad
- ❏ empuñar — empuñen rosas y olivos
- ❏ ferviente — cantemos fervientes
- ❏ himno — el himno eterno
- ❏ dicha — dicha, paz y libertad

B. Imagina

Escribe en unas cinco líneas tus ideas sobre el posible tema de la canción. Usa tu investigación preliminar y las siguientes preguntas como guía: ¿De qué trata? ¿Crees que es una canción de protesta social o de orgullo nacional? ¿Es objetiva o idealista? ¿Transmite alegría o tristeza?

_____
_____
_____
_____
_____
_____
_____
_____
_____
_____
_____
_____
_____
_____

 ## C. Antes de escuchar

Elaboren una lluvia de ideas sobre la información recogida en las secciones anteriores y su interpretación preliminar del contenido de la canción "El cóndor pasa". Tomen notas para poder incorporar sus ideas al análisis siguiente.

 ## D. Escuchar

Escuchen la canción "El cóndor pasa", versión de Gonzalo Ambicho Maíz.

E. Después de escuchar

En relación con los conocimientos adquiridos hasta el momento, comenten el contenido de la canción y respondan a las siguientes preguntas de análisis. Tomen notas de los puntos tratados para escribir una composición sobre el tema.

1   ¿De qué trata la canción en todo su contexto?
2   ¿Cómo es el cóndor y dónde habita? ¿Qué características tiene su hábitat?
3   Analicen la primera estrofa. Según lo que han leído hasta ahora, ¿de qué redención habla el poeta?
4   En la segunda estrofa, ¿qué simboliza el cielo radiante y qué la lluvia? ¿Podemos relacionar esas dos vivencias con los cambios históricos de la situación indígena en América?
5   Analicen las estrofas tercera y cuarta. Específicamente, ¿a qué crueldad, guerra y maldad creen que se refiere el poeta? ¿Qué desea en cambio? ¿Creen que es posible ese cambio o es simplemente una ilusión del poeta?
6   El cóndor es una figura mítica incaica de gran simbolismo, presente en los escudos de Colombia, Chile, Ecuador y Bolivia. Según la letra de la canción, ¿qué poder y qué valores simboliza el cóndor para los países andinos?
7   ¿Qué significa "volar en alas del amor"?¿Pueden encontrar otras figuras literarias en la canción?

 F. Conclusiones

Escriban una composición de dos o tres párrafos sobre "La identidad cultural y el rescate de las culturas nativas". Usen sus notas y las siguientes preguntas para organizar sus ideas. ¿Qué influencias culturales predominaban en la región a principios del siglo xx y por qué? ¿Estaban los intelectuales satisfechos con esos valores? ¿Qué influyó en el desarrollo de una nueva conciencia cultural basada en el mestizaje? ¿Quiénes fueron sus promotores y cultivadores, y en qué consistió su trabajo?

_____
_____
_____
_____
_____
_____
_____
_____
_____
_____
_____

ACTIVIDAD 2

Texto Literario. "Oye Señor mi causa justa. (Salmo 16)". (Ernesto Cardenal, 1969)

Nicaragua   *priest*

Ernesto Cardenal (1925) es un reconocido escritor, escultor y sacerdote nicaragüense contemporáneo y de amplia proyección intelectual internacional. Se ha hecho acreedor a premios tales como el Iberoamericano Pablo Neruda y el Reina Sofía de Poesía Iberoamericana. Ha sido también propuesto en varias ocasiones para el Nobel de Literatura.

proposed

Cardenal es conocido por su misticismo, pero también por su militancia política y revolucionaria. Es además un representante destacado de la Teología de la Liberación en Hispanoamérica; por esta razón fue amonestado públicamente por el papa Juan Pablo II durante su visita a Nicaragua en 1983. Antes de ordenarse sacerdote en 1965, estuvo en el monasterio de Getsemaní en Estados Unidos e hizo estudios de teología en México y en Colombia. Es fundador de una comunidad monástica en Solentiname, un archipiélago del Gran Lago de Nicaragua.

Cardenal fue Ministro de Cultura del gobierno del Frente Sandinista de Liberación Nacional (FSLN) entre 1979 y 1987, periodo durante el cual recibió el Premio de la Paz del Comercio de Libreros Alemán. Se separó del FSLN en 1994 debido a las prácticas autoritarias de ese grupo, las cuales ha continuado criticando. Por esta razón, el FSLN ha tomado represalias contra él.

La obra literaria de Ernesto Cardenal cubre distintos temas que reflejan su preparación intelectual y sus múltiples viajes y vivencias; muchos de ellos son autobiográficos pero hay otros más impersonales. Sus obras incluyen *Cántico cósmico*, *Vida en el amor*, *Salmos*, *Epigramas*, *Versos del pluriverso*, *El evangelio en Solentiname*, *El telescopio en la noche oscura*, *Pasajero de tránsito*, *Tata Vasco. Un poema.*

El poema que vamos a analizar aquí, "Oye Señor mi causa justa. (Salmo 16)", refleja dos de sus grandes intereses: la religión y el comentario sociopolítico.

COMPRENSIÓN DEL TEXTO

Escoge la respuesta correcta según el texto que acabas de leer.

1   Ernesto Cardenal es...
    a   escritor.
    b   centroamericano.
    c   cura.
    d   todo lo anterior.

2   El papa Juan Pablo II…
    a   aceptó la Teología de la Liberación.
    b   felicitó a Ernesto Cardenal en Nicaragua.
    c   representó la Teología de la Liberación.
    d   rechazó la Teología de la Liberación.
3   La vida de Ernesto Cardenal ha…
    a   sido monótona.
    b   transcurrido en el convento.
    c   sido variada y productiva.
    d   transcurrido en el gobierno.
4   Ernesto Cardenal…
    a   pertenece al FSLN.
    b   fue miembro del FSLN.
    c   tiene buenas relaciones con el FSLN.
    d   es Ministro de Cultura del gobierno.
5   Ernesto Cardenal…
    a   ha recibido varios premios y honores.
    b   recibió el Premio Nobel de Literatura.
    c   escribe sobre temas religiosos solamente.
    d   ha publicado pocos libros.

Oye señor
Consejos de Guerra (war council)
• los presos = prisoners
• alas = wings
• esconden = to hide
• ametralladora ↳ machine gun
• rondar = patrol
• arrebatar = snatch
• sobras = leftovers

 I. INVESTIGACIÓN PRELIMINAR

En esta sección vas a investigar y aprender sobre la Teología de la Liberación. Puedes encontrar información en la biblioteca, en Internet, en la bibliografía al final del libro y en Sitio Web del Estudiante. Toma notas para poder participar con tus comentarios en la clase.

Origen de la Teología de la Liberación

1   Asociamos los años sesenta con liberación y revolución mundial. ¿Cuál era el orden socioeconómico imperante en esa década? ¿Qué manifestaciones populares desafiaron el *statu quo* en los países en desarrollo y en el mundo en general?
2   La Teología de la Liberación surgió en respuesta al Concilio Vaticano II y a la Conferencia Episcopal Latinoamericana (CELAM) celebrada en Medellín, Colombia (1968). ¿Qué se discutió y resolvió en esas asambleas?
3   ¿Cuál fue el origen de las "Comunidades de Base" y qué relación tienen con la Teología de la Liberación?

Características y representantes

1   ¿Qué ideas defendían los teólogos Gustavo Gutiérrez, Pere Casaldàliga o Leonardo Boff, y qué relación tienen esas ideas con los movimientos de liberación?
2   ¿Quiénes fueron los padres Ignacio Ellacuría y Camilo Torres? ¿Cuál fue su pensamiento, su mensaje y su modo de acción? ¿Cómo murieron?
3   ¿Por qué condena la Iglesia latinoamericana liberacionista el capitalismo? ¿Crees que se puede ir en contra del capitalismo sin ser comunista?

Desarrollo y consecuencias

1   ¿Qué acciones sobresalientes ejecutó la Teología de la Liberación en Latinoamérica en beneficio de los pobres? ¿Buscaban sus acciones mantener comunidades dependientes de la caridad del prójimo o establecer comunidades reflexivas y críticas?
2   ¿De qué lado estaba la mayoría de la jerarquía católica local ante las dictaduras y los movimientos sociales de liberación? ¿De qué acusaba el Vaticano a los sacerdotes de la Teología de la Liberación y cómo los sancionó?
3   ¿De qué acusaron los gobiernos capitalistas a los sacerdotes de la Teología de la Liberación y cómo se los persiguió y se los calló? Según lo que has investigado, ¿crees que había justificación para ello?

Hoy y en el futuro

1   Aunque los detractores de la Teología de la Liberación la consideran ya muerta, sus simpatizantes y analistas piensan que seguirá vigente mientras evolucione con las necesidades de liberación del ser humano. ¿Cuáles crees que son las necesidades actuales de liberación?
2   Muchos se preguntan dónde se encuentra el papa Francisco I en relación con la Teología de la Liberación. ¿Qué características de su vida o mensaje y de su responsabilidad papal podrían indicar su adherencia, neutralidad o rechazo a esa teología?

II. ANÁLISIS

A. Palabras clave

Estudia el siguiente vocabulario del poema "Oye Señor mi causa justa. (Salmo 16)" y determina su significado según el contexto en el que aparece. Luego, al final de la lista escribe tus ideas preliminares sobre el tema.

- ❑ clamor   atiende mi clamor
- ❑ mentiras   detector de mentiras
- ❑ hallar   no hallarás en mí ningún crimen
- ❑ niña   niña de tus ojos
- ❑ odio   y los slogans de odio nos rodean
- ❑ derribar   derríbalos
- ❑ garras   Arrebátame de las garras de los Bancos
- ❑ repletas   tienen repletas sus refrigeradoras
- ❑ saciar   pero tú nos saciarás

B. Imagina

Escribe en unas cinco líneas tus ideas sobre el posible contenido del poema de Ernesto Cardenal. Enfócate en tu investigación preliminar y en las siguientes preguntas. ¿De qué trata? ¿Es un poema religioso? ¿Por qué sí o por qué no? ¿El autor busca perdón o protección? ¿Hay esperanza o desesperanza? ¿A quién se dirige el autor? ¿Usa un lenguaje familiar o formal?

_____

_____

_____

_____

_____

_____

_____

_____

_____

_____

 ## C. Antes de leer

Elaboren una lluvia de ideas sobre la información recogida en las secciones anteriores y su interpretación preliminar del contenido del poema "Oye Señor mi causa justa. (Salmo 16)". Tomen notas para incorporar sus ideas al análisis siguiente.

 ## D. Lectura

Lean el poema Oye Señor mi causa justa. (Salmo 16) de Ernesto Cardenal.

E. Después de leer

Comenten el contenido del poema y respondan a las siguientes preguntas de análisis. Usen los conocimientos adquiridos hasta el momento. Tomen notas sobre los elementos más sobresalientes de su análisis.

1   ¿Cuál es el tema? ¿Es este un salmo en la forma o en el contenido?
2   ¿Cuál es el propósito principal del autor? ¿Busca desacralizar los salmos o, por el contrario, darles un testimonio vivencial de la realidad?
3   Analicen el lenguaje del poema. ¿Es un lenguaje suplicante o de rebelión contra el orden establecido? ¿Expresa odio, dolor o angustia?
4   ¿Cómo se presenta el autor ante Dios? ¿Cómo presenta al enemigo?
5   ¿Tiene fe en que será escuchado? ¿Por qué si o por qué no?
6   ¿Qué peligros acechan al autor y quiénes son los enemigos? ¿Qué suplica al Señor? ¿Piensa que su ayuda es su último recurso?
7   ¿Qué significa la palabra "noche" que aparece en el último verso? ¿Significa simplemente oscuridad?

 ## F. Conclusiones

Escriban una composición de dos o tres párrafos sobre la "Teología de la Liberación, sus ideas, su impacto y vigencia en la sociedad". Usen sus notas y las siguientes preguntas para organizar sus ideas. ¿Cuál fue el origen y significado de la Teología de la Liberación? ¿Cuáles fueron sus promotores y sus acciones? ¿Por qué fueron sus sacerdotes perseguidos y asesinados? ¿Cuál fue su papel en la iglesia y la sociedad del siglo xx y cuál su proyección futura?

_____
_____
_____
_____
_____
_____
_____
_____
_____
_____
_____
_____

 **ACTIVIDAD 3**

Texto Literario. "El mar del tiempo perdido" (Gabriel García Márquez, 1985).

Gabriel García Márquez (1928-2014) nació en Aracataca, un pueblo del norte de Colombia, y fue representante del *boom* literario latinoamericano. Ha sido reconocido como genio de la literatura universal y maestro indiscutible del realismo mágico. Hizo estudios de derecho y ciencias políticas en la Universidad Nacional de Colombia, pero los dejó para dedicarse al periodismo, actividad en la cual se destacó por sus reportajes, crónicas y comentarios cinematográficos. Demostró su excepcional talento narrativo tanto en la novela como en el cuento. Fue también un apasionado del cine, escribió guiones de películas y apoyó a cineastas latinoamericanos.

Su obra maestra *Cien años de soledad* (1967) nos cuenta la historia de Colombia, microcosmos latinoamericano, por medio de un pueblo mítico llamado Macondo. Es una historia sociopolítica y cultural calificada de maravillosa desde el punto de vista de la racionalidad occidental pero muy real en el contexto vivencial de la región. Según García Márquez, los escritores del llamado realismo mágico no necesitan inventar mucho sino más bien hacer creíble la realidad en la que viven. Esta es precisamente una de las características sobresalientes de su creación literaria. Otras de sus obras son *Los funerales de la Mamá Grande* (1962), *El otoño del patriarca* (1974), *El amor en los tiempos del cólera* (1985), *Vivir para contarla* (2002) y *Memoria de mis putas tristes* (2004).

García Márquez recibió un doctorado Honoris Causa de la Universidad de Columbia en Nueva York (1971) y otro de la Universidad de Cádiz (1994) en España. En 1982, con ocasión de la entrega del Premio Nobel de Literatura, se destacó el hecho de que cada una de sus obras era un acontecimiento de gran importancia tanto para críticos como para lectores. Al cumplir los ochenta años de vida, la Real Academia Española de la Lengua le rindió un grandioso homenaje en Cartagena, Colombia. Como era de esperar, miles de papelitos amarillos llenaron el recinto, mientras se escuchaba la ovación de los numerosos asistentes a la celebración.

 COMPRENSIÓN DEL TEXTO

Responde a las siguientes preguntas sobre el texto que acabas de leer.

1   ¿Quién fue Gabriel García Márquez?
2   ¿Cuál fue su obra cumbre y qué la caracteriza?
3   ¿Según García Márquez, cuál es la verdadera tarea del realismo mágico?
4   ¿Qué galardones y reconocimientos recibió?
5   ¿Qué otras obras escribió?
6   ¿Sabes qué nos recuerdan los papelitos amarillos?

I. INVESTIGACIÓN PRELIMINAR

En esta sección vas a investigar sobre los intelectuales y escritores hispanoamericanos y su influencia en conexión con los procesos sociales, culturales y políticos de la región. Puedes encontrar información en la biblioteca, en Internet, en la bibliografía al final del libro y en Sitio Web del Estudiante. Toma notas y prepárate para hacer tus comentarios en clase.

Contexto político y económico

1   ¿En que consistieron la "diplomacia del dólar", la "política del buen vecino" y la "Alianza para el Progreso"? ¿Qué buscaban y qué efecto tuvieron en Hispanoamérica?
2   ¿Cuál es el balance final del sistema de sustitución de importaciones en cuanto al desarrollo, la economía y el progreso social?
3   ¿Qué factores contribuyeron al aumento de la deuda en los años setenta y al colapso económico de los años ochenta? ¿Qué países hispanoamericanos se endeudaron más y por qué?

El papel de los intelectuales en la sociedad

1   ¿Qué papel desempeñan los intelectuales en la sociedad latinoamericana?
2   ¿Qué representa Rubén Darío para la literatura hispanoamericana? ¿Qué características tiene su creación literaria? ¿Puedes nombrar a otros modernistas?
3   Compara el tema de *Ariel* (1900) de José Enrique Rodó y los poemas "A Roosevelt" (1905) y "Salutación del optimista" (1905), de Rubén Darío. ¿Qué nos dicen de la influencia estadounidense en la región?
4   ¿Cuántas novelas de dictadores han sido escritas en Hispanoamérica y cuáles?
5   ¿A qué se debió el impacto internacional de la nueva novela? ¿En qué consiste el realismo mágico? Describe las características de la obra de uno de sus representantes.
6   ¿Qué poetas hispanoamericanos sobresalieron en el siglo xx? Describe la obra de uno de ellos.
7   ¿Qué escritores hispanoamericanos recibieron el Premio Nobel de Literatura en el siglo xx?

II. ANÁLISIS

A. Palabras clave

Estudia el siguiente vocabulario y analiza su significado dentro del contexto general del cuento de García Márquez.

Descripción del lugar y de la vida de la gente

❏ arrastrar   las redes no arrastraban sino basura
❏ escaso   Las escasas mujeres que quedaban
❏ enterrar   que me entierren viva
❏ desportillar   Las casas desportilladas
❏ largarse   me largaría de este pueblo si pudiera

Acontecimientos en el pueblo

❏ suceder   sucedió algo muy raro
❏ olor   era un olor a rosas
❏ aparecer   [El señor Herbert] apareció de pronto
❏ baúl   baúles llenos de billetes
❏ recorrer   recorrer el mundo resolviendo problemas
❏ repartir   míster … empiece a repartir la plata
❏ riqueza   sistema de distribución de la riqueza
❏ envolver   [Jacob] envolvió el tablero y la caja de fichas
❏ desafiar   se fue a desafiar al señor Herbert
❏ vendar   jugó vendado … y siempre ganó
❏ rendirse   cuando el viejo decidió rendirse
❏ apuntar   apuntó la cifra en un papel
❏ quedarse   el señor Herbert se quedó con la casa
❏ nebulosas   vivieron en las nebulosas de la esperanza

B. Imagina

Escribe en unas cinco a diez líneas tus ideas sobre el tema del cuento "El mar del tiempo perdido". Usa tu investigación preliminar y las siguientes preguntas como guía. ¿De qué trata? ¿Dónde ocurre la historia y qué pasa allí? ¿Es la historia verosímil o fantástica? ¿Transmite esperanza o frustración?

_____

_____

_____

_____

_____

_____

_____

_____

_____

_____

_____

_____

_____

C. Antes de leer

Elaboren una lluvia de ideas sobre la información recogida en las secciones anteriores y la interpretación preliminar del cuento "El mar del tiempo perdido". Tomen notas para poder incorporar sus ideas al análisis siguiente.

 D. Lectura

Lean *El mar del tiempo perdido* de Gabriel García Márquez.

 E. Después de leer

Comenten el contenido del cuento y respondan a las siguientes preguntas de análisis. Usen los conocimientos adquiridos hasta el momento. Tomen notas de los puntos tratados para escribir una composición sobre el tema.

1   ¿Cuál es el tema principal? ¿Qué características tiene el pueblo? ¿Influyen esas características en la psicología de los personajes y los acontecimientos de la historia?
2   ¿Qué simboliza el olor a rosas y cómo lo interpreta el pueblo? ¿De qué manera se relaciona con el señor Herbert?
3   ¿Qué representan Herbert y su "equitativo sistema de distribución de la riqueza"? ¿Trajo el progreso?
4   ¿Cómo se humilla el pueblo por falta de dinero? ¿Qué vicios y problemas sociales se agudizan con el señor Herbert?
5   ¿Por qué el pueblo no se siente identificado con la ciudad del futuro?
6   ¿Qué simboliza la siesta de Herbert? ¿Qué pasó con su energía filantrópica? ¿Por qué creen que no quiere que Tobías cuente lo que vio mar adentro?
7   ¿Cuál creen que es el propósito principal de García Márquez? ¿Cómo entrelaza García Márquez la fantasía y la imaginación con la realidad histórica y social?
8   Este cuento fue escrito en 1961, tiempo de euforia por la Alianza para el Progreso. Sin embargo, predice los resultados que vendrían a ocurrir en el futuro. ¿Cuáles son?

 F. Conclusiones

Escriban una composición de dos o tres párrafos sobre uno de estos temas: "La situación económica y social del campo en los años sesenta" o "El señor Herbert y la política económica estadounidense en Hispanoamérica". Usen sus notas y las siguientes preguntas para organizar sus ideas. ¿Qué características tuvo la intervención económica estadounidense en el siglo xx? ¿Cómo quiso la

- volatile
- chemically inert
- solvate solute @ high temp/no @ ↓ temp
-impure soluble @ room temp, insol. @ high temp
SIGLO XX 29

Alianza para el Progreso ayudar a "resolver" los problemas de desarrollo? ¿Fue el resultado similar al del pueblo de la historia? ¿Llegó el énfasis en el desarrollo industrial al medio rural?

_____
_____
_____
_____
_____
_____
_____
_____
_____
_____
_____
_____
_____
_____
_____

 ACTIVIDAD 4

*70s= disco ?
rock-n-roll*

Película. *La noche de los lápices* (Héctor Olivera, 1986).

Héctor Olivera (1931) es un reconocido director, productor y guionista argentino. Ha sido descrito como uno de los directores más libres, independientes y con mayor reconocimiento internacional de su país. Su contribución cultural a Argentina ha sido premiada en varias ocasiones: recibió el Cóndor de Plata en 1996, el Premio Konex en 2001, el Gran Premio de Honor de Cine 2012, y el de Personalidad Destacada de la Cultura de la Ciudad de Buenos Aires en 2012.

Sus películas tratan distintos temas: musicales, femeninos, de comedia, políticos, de realismo mágico. Como él mismo declara, "durante gobiernos nefastos como el de Isabel Martínez de Perón o las dictaduras militares de Onganía y compañía, y Videla y compañía" tuvo que dedicarse a "comedias blancas o películas en inglés".

Varias de sus películas se han basado en hechos de la vida real, libros o novelas. Es el caso de *La Patagonia rebelde* (1974), sobre una masacre de trabajadores en 1921; *La noche de los lápices* (1986), sobre hechos ocurridos durante la dictadura militar; *El Caso María Soledad* (1993), sobre el sádico asesinato de una joven del mismo nombre, el cual había quedado impune por más de veinte años; *Una sombra ya pronto serás* (1994), basada en una novela y galardonada con cinco premios Cóndor de Plata; *Ay, Juancito* (2004), sobre Juan Duarte, hermano de Evita Perón, premiada en el Festival Internacional de

Cine del Cairo y galardonada con dos Cóndor de Plata en su país. Su última película es *El mural* (2010) una historia real de pasión y tragedia en la que se vio envuelto el pintor mexicano David Alfaro Siqueiros.

 ## COMPRENSIÓN DEL TEXTO

Responde a las siguientes preguntas sobre el texto que acabas de leer.

1   ¿Quién es Héctor Olivera?
2   ¿Qué reconocimientos ha recibido por su trayectoria profesional?
3   ¿Cómo puede definirse su trabajo?
4   ¿Bajo qué gobiernos ha vivido y cómo los califica?
5   ¿Cómo afectaron esos gobiernos su trabajo cinematográfico? ¿Sabes por qué?
6   ¿De dónde derivan los temas de varias de sus películas?

 ## I. INVESTIGACIÓN PRELIMINAR

En esta sección vas a investigar y aprender sobre cómo se vivió la Guerra Fría en Hispanoamérica. Puedes encontrar información en la biblioteca, en Internet, en la bibliografía al final del libro y en Sitio Web del Estudiante. Toma notas y prepárate para hacer tus comentarios en clase.

Contexto político y social

1   ¿Cómo se originó y qué caracterizó al peronismo argentino? ¿Cómo ha evolucionado hasta el día hoy?
2   ¿Qué tendencias políticas tenían los grupos armados de Latinoamérica durante la Guerra Fría y cuáles eran sus objetivos y tácticas?
3   ¿Qué fue la Unión Estudiantil Secundaria (UES) y qué influencias políticas tenía? ¿Cómo se relaciona con el caso de "*La noche de los lápices*" y quienes fueron sus protagonistas?

Apoyo militar e intervención estadounidense

1   ¿Qué gobiernos hispanoamericanos recibieron apoyo militar estadounidense durante la Guerra Fría? ¿Cuáles fueron la motivación y el resultado de sus acciones?
2   ¿Cómo llegaron Salvador Allende y Augusto Pinochet al poder y qué hizo cada uno? ¿Cuál recibió el apoyo de Estados Unidos y por qué?

La "guerra sucia" en el Cono Sur y sus alcances continentales

1   Investiga la Operación Cóndor: sus creadores, centros de operaciones, objetivos, tácticas, victimas, participación estadounidense.
2   ¿Qué fue la Operación Charly, a qué países afectó y qué relación tiene con Argentina y la Operación Cóndor?
3   ¿Qué personas influyentes han sido encontradas culpables y cómo han sido castigadas?

Expresiones culturales

1   Muchos de los hechos de la Guerra Fría en Hispanoamérica han sido llevados al cine. ¿Puedes mencionar al menos dos películas sobre el tema? ¿De qué tratan?
2   Busca en You Tube la música de Psicosis ("La guerra sucia"), de Rogelio Botanz (*La noche de los lápices*) y de Tren Loco ("Ciudad oscura"). ¿De qué tratan?
3   Investiga a los siguientes representantes de la Nueva Canción: Facundo Cabral de Argentina, Víctor Jara y los grupos Quilapayun e Inti Illimani de Chile. ¿Qué temas y qué ritmos tienen sus canciones?

♟♙♟ II. ANÁLISIS

A. Palabras clave

Comenzamos el análisis de la Guerra Fría en Hispanoamérica con la película argentina *La noche de los lápices*. Lee los diálogos siguientes y responde a las preguntas relacionadas con cada uno.

1   ¿De qué hablan estos chicos? ¿Pertenecen al mismo grupo político?

> CLAUDIA.–Decime, ¿no eras peronista vos?
> PABLO.–Perón se murió, Claudia.
> CLAUDIA.– ¡Ah! Y por eso te pasaste a la juventud guevarista. El Che también se murió.
> PABLO.–Pero era distinto el Che.
> CLAUDIA: "Perón se murió pero su heredero es el pueblo.
> PABLO.–¿Qué pueblo? Isabelita ....
> CLAUDIA.–No, Pablo, nosotros, la juventud.

2   ¿Qué situación se plantea en el siguiente comunicado?

> "Se comunica a la población que a partir de la fecha, el país se encuentra bajo el control operacional de la Junta Militar ... Las casas de estudio jamás volverán a convertirse en sindicatos o comités políticos. Nunca

más los colegios serán el espacio propicio para la propagación de ideas ateas y antinacionales ...."

3   Analiza el siguiente diálogo. ¿Qué problema ve el padre de Claudia?

> PADRE.–Claudita, tenés que pensar hija. La cosa está muy brava. ...
> CLAUDIA.–Papá, vos no podés pedirme esto. Toda la vida me dijiste que hay que luchar, que nunca hay que bajar los brazos.
> PADRE.–No te estoy pidiendo que agaches la cabeza .... Pero no te regales. ... Claudia, no hace falta saltar los escalones de a cinco. Tenés tiempo.
> CLAUDIA.–No, papá. No tengo tiempo. Vos lo dijiste, ¿no? La cosa está brava. O estás de un lado, o estás del otro, viejo.

4   Lee lo siguiente. ¿Qué información se da? ¿Dónde crees que está escrita?

> "No a la suspensión del boleto estudiantil. Reincorporación de docentes cesantes. Liberación o dependencia. No a la dictadura de los colegios (UES)."

5   Analiza el siguiente diálogo. ¿Qué está pasando? ¿Qué problema tiene reunirse?

> JORGE.–No se olviden que María Clara está en la clandestinidad.
> CLAUDIA.–Jorge, no somos tan boludos como vos pensás.
> JORGE.–Yo no digo que sean boludos pero mejoren las condiciones de seguridad. Reúnanse en otro lado. Vamos ..., la revolución no se hace en 5 minutos.

6   Lee las oraciones. ¿Quién habla en la primera? ¿Y en las otras? ¿Qué ocurre? ¿Qué suponen? ¿Qué significa la "cana"?

> –¡Abran! ¡Abran! ¡No se muevan! ...
> –María Clara, Claudia, y Horacio.
> –Y Daniel y Panchito, y Claudio también.
> –¿Vos qué pensás?
> –No sé. Será la cana. Los van a asustar. Los van a largar. Ojalá.

7   ¿Qué significa "guevarista"? ¿Qué es lo malo de las actividades del chico?

> PADRE DE PABLO .–¿En esta juventud guevarista, vos qué hiciste además de lo del boleto escolar?
> PABLO.–Lo mismo que los otros pibes que se llevaron: pintadas, volanteadas, laburo en las visas.

8   Analiza el dialogo. ¿Qué pasa con Pablo?

> POLICÍA VESTIDO DE CIVIL.–No llore señora. Lo llevamos para interrogarlo. Después se lo devolvemos.
> PABLO.–¡Déjeme, por favor, señor! Por favor, déjeme, por favor.
> PABLO.–¡Ay! ¡Ay!

9   En el dialogo siguiente acerca de la desaparición de una de las chicas, ¿por qué se enfada el padre con el sargento?

> LA MADRE.–Se da cuenta, es una chiquilina. Está en la secundaria.
> SARGENTO.–Señora, tranquilícese y esperemos que no se la hayan llevado sus propios compañeros.
> EL PADRE.–Oficial, ¿cómo p...? ¿No escuchó que todo el barrio vio el operativo? ¿Cómo piensa que podemos ser tan idiotas?

B. Imagina

Escribe en unas diez líneas tus ideas sobre el posible tema y contenido de la película *La noche de los lápices*. Usa tu investigación preliminar y las siguientes preguntas como guía: ¿Cuáles son el posible mensaje y las situaciones de la película? ¿Puedes describir a los protagonistas en cuanto a edad, ideas, acciones? ¿Qué tipo de película crees que es: de propaganda política, testimonial y/o histórica? ¿Por qué?

_____
_____
_____
_____
_____
_____
_____
_____
_____
_____
_____

 ## C. Antes de ver

Elaboren una lluvia de ideas sobre su investigación acerca de la Guerra Fría y su interpretación preliminar del tema de la película *La noche de los lápices*. Tomen notas para incorporar sus ideas al análisis siguiente.

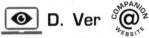 ## D. Ver

Vean un fragmento de *La noche de los lápices* (19:00-47:00).

E. Después de ver

Comenten el contenido del fragmento de la película y respondan a las siguientes preguntas de análisis. Usen los conocimientos adquiridos hasta el momento. Tomen notas de los puntos tratados para escribir una composición sobre el tema.

1   ¿De qué trata el fragmento? ¿Dónde se desarrolla?
2   ¿Qué edad creen que tienen los protagonistas y dónde estudian?
3   Describan a Claudia: su clase social, sus ideas y su activismo político. ¿Creen ustedes que es sincera en lo que hace? ¿Qué quiere?
4   Pablo va a un barrio pobre. ¿Qué le da a una mujer allí? ¿Qué hace Claudia allí?
5   ¿Qué actividades hacen los chicos? ¿Por qué las hacen en secreto? ¿Son actividades criminales o simplemente ejercen sus derechos democráticos?
6   Los chicos celebran la noticia del boleto estudiantil secundario ¿Qué significa ese boleto para ellos?
7   ¿Qué se prohíbe cuando los militares toman el gobierno? ¿Es esa prohibición normal en una sociedad libre?
8   ¿Cómo actúa el ejército? ¿Cuál es el final de los chicos?

 F. Conclusiones

Escriban en dos o tres párrafos una composición titulada "La guerra sucia argentina: sus objetivos, sus tácticas y sus víctimas". Usen sus notas y las siguientes preguntas para organizar sus ideas. ¿A quiénes perseguían los militares y por qué? ¿Qué características tenían sus víctimas? ¿Qué derechos humanos se violaban según la película? ¿Era la Guerra Fría una guerra latinoamericana? ¿Justificaba la Guerra Fría el terror, la tortura y la desaparición de civiles?

_____
_____
_____
_____
_____
_____
_____
_____
_____
_____
_____
_____
_____

 **ACTIVIDAD 5**

La argumentación

En esta sección vas a escribir un ensayo argumentativo sobre la dependencia económica y sus consecuencias sociales, culturales y políticas. Para desarrollar este trabajo vas a seguir los siguientes pasos:

- Paso 1. **Características**. Lee a continuación las características principales de un ensayo argumentativo.

  El ensayo argumentativo demuestra la perspectiva de un individuo acerca de un hecho. Su propósito general es convencer al lector o lograr que actúe. Para conseguirlo, el escritor debe enunciar una tesis central y exponer su punto de vista de manera organizada, lógica y coherente. Debe basarse además en hechos reales y, dependiendo del tema, en hechos científicamente comprobables. La estructura de un buen ensayo argumentativo debe tener título, introducción, cuerpo y conclusión.

  Para que una argumentación sea contundente, los puntos escogidos deben estudiarse a fondo y los argumentos en contra de la tesis que se quiere exponer deben contestarse con claridad. Una vez escogidos los puntos, hay varias maneras de organizarlos. Para atraer a un lector contrario a la tesis del escritor, es aconsejable organizar los argumentos desde el asunto menos polémico al más polémico. Para persuadir a un lector indeciso o que desconoce la importancia del asunto, una buena táctica es exponer los puntos en una progresión que vaya de lo menos a lo más convincente.

- Paso 2. **Análisis**. Busca un ensayo argumentativo en Internet o en una publicación impresa. Analízalo de acuerdo con la explicación anterior.

- Paso 3. **Práctica**. En este capítulo se presentan varios hechos controvertibles que han producido gran polarización en la sociedad. Entre ellos podemos citar: las acciones de Estados Unidos en Hispanoamérica y sus consecuencias políticas, sociales y económicas; las prácticas comerciales depredadoras de las multinacionales y su alianza con las oligarquías; las ganancias exageradas a costa del abuso de obreros y campesinos; el uso del terror y la desestabilización con fines lucrativos y/o ideológicos; la persecución del Estado a líderes sociales como los sacerdotes de la Teología de la Liberación, a músicos e intelectuales y a otros grupos civiles de la población; el involucramiento de sacerdotes en acciones políticas y revolucionarias; y las acciones destructivas y criminales de los ejércitos de liberación en su lucha contra el Estado. Escribe una argumentación en pro o en contra de uno de estos puntos. Recuerda aplicar la estructura y ordenar los *diferentes* puntos de acuerdo con la explicación del Paso 1.

CAPÍTULO 2

México después de la Revolución

Plaza de las Tres Culturas Tlatelolco.

I DESCRIPCIÓN

Este capítulo, titulado "México después de la Revolución", es parte de la sección sobre "Grandes acontecimientos históricos". A través del cine, la música y la literatura vas a investigar un elemento esencial en el desarrollo y evolución sociocultural del mundo hispanohablante. Vamos a enfocarnos principalmente en México, su historia, sus desafíos y sus logros desde la Revolución mexicana hasta nuestros días.

II OBJETIVOS CULTURALES

Al final de este capítulo podrás:

1   Demostrar tu comprensión de la historia de México y su relación con los comportamientos políticos, económicos, sociales y culturales del pueblo mexicano contemporáneo. Para lograr este resultado, vas a investigar, analizar y comentar sobre:

   a   La influencia histórica de la Revolución mexicana en el desarrollo de la nueva identidad del pueblo mexicano.
   b   Las decisiones, actitudes y comportamientos de las clases dirigentes y su efecto en la sociedad.
   c   Las luchas sociales y políticas del pueblo.
   d   Los desafíos políticos, socioeconómicos y culturales que afronta México actualmente.
   e   Los cambios económicos ocurridos en el país a lo largo de los últimos veinticinco años.
   f   Las características únicas del pueblo mexicano.

2   Demostrar tu comprensión de la conexión entre las perspectivas históricas y filosóficas del pueblo mexicano y la siguiente producción cultural en música, cine y literatura:

   a   Música: "México en la piel" (Luis Miguel, 2004); "Hoyos en la bolsa" (El Tri, 1996)
   b   Película: *La ley de Herodes* (Luis Estrada, 1999)
   c   Texto literario: *El laberinto de la soledad: Todos Santos, día de muertos* (Octavio Paz, 2003)

III OBJETIVOS LINGÜÍSTICOS

Al final de este capítulo podrás:

1   Resumir, describir, narrar y comentar con claridad y confianza los hechos relacionados con la evolución histórica y sociocultural mexicana.
2   Usar apropiadamente el vocabulario relacionado con los temas estudiados.
3   Comprender las ideas principales y secundarias de textos orales y escritos producidos por y para hablantes nativos y relacionados con los temas tratados en la clase.
4   Participar en conversaciones sobre el tema del capítulo de manera comprensible para hablantes nativos.
5   Desarrollar textos escritos de nivel avanzado.

INTRODUCCIÓN

brought w/ it

La Revolución mexicana, iniciada en 1910 por Francisco Madero, trajo consigo tanto la Constitución de 1917 –base legal del nuevo Estado mexicano– como un movimiento educativo integral centrado en la esencia de la identidad mexicana. En su Constitución, pionera en derechos sociales, se consignó un cambio radical de recuperación de los recursos naturales y de protección de los derechos de obreros y campesinos; además, se estableció una reforma agraria que comprendía la devolución de tierras confiscadas a indígenas y la expropiación de latifundios. En lo educativo, el escritor y filósofo José de Vasconcelos, ministro de Educación del presidente Obregón, puso en marcha un programa cultural coherente de rescate del mestizaje y de la herencia indígena. La nueva política educativa tuvo un gran impacto no sólo en México sino en toda Latinoamérica, ya que reconocía la importancia de elementos esenciales de la identidad de los pueblos americanos que habían sido deliberadamente ignorados desde la colonia. A pesar de la fuerte y a veces violenta oposición de los hacendados, se establecieron centros educativos, se patrocinaron las artes indígenas y se cubrieron las paredes de los ministerios y edificios públicos con frescos netamente mexicanos de los famosos muralistas Diego Rivera, David Alfaro Siqueiros y José Clemente Orozco.

reconst. began w/ Obregón ↓ end of Cárdenas

El proceso de reconstrucción y construcción del nuevo Estado comenzó con Álvaro Obregón (1920-1924), primer presidente estable del país, y terminó veinte años después con Lázaro Cárdenas (1934-1940), hombre íntegro y auténtico revolucionario. El presidente Cárdenas, fiel al mandato de la nueva Constitución, impulsó una dinámica reforma agraria, punto clave de la Revolución: expropió tierras y entregó 45 millones de hectáreas, adjudicó parcelas individuales y cooperativas agrícolas o ejidos de título comunitario, y dio apoyo técnico y monetario. Con una visión nacionalista y ante el desacato de las compañías extranjeras a los mandatos constitucionales, Cárdenas nacionalizó el petróleo en 1938. Aunque esta medida lo enfrentó al imperialismo norteamericano y le trajo la ruptura de las relaciones diplomáticas con Inglaterra, también le ganó gran popularidad entre la población e hizo posible la industrialización posterior.

Al final de este periodo, el régimen feudal había desaparecido y se habían establecido las bases ideológicas, políticas, económicas y culturales del nuevo Estado: sería un Estado de ideología revolucionaria nacionalista, suscrito a una economía liberal; estaría controlado autoritariamente por un partido político único y gobernado por un presidente todopoderoso con un mandato fijo, no reelegible y designado por su antecesor; y las organizaciones populares y sindicatos no serían autónomos, sino que formarían parte del Partido de la Revolución y tendrían su patrocinio. Según los entendidos, este control político y social fue vital para asegurar la estabilidad y la paz del país durante el proceso de reestructuración. Desafortunadamente se mantuvo setenta largos años, durante los cuales se recurrió con frecuencia a la represión a veces violenta de movimientos reformistas y democráticos modernos como el estudiantil de la Plaza de Tlatelolco en 1968.

A partir de los años cuarenta, México adoptó el sistema de sustitución de importaciones e inició una etapa de industrialización acelerada. Este periodo produjo un impresionante crecimiento económico, junto con el crecimiento de la clase media, la modernización y la urbanización del país. El sistema terminó en la grave crisis económica de 1982, provocada en parte por la reciente caída de los precios del petróleo e intensificada con la inesperada alza estadounidense de las tasas de interés. Ante una deuda de más de 80.000 millones de dólares y la inminente quiebra del Estado, México tuvo que declarar su incapacidad de pago y aceptar las condiciones del Fondo Monetario Internacional (FMI). Este impuso una nueva mentalidad económica de apertura junto con medidas de austeridad, el consiguiente desmantelamiento del aparato estatal de beneficios y subsidios, y el estancamiento de gastos de inversión.

Por una parte, el nuevo sistema facilitó la firma en 1994 del Tratado de Libre Comercio de América del Norte (TLCAN) con Canadá y Estados Unidos, al mismo tiempo que favoreció la estabilidad macroeconómica mexicana. Por otra parte, desarticuló el sistema productivo estable del país, aniquiló la industria local, afectó gravemente a la mediana y pequeña empresa, agudizó los problemas del campo y de los obreros, e incrementó la emigración. En este contexto, ocurrió en 1994 el llamado "error de diciembre" o "efecto Tequila", provocado por la devaluación del peso e instigado por acontecimientos tales como la rebelión del Ejército Zapatista de Liberación Nacional (EZLN), los asesinatos de Luis Donaldo Colosio, candidato a la presidencia, y de José Francisco Ruiz Massieu, secretario general del Partido Revolucionario Institucional (PRI). *94 grave crisis*

Los hechos del año 94 mostraron un país en grave crisis moral, política, económica y social. La promesa de la Revolución no se había cumplido; la reforma agraria, columna vertebral de la Constitución mexicana de 1917, había sido atacada directamente en los acuerdos de privatización de recursos del TLCAN. El sistema económico neoliberal impuesto doce años antes no había creado la estabilidad y el crecimiento esperados. El sistema político manejado por el PRI ininterrumpidamente desde 1929 estaba agotado y los otros partidos políticos reclamaban un cambio. La población indígena, campesina y obrera, cansada de la pobreza y la violación de sus derechos, se enfrentaba públicamente con el gobierno. Los cárteles de drogas se mostraban cada vez más fuertes, amparados en la miseria del pueblo y las nuevas normas de desregulación y apertura económica.

Luego de una apertura en el sistema político, el PRI perdió dos elecciones presidenciales consecutivas en los años 2000 y 2006 ante el Partido de Acción Nacional (PAN), pero volvió al poder en 2012 con Enrique Peña Nieto. Hoy, de acuerdo con recientes estadísticas del Banco Mundial, México es la segunda economía de Latinoamérica y la decimocuarta del mundo según su Producto Interno Bruto (PIB); es también la octogésima primera en la distribución del PIB per cápita, uno de los puestos más bajos del continente. Por una parte, se han hecho fortunas multimillonarias que irónicamente incluyen a Carlos Slim, magnate de las telecomunicaciones, y a Joaquín Guzmán, poderoso narcotraficante del cártel de Sinaloa. Los dos han aparecido varias veces en la prestigiosa revista estadounidense Forbes: el primero como el hombre más rico del mundo y el otro como el narcotraficante más rico del mundo. Por otra parte, los problemas de desigualdad social, pobreza e inseguridad ciudadana no solo siguen sin resolverse, sino que se han hecho más graves en muchos casos. Uno de los problemas más serios sigue siendo el crimen organizado, que se ha cobrado miles de víctimas.

COMPRENSIÓN DE LA LECTURA

Escoge las respuestas correctas de acuerdo con el texto que acabas de leer.

1   La Revolución mexicana…
    a   comenzó en los primeros años del siglo xx.   1910
    b   produjo una Constitución beneficiosa para obreros y campesinos.
    c   promovió la integración cultural del país.
    d   se identifica por todo lo anterior.
2   Lázaro Cárdenas impulsó…
    a   el trabajo artístico de los muralistas.
    b   la reforma agraria y la explotación petrolera nacional.
    c   la creación de una identidad nacional incluyente.
    d   todo lo anterior.
3   La economía mexicana...
    a   ha adoptado desde 1940 dos sistemas económicos opuestos.
    b   ha tenido varias crisis.
    c   no ha resuelto los problemas sociales del país.
    d   se identifica por todo lo anterior.
4   En el año 1994...
    a   sucedieron muchos acontecimientos en el país.
    b   entró en vigencia el TLCAN.   tratado de libre comercio de América del Norte
    c   ocurrió la rebelión Zapatista .
    d   ocurrió todo lo anterior.
5   La economía actual de México…
    a   está ubicada entre las quince más grandes del mundo.
    b   ha redundado en bienestar para la mayoría de la población.
    c   ha contribuido a la solución de los problemas de inseguridad y pobreza.
    d   refleja todo lo anterior.

ACTIVIDAD 1

Música. "México en la piel" (Luis Miguel, 2004)

Luis Miguel Gallego Basteri (1970), también conocido como "El Sol de México" y llamado el Frank Sinatra Latino, es un cantante productor, compositor y arreglista mexicano de familia española e italiana. Es considerado por músicos y críticos como una de las mejores voces mundiales del pop masculino, por su amplio rango vocal y sus dotes excepcionales. Desde muy joven, su voz y su sólida formación artística le han permitido conquistar no solo el mercado musical mundial, sino los mayores premios que un artista pueda lograr.

Se ha destacado internacionalmente en pop latino, baladas y rancheras, y es el artista que más ha difundido el bolero en todo el mundo. Por los millones de ventas de sus álbumes *Romance* y *Segundo Romance* fue el primer artista extranjero que, sin cantar en inglés, recibió el reconocimiento de Recording Industry Artists of America (RIAA). Sus presentaciones son famosas por tener récords de asistencia superiores a los de artistas como Elton John o Celine Dion. Sus giras han agotado siempre localidades, inclusive en el Madison Square Garden y el Radio City Music Hall de Nueva York, entre otros.

Luis Miguel ha acumulado también numerosos e importantes galardones en categorías tales como mejor álbum del año, mejor actuación, mejor trayectoria artística, mejor artista masculino o mejor gira del año. Ha recibido cinco premios Grammy, cuatro Grammy Latinos, el Premio del Auditorio Nacional de la Ciudad de México, la Antorcha de Plata del Festival de Viña del Mar, el World Music Award en Mónaco; y los premios Billboard, "Excelencia Europea" y Ondas en España. Tiene una estrella en el Paseo de la Fama de Hollywood y fue el único artista latino invitado a participar en *Sinatra: 80 Years My Way*.

La canción que analizamos aquí, "México en la piel", tributo al paisaje y la tradición de México, pertenece al álbum del mismo nombre, uno de los más vendidos de música ranchera en el mundo. Fue número 1 en el Top Latin Albums de la revista *Billboard* y recibió un Grammy y un Grammy Latino. La gira del mismo nombre (2005-2007) llegó al primer puesto del Billboard World Top Boxscore por un récord de 124 conciertos y más de un millón y medio de espectadores.

COMPRENSIÓN DEL TEXTO

Escoge la respuesta correcta de acuerdo con el texto anterior.

1   Luis Miguel…
   a   es un cantante mexicano de larga trayectoria.
   b   ha soñado con tener éxito internacional.
   c   tiene un talento extraordinario para componer.
   d   es todo lo anterior.

2   Luis Miguel ha…
a   hecho largas giras por todo el mundo.
b   recibido los mayores premios en varias categorías.
c   hecho conciertos en prestigiosos escenarios.
d   logrado todo lo anterior.
3   "México en la piel"…
a   fue producido y compuesto por Luis Miguel.
b   es un álbum de música pop.
c   consiguió los más altos galardones.
d   está compuesto de 124 conciertos.

 # I. INVESTIGACIÓN PRELIMINAR

En esta sección vas a investigar y aprender sobre el perfil de México. Puedes encontrar información en la biblioteca, en Internet, en la bibliografía al final del libro y en Sitio Web del Estudiante. Toma notas y prepárate para hacer tus comentarios en clase.

Datos culturales

1   ¿Qué sabes de la geografía de México? ¿Dónde está Sonora y qué características geográficas tiene? ¿Cuántos presidentes de México son de Sonora y cuáles participaron en la Revolución mexicana?
2   ¿Qué es Yucatán y por qué se caracteriza?
3   ¿Dónde están San Miguel, Morelia, Saltillo, Tequila y Veracruz? ¿Por qué son conocidos principalmente?
4   Busca fotos del cerro de la Silla y la sierra de Chihuahua para compartir con la clase.

Productos mexicanos

1   ¿Qué productos de exportación mexicanos son famosos internacionalmente?
2   Busca información sobre la artesanía mexicana y descríbela.
3   ¿Qué caracteriza la cocina mexicana? ¿Por qué crees que tiene fama internacional? ¿En qué se diferencia de la de tu país?

Datos sobre la música ranchera

1   Investiga el origen de la música ranchera y su evolución. ¿Se escucha sólo en México y en serenatas?
2   ¿Qué instrumentos son típicos de este género?

3   Busca en Internet y compara las interpretaciones de la canción "El Rey" por Lola Beltrán y por Vicente Fernández. ¿Es extraño que una mujer cante rancheras? ¿Por qué si o por qué no?

II. ANÁLISIS

A. Palabras clave

Estudia el siguiente vocabulario y determina su significado según el contexto de la canción "México en la piel". Luego, escribe al final de la lista tus ideas preliminares sobre el tema.

❑ deshilados   en Aguascalientes deshilado *frayed, unspun*
❑ sierra   sierra de Chihuahua *mtn range*
❑ remontar   remontar el cerro *overcome*
❑ marimba   se toca con marimba *un instrumento*
❑ acordeón   en el norte con acordeón *"*
❑ zarape   un buen zarape de saltillo *como suéter o manta*
❑ amanecer   un bello amanecer *dawn, comienzo del día*
❑ acariciar   la luna acariciando a una mujer *to touch, tocar*
❑ envolver   así te envuelve México *rodear*
                                        to wrap   (surround)

B. Imagina

En relación con el vocabulario que acabas de estudiar, explica en unas cinco líneas tus ideas sobre el posible tema de la canción "México en la piel". Usa tu investigación preliminar y las preguntas siguientes como guía. ¿De qué trata? ¿Es una canción de viaje? ¿Por qué si o por qué no? ¿Es su tema nacionalista?

_____
_____
_____
_____
_____
_____
_____
_____
_____

C. Antes de escuchar

Elaboren una lluvia de ideas sobre la información encontrada acerca de México y su interpretación preliminar de la canción "México en la piel". Tomen notas para incorporar sus ideas al análisis siguiente.

 ## D. Escuchar

Escuchen la canción "México en la piel" interpretada por Luis Miguel.

 ## E. Después de escuchar

Comenten el contenido de la canción y respondan a las siguientes preguntas de análisis. Usen los conocimientos adquiridos hasta el momento. Tomen notas de los puntos tratados para escribir al final una composición sobre el tema.

1 ¿Qué quiere decir "México en la piel"? ¿Cuál es el propósito de esta canción: invitar a hacer turismo o reflexionar sobre la riqueza y la identidad única del país?

2 ¿Qué elementos geográficos resalta la letra? ¿Cómo esta letra trasciende la mera descripción para ejercer una influencia sensual en las personas?

3 La segunda estrofa pone "un amigo" al lado de productos reconocidos del país. ¿Qué significa "un amigo" para el autor? ¿Encaja "un amigo" en este contexto?

4 Analicen el estribillo. ¿Qué elementos mencionados en la canción se sienten, cuáles nos envuelven y cuáles saboreamos? ¿Pueden mencionar otros?

5 Además de la artesanía, la tercera estrofa resalta un elemento distintivo de la topografía mexicana. ¿Cuál es? ¿Qué sabes de la topografía de México?

6 La cuarta estrofa menciona una banda de mariachi. ¿Qué efecto emocional tiene? ¿Qué distingue la música del norte de la del sur?

7 La quinta estrofa menciona el sarape con las palabras "bienvenida" y "un beso". ¿Qué efecto produce un sarape en quien lo usa y cómo se relaciona este efecto con el de una bienvenida o un beso?

 ## F. Conclusiones

Escriban una composición de uno o dos párrafos titulada "México es y vive en cada mexicano". Usen sus notas y las siguientes preguntas para organizar sus ideas. ¿Cómo es México y qué elementos lo identifican? Según el subtexto de la canción, ¿cómo se identifica el mexicano con su país? ¿Lo ve desde afuera o desde adentro? ¿Lo siente en su ser como propio? ¿Cómo se ve esto en su música, en sus palabras, en sus productos?

_____
_____
_____
_____
_____
_____
_____
_____
_____
_____
_____
_____
_____
_____
_____
_____

 ACTIVIDAD 2

Película. *La ley de Herodes* (Luis Estrada, 1999)

Luis Estrada (1962) es un guionista, productor y director de cine mexicano. Es hijo del director José Estrada, a quien considera su mejor maestro. Nació en México, D. F., y desde muy pequeño se aficionó a las películas estadounidenses de vaqueros.

Conocido y elogiado por su excelente calidad técnica, comenzó como asistente de dirección de su padre y muy pronto inició su propio trabajo de dirección cinematográfica. Sus primeras obras fueron el cortometraje *La divina Lola* (Premio Ariel, 1985) y el *thriller* llamado *Camino largo a Tijuana*. Otras de sus películas son el *western Bandidos* (1990), sobre la lucha de un niño contra un grupo de delincuentes; *Ámbar* (1993), película de fantasía ganadora de 4 premios Ariel de Plata, y galardonada en el Festival de Cine Fantástico de Sitges, en España, y en el Festival de Nuevo Cine Latinoamericano, en Cuba. Sus últimos trabajos cinematográficos son comedias que reflejan el deterioro de la vida política, social, económica y cultural de México. Sus temas incluyen la doctrina neoliberal en *Un mundo maravilloso* (2006), el crimen organizado en *El infierno* (2010) o la complicidad de los medios de comunicación con el gobierno en *La verdad sospechosa* (2014).

La película que analizamos aquí, *La ley de Herodes* (1999), pertenece al grupo descrito arriba. Este largometraje, rico en situaciones que involucran al gobierno y a la sociedad en general, fue estrenado en plena campaña presidencial mexicana para el periodo 2000-2006, lo cual fue un acto arriesgado del director. Por su tema, por presentarse en un momento histórico de cambio en la dirección del Estado y por el sabotaje y el intento de censura por parte del gobierno, produjo gran revuelo en los medios cinematográficos y en la sociedad. Provocó a su vez la renuncia del director del Instituto Mexicano de Cinematografía

(IMCINE) y se convirtió en gran éxito de taquilla. Ganó veinte premios y festivales, entre ellos el Ariel en diez categorías, incluidas mejor película, mejor director, mejor actor principal y mejor guión. Fue también premiada en el Festival de Sundance 2000 como la Mejor Película Latinoamericana.

COMPRENSIÓN DEL TEXTO

Escoge la respuesta correcta de acuerdo con el texto anterior.

1   Luis Estrada...
   a   fue asistente de dirección de José Estrada.
   b   sobresale por su técnica cinematográfica.
   c   produce, dirige y escribe películas.
   d   se identifica por todo lo anterior.
2   Las películas más recientes de Estrada...
   a   son en su mayoría cortometrajes.
   b   son para el consumo interno mexicano.
   c   tratan temas mexicanos contemporáneos.
   d   se identifican por todo lo anterior.
3   *La ley de Herodes...*
   a   retrata la campaña política del año 2000.
   b   tuvo gran impacto político y de taquilla.
   c   fue bien recibida por el gobierno.
   d   fue rechazada por la sociedad.

I. INVESTIGACIÓN PRELIMINAR

En esta sección vas a investigar y aprender sobre el sistema de gobierno mexicano. Puedes encontrar información en la biblioteca, en Internet, en la bibliografía al final del libro y en Sitio Web del Estudiante. Toma notas y prepárate para participar con tus comentarios en clase.

Sistema de gobierno posterior a la Revolución

1   Investiga sobre la Constitución de México. ¿Es una Constitución avanzada para su tiempo (1917) o retrógrada? ¿Qué buscaba combatir y reformar?
2   ¿Cuándo se formó el PRI? ¿Cuántos años gobernó sin interrupción y por qué pudo hacerlo?
3   ¿Qué otros partidos políticos existen en México y qué filosofía tienen? ¿Cuál ha sido su participación en la administración del Estado?

Presidentes y obras de gobierno

1   Lázaro Cárdenas representa la conciencia de la Revolución y su gobierno ha sido catalogado como el más fructífero de México en el siglo xx. ¿Qué características de su personalidad y su mandato confirman estas afirmaciones?

2   ¿Cuándo gobernaron y por qué son conocidos Miguel Alemán y José López Portillo?

3   ¿Cuándo gobernó Carlos Salinas de Gortari? ¿Con qué hechos positivos y negativos se asocia su gobierno?

4   ¿Qué presidentes han gobernado desde el año 2000? ¿Qué partidos políticos representan y qué situaciones han enfrentado?

Asuntos relacionados con el PRI

1   Se afirma que el PRI mantuvo la estabilidad y el desarrollo del país a cambio de la libertad democrática. ¿Por qué crees que la población toleró esa falta de libertad?

2   ¿Qué aciertos y desaciertos ha tenido el PRI en lo social, lo económico y lo político? ¿En qué área ha tenido el mayor éxito?

3   ¿De qué tratan los acontecimientos de Tlatelolco (1968), Chiapas (1994) y de los educadores (2013)? ¿Qué significado tienen?

II. ANÁLISIS

A. Palabras clave

Comenzamos el análisis del sistema político mexicano con la película *La ley de Herodes*. Interpreta los siguientes diálogos y responde a las preguntas relacionadas con cada uno.

1   Juan Vargas, el nuevo alcalde, habla con doña Lupe. ¿Dónde crees que ocurre la situación? ¿Qué aprendemos por medio de doña Lupe?

> LUPE.–Conque usted es el nuevo alcalde.
> JUAN.–Para servirle, señora. Y la cuestión es... cómo le diré. Al parecer hay algunas personas que no están muy contentas con su negocio.
> LUPE.–Ah, ¿qué mi licenciado? Igual que los demás. No más llegandito y ya quiere su mordida.
> JUAN.–No, señora. No se trata de eso. Es que la gente...
> LUPE.–No, licenciado. Aquí tenemos todo en regla. Don Alfredo García, que era alcalde antes que usted, me dio todos los permisos. Bueno. Y ultimadamente, ¿va a querer esto o no?
> JUAN.–No, señora. Hay cosas que no se pueden.

LUPE.–¿Cómo chingados no se va a poder? Pero si ustedes todos son iguales …. A poco me va a salir con que usted es diferente.

JUAN.–No, doña Lupe. Tengo que cerrar este lugar por el bien de la ciudadanía.

LUPE.–Mire …. Yo creo que aquí le paramos, ¡eh! … ahuecando, vámonos.

2   Juan Vargas habla con el cura del pueblo. ¿De qué hablan? ¿Por qué se sorprende Juan? ¿Qué presume el sacerdote?

JUAN.–Hablé con doña Lupe y me dijo que usted le había dado un permiso.

CURA.–Sí. ¿Ya se pusieron de acuerdo de cómo va a ser?

JUAN .–¿Qué pasó, padre? Yo no soy de esos.

CURA.–No te hagas.

3   Juan habla con Peque, su secretario. ¿Qué planes tiene Juan? ¿Es sincero? ¿Crees que podrá ejecutar sus planes?

JUAN.–¿Sabe qué, Peque? Antes de venir, oí un discurso del presidente que me dio algunas ideas y creo que nos pueden servir … Primero sería arreglar la escuela, luego, pavimentar, poner drenaje… luego, algo grande, algo para que la gente nos recuerde ….

SECRETARIO.–Grandes ideas, licenciado, pero hay un problema.

JUAN.–¿Siete pesos?

SECRETARIO.–Es lo que queda del presupuesto.

4   Juan va a la capital a visitar al licenciado López, el secretario de gobierno. ¿Por qué lo visita y de qué se entera?

JUAN.–Bueno Licenciado... Quisiera ver la posibilidad de que me den más presupuesto...

LÓPEZ.–Te voy a ayudar. … Ahí tienes. Es un compendio de las leyes federales y las del Estado. … Si lo sabes usar, ya verás como a todos les puedes sacar algo... entre multas, impuestos, licencias. Si usas la ley a tu conveniencia, ya está todo listo.

JUAN.–Pero me los voy a echar encima.

LÓPEZ.–Un remedio. Si alguien te amenaza con un machete, le sacas la pistola.

5   Doña Lupe visita a Juan en su oficina. ¿De qué hablan? ¿Hay cambio en Juan? ¿Cuál?

JUAN.–Buenos días doña Lupe, pase, pase. … Yo quisiera pedirle una disculpa.

LUPE.–Déjate de chingaderas, Vargas, y vamos al grano. ¿Cuánto quieres por dejarme trabajar en paz?

JUAN.–No, doña Lupe, hay que cumplir con la ley.

LUPE.–Tú nada más hazte el de la vista gorda. ¿Pos qué? Mira.

JUAN.–Pero prométame que nadie lo va a saber.

6   Juan y su esposa invitan a la gente importante del pueblo a cenar. ¿De qué se habla? ¿Están todos de acuerdo? ¿Qué aprendemos sobre el sistema de gobierno y sobre Juan?

> DR. MORALES.–Mr. Robert, do you think that democracy is the solution for countries like Mexico?
> ROBERT.–No, no, no. We Americans also like dictatorships like yours.
> JUAN: "No, no, no. Perdóneme. Pero para eso hicimos una revolución. En este país el voto se respeta. No es nuestra culpa que la gente siempre vote por mi partido.
> PEQUE.–La verdad, la Revolución trajo muchos cambios, pero no la hicimos para beneficiar a unos cuantos políticos. Desgraciadamente, los más pobres siguen igual de amolados.
> JUAN.–Sí, sí, Peque, tiene usted razón. Afortunadamente ya hicimos de la Revolución la base de nuestras instituciones y nunca el futuro del país había sido más brillante.
> DR. MORALES.–Por favor, licenciado, ¿de qué futuro habla? El gobierno está en manos de una pandilla de ladrones .... Usted mismo es un buen ejemplo de la clase de pillos que nos gobiernan. Qué otra cosa ha hecho, más que extorsionar a todos los que se dejan.

B. Imagina

Escribe en uno o dos párrafos tus ideas sobre el tema y contenido de *La ley de Herodes.* Usa tus notas y las siguientes preguntas como guía. ¿Qué te dice el título? ¿Cuál imaginas que es el mensaje principal? ¿Cómo describirías al alcalde y sus experiencias? ¿Crees que es un hombre esencialmente bueno? ¿Por qué sí o por qué no?

_____
_____
_____
_____
_____
_____
_____
_____
_____
_____
_____

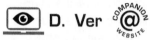 **C. Antes de ver**

Elaboren una lluvia de ideas sobre la información encontrada y las ideas preliminares acerca de la película *La ley de Herodes*. Tomen notas para incorporar sus ideas en el análisis siguiente

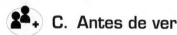 **D. Ver**

Vean el fragmento de la película *La ley de Herodes* (21:00-51:56).

 **E. Después de ver**

Comenten el fragmento de la película y respondan a las siguientes preguntas de análisis. Usen los conocimientos adquiridos hasta el momento. Tomen notas para escribir una composición al final.

1   ¿Cómo es Lupe? ¿Cuál es su papel en la sociedad? ¿Puede considerarse su ocupación como un símbolo?
2   ¿Cómo es Juan? ¿Por qué creen que tiene el puesto de alcalde?
3   Lupe manda a Juan a hablar con el señor cura. ¿Qué aprende Juan de la política y sociedad del pueblo?
4   Analicen la charla de Juan con su secretario mientras entierran al muerto. ¿Por qué el trabajo de alcalde es difícil para él? ¿Es un inepto o sus ideales no son compatibles con la realidad?
5   ¿Qué significado tiene el diálogo de Juan con el secretario de Gobierno? ¿Por qué Juan regresa contento a casa? ¿Qué idea tenía antes de la visita y cuál después?
6   Analicen la escena de Lupe y Juan en la oficina. ¿Creen que Juan quiere recibir el dinero o tiene que recibirlo? ¿Es un corrupto o una víctima del sistema?
7   ¿De qué nos enteramos durante la cena? ¿Se ha convertido Juan en un buen representante del sistema? ¿Creen que usará el dinero de la extorsión en beneficio del pueblo?
8   Comparen al Juan del principio del fragmento con el del final. ¿Fue su experiencia una escuela política? ¿Por qué sí o por qué no?

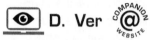 **F. Conclusiones**

Escriban una composición de dos o tres párrafos sobre uno de los siguientes temas: "La escuela política de Juan y su poder de transformación" o "La cadena de la corrupción política y su efecto en la ciudadanía". Usen sus notas y las siguientes preguntas para organizar sus ideas: ¿Qué manifestaciones de corrupción se dan en las altas esferas políticas? ¿Qué lazos invisibles van amoldando a los funcionarios políticos? ¿Qué papel tiene la ciudadanía en la corrupción? ¿Es posible que una persona honesta pueda sobrevivir en un sistema corrupto?

_____

_____

_____

_____

_____

_____

_____

_____

_____

_____

 **ACTIVIDAD 3**

Música. "Hoyos en la bolsa" (El Tri, 1996)

El Tri es una banda mexicana de *rock*, reconocida nacional e internacionalmente. Se formó originalmente en 1968 con el nombre de *Three Souls in My Mind* y el liderazgo del guitarrista y cantante Álex Lora, máxima figura del grupo y autor de la mayoría de las canciones. Su participación en el Festival de Rock y Ruedas de Avándaro (1979), junto con las grabaciones de *Colección Avándaro*, volúmenes 1 y 2, le trajeron popularidad en toda Latinoamérica. De gran éxito fue también *Oye cantinero*, su primer álbum en español.

El Tri comenzó formalmente en 1984, época favorable para el *rock* en México. Su álbum *Simplemente* fue el primero de *rock* mexicano en ganar un disco de oro en ventas. A raíz de este éxito, El Tri logró varias giras por Latinoamérica y la participación en el encuentro de *rock* iberoamericano en Madrid. En 1986, tuvo también gran éxito su primer álbum sobre temas sociales llamado *Niño sin amor*. Otros álbumes incluyen: *Mas allá del bien y el mal* (2005), el primero grabado en su propio sello, Lora Records; *A talonear* (2007), que contiene temas variados como "Todos somos piratas", sobre piratería musical; "Políticos ratas", "Juan Pablo II", "Che Guevara", "Si México ganara el mundial"; y *Mi mente y mi aferración* (2009). Cuenta también con buenas grabaciones en vivo como *Sinfónico* (1999) y *Sinfónico II* (2001), grabados con la Orquesta Filarmónica Metropolitana.

El Tri ha recibido numerosos discos de platino, varios de oro y uno de diamante. Obtuvo un premio Ariel por el tema "Las piedras rodantes" y ha sido nominado cinco veces para el Grammy a Mejor Álbum de Rock en Español y Mejor Álbum de Rock Vocal Dúo o Grupo. Aunque El Tri ha sido apodado "El cronista del rock and roll" en México, sus temas no solo hablan del amor al *rock*, sino también de los sentimientos humanos y asuntos sociopolíticos, entre otros.

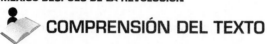

COMPRENSIÓN DEL TEXTO

Escoge la respuesta correcta de acuerdo con el texto anterior.

1 Álex Lora…
   a   le dio el nombre al grupo.
   b   es el líder de la banda.
   c   ha cantado sólo en inglés.
   d   organizó el Festival de Avándaro.
2 El Tri…
   a   ha tenido dos nombres.
   b   ha tenido éxito en inglés y en español.
   c   cumple treinta años en el 2014 con su nuevo nombre.
   d   se identifica con todo lo anterior.
3 Los temas de El Tri…
   a   son de crítica social.
   b   son muy variados.
   c   han recibido premios Grammy.
   d   se identifican con todo lo anterior.

 ## I. INVESTIGACIÓN PRELIMINAR

En esta sección vas a investigar y aprender sobre los asuntos no resueltos de la sociedad mexicana. Puedes encontrar información en la biblioteca, en Internet, en la bibliografía al final del libro y en Sitio Web del Estudiante. Toma notas y prepárate para hacer tus comentarios en clase.

La democracia mexicana

1   ¿Crees que hay verdadera democracia en México? ¿Por qué sí o por qué no?
2   ¿Crees que hay libertad de expresión en México? ¿Qué es Televisa y qué críticas ha recibido?
3   ¿Qué calificación tiene México en el contexto internacional en cuanto al respeto a los derechos humanos? ¿Ha mejorado en los últimos años?

La situación indígena mexicana

1   ¿Cuántos grupos indígenas existen en México y cuántas lenguas hablan? ¿Es su situación económica comparable con la del resto de la población? ¿Cómo viven los indígenas de Chiapas?
2   ¿Quién fue Lucio Cabañas y cuál era su causa? ¿Quién es el líder de los Zapatistas y qué piden? ¿Han sido escuchadas sus demandas? ¿Por qué sí o por qué no?

Causas y consecuencias de la pobreza

1   ¿Cuáles fueron las medidas económicas de México antes y después del colapso económico del año 82? ¿Cómo se relacionan con las crisis de los años 82 y 94 y cómo repercutieron en la población?
2   ¿Cuáles son las cifras de pobreza y desigualdad social de México y qué lugar ocupa en el mundo? ¿Cómo se explica esto y cómo se puede lograr un equilibrio social?
3   ¿Qué problemas engendran la pobreza y la desigualdad social? ¿Puede el fenómeno actual del crimen organizado explicarse en parte por la pobreza y la desigualdad social?

Hechos culturales: el *rock* en México

1   ¿Cuando llegó la música *rock* a México? ¿Cuándo ocurrió y qué caracterizó al Festival de Rock y Ruedas de Avándaro? ¿En qué se diferenció del Woodstock estadounidense?
2   ¿Qué fueron los *hoyos funky*? ¿Cómo y por qué se originaron? ¿Qué dice esto de la democracia mexicana del momento?

II. ANÁLISIS

A. Palabras clave

Examina el vocabulario de "Hoyos en la bolsa" y determina su significado dentro del contexto de la canción.

- ❑ valer   el dinero vale menos
- ❑ apretar   hay que apretarnos el cinturón
- ❑ cinto   ese cinto ya no tiene hoyos
- ❑ dejar caer   nos la dejan caer peor
- ❑ pesadillas   qué pesadillas tendrán
- ❑ endrogar   han endrogado ... al país
- ❑ jalar   el diablo les jala los pies
- ❑ amolar   el pueblo está más amolado
- ❑ bronca   las broncas llegan solas
- ❑ feria   cuando no hay feria

B. Imagina

En relación con la lista que acabas de estudiar, escribe en unas cinco a diez líneas tus ideas preliminares sobre el contenido de la canción "Hoyos en la bolsa". Usa tu investigación previa y las siguientes preguntas como guía. ¿De qué trata? ¿Quiénes son sus protagonistas? ¿Indica esperanza o desesperanza? ¿Tiene un tono serio o irónico?

_____

_____

_____

_____

_____

_____

_____

_____

_____

 C. Antes de escuchar

Elaboren una lluvia de ideas sobre la información encontrada y la interpretación preliminar del tema de la canción "Hoyos en la bolsa". Tomen notas para poder incorporar sus ideas en el análisis siguiente.

 D. Escuchar

Escuchen la canción "Hoyos en la bolsa" de El Tri.

 E. Después de escuchar

Comenten el contenido de la canción y respondan a las siguientes preguntas de análisis. Usen el conocimiento adquirido hasta el momento. Tomen notas de los puntos tratados para escribir una composición al final del análisis.

1   ¿Cuál es su tema principal? ¿Se relaciona la fecha de grabación de la canción con su tema y con la situación histórica de ese momento en México?

2   ¿Cuál es el propósito de El Tri? ¿Protestar contra el gobierno o describir la situación del país y el sentir del pueblo?

3   ¿Qué nos dice la primera estrofa? ¿Qué está pasando? ¿Habla sólo de dinero?

4   ¿De quién o quiénes habla el autor en el estribillo? ¿Qué contradicción hay entre lo que dicen y lo que pasa?

5   ¿De qué situación familiar habla la segunda estrofa? ¿A qué se refiere el cuarto verso?

6   ¿A quiénes identifica la tercera estrofa y qué han hecho? ¿Por qué se afecta su sueño? ¿Les jala el diablo realmente los pies?

7 ¿De qué crisis habla la cuarta estrofa y a quién afecta? ¿El pueblo son todos los ciudadanos o algunos?

8 Según la quinta estrofa, ¿qué pasa cuando no hay lana o feria? ¿Qué otras consecuencias puede haber?

 F. Conclusiones

Escriban una composición de dos o tres párrafos titulada "El impacto de las medidas económicas en la mayoría mexicana". Usen sus notas y las siguientes preguntas para organizar sus ideas. ¿Qué medidas económicas han sido impuestas en México desde mediados de los años ochenta? ¿Qué efecto tuvieron en la población? ¿Quiénes constituyen la mayoría mexicana? ¿Quién se beneficia y quién tiene que apretarse el cinturón, los dirigentes o los gobernados? ¿Qué consecuencias sociales trae la falta de recursos económicos en la población?

_____

_____

_____

_____

_____

_____

_____

_____

_____

_____

_____

 ACTIVIDAD 4

Texto literario. "Todos Santos, día de muertos" (Octavio Paz, 2003)

Octavio Paz (1914-1998) fue un poeta, ensayista, crítico literario, diplomático y filósofo mexicano nacido en el Distrito Federal. Nieto e hijo de intelectuales prominentes y progresistas, tuvo desde muy joven acceso a los libros y a una sólida formación intelectual y política. Su fructífera y extraordinaria carrera literaria se nutrió de lecturas, experiencias en el exterior, intercambio con otros intelectuales y artistas contemporáneos, y de su participación en el surrealismo y otros movimientos artísticos. Fundó dos reconocidas revistas dedicadas al arte y la política, *Plural* (1971) y *Vuelta* (1976), y colaboró en varias publicaciones culturales mexicanas y extranjeras. Recibió un Doctorado Honoris Causa de la Universidad de Harvard y los más prestigiosos premios del mundo literario: Cervantes (1981), Neustadt (1982) y Nobel de Literatura (1990).

A los diecinueve años publicó *Luna silvestre*, su primer libro de poemas. Desde entonces, se convirtió en uno de los escritores más productivos e influyentes de México y Latinoamérica. Ensayista de primera categoría, sus trabajos incluyen estudios de poesía, política y cultura, crítica literaria y arte, historia y reflexiones sobre México. Su obra más conocida, *El laberinto de la soledad: vida y pensamiento de México* (1950), completado luego con *Posdata* (1970), constituye una de las reflexiones más profundas sobre México y su gente. Otros ensayos incluyen *El arco y la lira* (1956), *Corriente alterna* (1967), *Sor Juana y las trampas de la fe* (1983) o *Al paso* (1992). Su producción poética, igualmente prolífica y destacada, ha sido compilada en *Poemas 1935-1975* (1981), *Colección de Poemas, 1957-1987* (1987) y *Lo mejor de Octavio Paz. El fuego de cada día* (1989). Su obra ha sido incluida en numerosas antologías y estudios críticos.

El ensayo que analizamos aquí, "Todos Santos, día de muertos", pertenece a *El laberinto de la soledad: vida y pensamiento de México*.

 ## COMPRENSIÓN DEL TEXTO

Escoge la respuesta correcta de acuerdo con el texto anterior.

1   Octavio Paz…
    a   fue un destacado intelectual mexicano del siglo xx.
    b   tuvo una actividad cultural que sobrepasó las fronteras de su país.
    c   recibió varios honores durante su carrera.
    d   experimentó todo lo anterior.
2   *El laberinto de la soledad*…
    a   recibió tres prestigiosos premios literarios, incluido el Nobel.
    b   es un análisis de la celebración del Día de Muertos.
    c   refleja la visión de Paz acerca de la identidad del mexicano y de su país.
    d   es todo lo anterior.
3   La prolífica obra literaria de Octavio Paz contiene ensayos y…
    a   *El laberinto de la soledad: vida y pensamiento de México*.
    b   estudios de poesía, política y cultura, etcétera.
    c   poemas.
    d   antologías.

 ## I. INVESTIGACIÓN PRELIMINAR

En esta sección vas a investigar y aprender sobre algunas actitudes y manifestaciones de la identidad cultural de México y de su gente. Puedes encontrar información en la biblioteca, en Internet, en la bibliografía al final del libro y en Sitio Web del Estudiante. Toma notas y prepárate para hacer tus comentarios en clase.

Manifestaciones de la identidad mexicana

1   ¿Qué fiesta patronal se celebra el 12 de diciembre? ¿Cuál es su origen y qué importancia tiene para los mexicanos? ¿Puedes mencionar otras fiestas patronales?
2   ¿Dónde ocurre y en qué consiste el Festival de la Guelaguetza? ¿Cuál es su origen? ¿Es una celebración sincrética?
3   ¿Qué fiestas patrias se celebran en estas fechas: 18 de marzo, 21 de marzo, 15 de septiembre y 20 de noviembre? ¿Qué importancia tienen para México?
4   Investiga el origen, el significado y las características de un par de estas danzas: los voladores, los quetzales, los viejitos, los migueles, los santiagos, los negritos.

Actitud mexicana hacia la muerte

1   ¿Qué origen tiene la celebración de los muertos en México? ¿Cuándo y cómo se celebra? ¿Hay rasgos del mestizaje mexicano en la celebración?
2   ¿Qué hechos o costumbres ilustran una actitud humorística y satírica hacia la muerte? ¿Crees que es una actitud únicamente mexicana?
3   ¿Quién fue José Guadalupe Posada? ¿Cuál fue su obra? ¿Qué representa la Catrina?

Contribuciones artísticas y literarias

1   ¿Quiénes fueron Diego Rivera, José Clemente Orozco y David Alfaro Siqueiros? ¿Cuáles son las características de su vida y obra, y cuál es su legado?
2   ¿Quién fue Carlos Fuentes? ¿Qué caracteriza su obra y qué influencia internacional ha tenido?
3   ¿Puedes mencionar otro par de escritores y artistas mexicanos de renombre internacional? ¿Por qué son famosos?

II. ANÁLISIS

A. Palabras clave

Estudia el siguiente vocabulario de "Todos Santos, día de muertos" y determina su significado según el contexto en el que aparece.

- ❏ solitario   el solitario mexicano ama las fiestas
- ❏ envilecido   el arte de la fiesta, envilecido en casi todas partes
- ❏ alto   el tiempo suspende su carrera, hace un alto
- ❏ juerga   de danza y juerga, de comunión y comilona
- ❏ silbar   el silencioso mexicano silba, grita, canta

❑ aullidos   la noche se puebla de canciones y aullidos
❑ riñas   en ocasiones … hay riñas, injurias, balazos
❑ disfrazarse   los hombres se disfrazan de mujeres
❑ burlarse   se burla de sus dioses, de sus principios
❑ suscitar   la muerte ritual suscita el renacer

B. Imagina

En relación con lo estudiado en esta sección, escribe en unas cinco a diez líneas tus ideas sobre el posible contenido del ensayo "Todos Santos, día de muertos". Usa tu investigación previa y las siguientes preguntas como guía. ¿De qué trata? ¿Es una descripción o una crítica? ¿Por qué crees eso? ¿Qué comportamientos aparecen? ¿Son los comportamientos coherentes o contradictorios?

_____

_____

_____

_____

_____

_____

_____

_____

_____

_____

 ## C. Antes de leer

Elaboren una lluvia de ideas sobre la información recogida en las secciones anteriores y las ideas preliminares sobre el ensayo "Todos Santos, día de muertos". Tomen notas para poder incorporar sus ideas al análisis siguiente.

 ## D. Lectura

Lean el ensayo "Todos Santos, día de muertos" de Octavio Paz.

 ## E. Después de leer

Comenten el contenido del ensayo y respondan a las siguientes preguntas de análisis. Usen el conocimiento adquirido hasta el momento. Tomen notas de los puntos tratados para escribir una composición al final del análisis.

1   ¿A qué obedece y qué beneficio tiene la atracción del mexicano hacia las fiestas? ¿Comparten esta actitud otras culturas?

2   ¿Qué le gusta celebrar al mexicano? ¿Cuánto dinero gasta y de dónde sale ese dinero? Según Paz, ¿vale la pena? ¿Se celebran las mismas ocasiones en otras culturas?

3   Para Paz no es asombroso que se gaste en fiestas el poco dinero que se tiene. ¿Qué justificación nos da? ¿Cómo se compara la manera de diversión de los mexicanos con la de los países ricos?

4   ¿Se divierte el mexicano en las fiestas? ¿Qué sello del carácter del mexicano resalta en su comportamiento en ellas?

5   Según Paz, ¿por qué la interpretación de los sociólogos franceses es incompleta? ¿Qué niega y qué afirma la fiesta? ¿Están ustedes de acuerdo?

6   ¿Qué efecto tienen las fiestas para el mexicano? ¿Qué quiere decir Paz al afirmar que no hay nada más alegre ni más triste que una fiesta mexicana?

7   Se dice que las fiestas integran las comunidades y refuerzan su identidad y valores tradicionales. ¿Pueden mencionar una fiesta de su cultura que demuestre esto?

 F. Conclusiones

Escriban una composición de dos o tres párrafos titulada: "La idiosincrasia mexicana a través de sus celebraciones". Usen sus notas y las siguientes preguntas para organizar sus ideas. ¿Qué se celebra y qué importancia tienen las celebraciones para la sociedad mexicana? ¿Quién participa en ellas? ¿Qué significado tiene el Día de Muertos? ¿En qué se diferencia México de otras naciones en cuanto a su actitud ante las celebraciones y la muerte?

_____
_____
_____
_____
_____
_____
_____
_____
_____
_____
_____

ACTIVIDAD 5

La calavera literaria

En esta sección vas a escribir una calavera literaria de no menos de cuatro estrofas dedicada a un grupo social o político en decadencia o a un personaje mexicano importante y ya fallecido. Para desarrollar este trabajo vamos a seguir los siguientes pasos.

- Paso 1. **Características**. Lee a continuación las características principales de una calavera literaria.

    La calavera literaria, tradicional dentro de los festejos del Día de Muertos mexicano, es un poema dedicado a la muerte misma, a un familiar, o a un personaje importante o conocido en la sociedad. Las hay por ejemplo para políticos, maestros, héroes revolucionarios, escritores, cantantes, pintores, etcétera. Su lenguaje es a menudo satírico y jocoso. Se compone tradicionalmente de estrofas de cuatro versos que riman en los versos pares. Generalmente esta rima se hace con verbos en pasado. Pueden contener una o varias estrofas. Su contenido resalta normalmente la vida y la muerte, las cualidades y los defectos del personaje.
- Paso 2. **Análisis**. Busca una calavera literaria en Internet o en una publicación impresa. Analízala de acuerdo con la explicación anterior.
- Paso 3. **Práctica**. En este capítulo se han estudiado varios personajes ya fallecidos como Lázaro Cárdenas, los muralistas o Carlos Fuentes. Se han estudiado también ideales mexicanos, al igual que partidos, sistemas o acciones políticas cuyo poder o efecto ha disminuido o está en decadencia. Entre ellos podemos citar el PRI, la Constitución de 1917, los ideales de la Revolución, etcétera. Escríbele una calavera literaria de no menos de cuatro estrofas a uno de estos personajes, grupos o ideales del capítulo. Recuerda aplicar la estructura, el contenido y el lenguaje propios de esta creación literaria mexicana.

CAPÍTULO 3

Dictaduras del Caribe y la Revolución cubana

I DESCRIPCIÓN

Este capítulo titulado "Dictaduras del Caribe y la Revolución cubana" pertenece a la sección dedicada a "Grandes acontecimientos históricos". A través del cine, la música y la literatura analizaremos hechos de gran trascendencia no sólo para los países involucrados, sino también para Hispanoamérica en general. Vamos a ver las dictaduras más sobresalientes de la región caribeña y nos detendremos particularmente en los diferentes aspectos que han rodeado la Revolución cubana y el posterior gobierno revolucionario.

II OBJETIVOS CULTURALES

Al final de este capítulo podrás:

1   Demostrar tu comprensión de los patrones de comportamiento político y sociocultural del pueblo caribeño y de las causas y consecuencias de los sistemas políticos implantados. Para lograrlo, vas a investigar, analizar, reflexionar y comentar sobre:

a   Hechos históricos sobresalientes del Caribe hispanohablante.
b   El ambiente político y el comportamientos del pueblo dominicano antes y después de la dictadura de Trujillo.
c   El ambiente político y el comportamientos del pueblo cubano antes y durante la Revolución.
d   Las posibles causas y consecuencias de la Revolución cubana.
e   Los ideales y los comportamientos de los bandos enfrentados en la Revolución.
f   La vida en la Cuba revolucionaria y el significado de su gobierno tanto para gobernantes como para gobernados.
g   Los factores determinantes del éxodo de cubanos al triunfar la revolución y durante el gobierno Revolucionario.
h   La influencia del carisma de los líderes revolucionarios en su lucha y su popularidad internacional.

2   Demostrar tu comprensión de la conexión entre las perspectivas sociopolíticas del pueblo caribeño y la siguiente producción cultural en música, literatura y cine.

a   Música: "El Chivo" (Música de Balbino Garcia, 1956, en la versión de Antonio Morel [sin fecha]), "Y en eso llegó Fidel" (Carlos Puebla, 1969)
b   Texto literario: *Che comandante* (Nicolás Guillén, 1967)
c   Película: *Memorias del subdesarrollo* (Tomás Gutiérrez Alea, 1968)

III OBJETIVOS LINGÜÍSTICOS

Al final de este capítulo podrás:

1   Interpretar las ideas principales y secundarias de textos narrativos y descriptivos orales y escritos producidos en la región del Caribe.
2   Usar apropiadamente el vocabulario relacionado con los movimientos políticos populares.
3   Narrar con claridad y fluidez los hechos relacionados con el ambiente político y sociocultural de los países estudiados.
4   Definir, resumir, describir de manera clara y organizada textos históricos, políticos y socioculturales de nivel avanzado.
5   Expresar opiniones personales oralmente y por escrito.
6   Escribir textos de nivel avanzado sobre hechos socioculturales y políticos relacionados con los acontecimientos analizados.

...TORIA DEL CARIBE

...ominicanos componen los tres grandes
...entes a las islas del Caribe. Después de
...istoria moderna pasó a ser moderada
...nidos. La relación de este país con los
...8 como consecuencia de una guerra
...a de Cuba contra España. La relación
...años atrás, por motivos principalmente
...ya independiente. Cuba consiguió su
...Rico continuó incorporado a Estados
...r su libertad llevada a cabo por patriotas
...dad, después de más de un siglo como
...e la independencia de Puerto Rico
...de su pueblo a las raíces españolas. Sin
...orporación de la isla a Estados Unidos
...toria, separándolo así mismo del rumbo
...icana como repúblicas independientes.
...e comparte con los otros países
...ización, expolio y aniquilación de
...ha vivido experiencias únicas que han
...ra de gran vitalidad y un espíritu férreo
...ada por Haití (1822-1844), anexada a
...mente por Estados Unidos (1916-1924
...ocupación estadounidense, quedaron
...la organización del país, pero también
...siva Guardia Nacional comandada por
...e militar tomó el mando absoluto de la
...gos y conciudadanos dentro y fuera del
...de mayo de 1961. En 1962 fue elegido
...n prestigioso intelectual y escritor. Su
...actó una nueva Constitución (1963) y
...fue truncado siete meses después por
...ía y la Iglesia. Se produjo entonces una
...estadounidense del país, lo que provocó
...ontra la invasión y en pro del orden
...idencia el conservador Joaquín Balaguer
...quien, valiéndose de reelecciones
...tuvo un poder de carácter hegemónico
...ca hubo solo un periodo de interrupción
...1982). A mediados de los años ochenta,
...ecesión mundial de finales de los setenta
sumada a la aplicación de medidas de austeridad provocó grandes revueltas y
un éxodo masivo de dominicanos al exterior. Para hacer frente a la crisis y a la

---

"Y en eso llegó Fidel", Carlos Puebla (1969)

Práctica de las palabras clave. Elige el sinónimo correcto de la lista siguiente:

1. difamar
2. tragar
3. asolar
4. acabarse
5. un garito
6. la infamia
7. echar
8. seguir

- continuar / persistir 8
- lanzar / despedir 7
- la vergüenza / la indignidad 6
- un escondrijo / un tugurio 5
- finalizar / concluir 4
- destruir / arruinar 3
- devorar / engullir 2
- denigrar / desacreditar 1

(handwritten: Bailey Hooper)

bajada de precios de productos tradicionales como el azúcar o el café, se incentivó con gran éxito la agricultura orgánica y el desarrollo de la infraestructura turística, renglones de gran crecimiento en la actualidad. Hoy, la Republica Dominicana es un país libre y democrático, aunque todavía debe resolver problemas de emigración, desigualdad económica y corrupción.

La independencia de Cuba quedó condicionada a la Enmienda Platt, que daba a Estados Unidos el derecho de ocupar la isla en caso de inestabilidad, derecho que fue usado entre 1906 y 1909, y también en 1912. La independencia política se consolidó en 1934 con la cancelación de la Enmienda, pero la inversión económica estadounidense continuó hasta la Revolución, especialmente en la industria azucarera, base de la economía cubana. Además, Estados Unidos todavía conserva una base militar en la bahía de Guantánamo, tema que se discute actualmente entre los dos gobiernos.

Los gobernantes de la nueva república trabajaron en su propio beneficio por varios años y no faltó una larga lista de dictadores protectores de los intereses estadounidenses y de la oligarquía. Uno de los peores fue el general Gerardo Machado Morales (1925-1933), cuyo mandato represivo sumado a la Gran Depresión de los años treinta provocó un movimiento nacional en su contra que precipitó su caída. Uno de los líderes del movimiento fue el militar Fulgencio Batista, quien tomó el poder en 1952, luego de un corto periodo de estabilidad política en el cual se redactó la Constitución de 1940. Su gobierno tiránico y corrupto experimentó un proceso continuado de deterioro que terminó el 1 de enero de 1959 con el triunfo de la revolución castrista. Fidel Castro Ruz (n. 1926) tomó entonces las riendas del gobierno e inició un proceso de transformación que incluía la eliminación de la propiedad privada, la ley de reforma agraria y la expropiación y nacionalización de empresas extranjeras. Estableció además relaciones diplomáticas y acuerdos comerciales y financieros con el bloque soviético. Como consecuencia de estas acciones, Cuba fue expulsada de la Organización de Estados Americanos (OEA), Estados Unidos rompió relaciones en 1961 y declaró el embargo comercial de la isla. Estos hechos fortalecieron a su vez los lazos de Cuba con la Unión Soviética.

En febrero de 2008, luego de una gestión de 49 años criticada por la falta de libertad individual y reconocida por sus logros en desarrollo humano, Fidel Castro transfirió el mando del país a su hermano Raúl. Con cautela, Raúl continuó las reformas iniciadas desde el colapso de la Unión Soviética (inversión extranjera, apertura al turismo, etcétera) y ha adelantado otras más en diferentes sectores del gobierno. Ha permitido el establecimiento de microempresas en algunos sectores como los restaurantes y peluquerías dentro de un plan gradual de apertura al sector privado. También, ha expandido la agricultura, legalizado la compra y venta de propiedades, y reducido las restricciones para salir del país. En cuanto a las relaciones de Cuba con Estados Unidos, después de 55 años de haber cortado relaciones, el 17 de diciembre de 2014 tanto Raúl Castro como Barack Obama anunciaron un hecho histórico sin precedentes: el inicio del proceso de normalización de las relaciones diplomáticas entre los dos países. El acuerdo fue facilitado por el papa Francisco I y precedido por la liberación de Alan Gross, detenido en Cuba por actividades subversivas, y de tres agentes cubanos detenidos en Estados Unidos por espionaje. Según Obama, la política aplicada hasta ese momento, en lugar de producir el cambio deseado, endureció más bien la barrera económica e ideológica existente entre ambos países. También calificó de obsoletas las medidas que se habían venido aplicando y reconoció así mismo la lucha y el sacrificio de la población cubana. La agenda inicial incluyó tres puntos principales: restablecer las relaciones diplomáticas e instalar una embajada estadounidense en La Habana, reexaminar la designación de Cuba como Estado Patrocinador de Terrorismo y facilitar las comunicaciones, el comercio y los viajes entre Cuba y Estados Unidos. La noticia fue muy bien recibida por los jefes de Estado hispanoamericanos, quienes felicitaron a los dos países por dar un paso histórico. La presidente argentina Cristina Fernández felicitó además a Cuba por actuar dignamente y en un plano de igualdad, mientras el presidente colombiano Juan Manuel Santos destacó la audacia y el coraje del mandatario estadounidense. Por otra parte, la colonia cubana de Miami se declaró contraria al cambio propuesto. El presidente del Directorio Democrático, Orlando Gutiérrez, consideró la nueva medida como una concesión a un régimen opresivo. Sea o no una decisión favorable a los ojos de los entendidos, lo cierto es que el pueblo cubano se encuentra de nuevo a las puertas de otro cambio de gran dimensión histórica.

 COMPRENSIÓN DE LA LECTURA

Responde a las siguientes preguntas de acuerdo con el texto que acabas de leer.

1   ¿Cuándo se independizaron Cuba y Puerto Rico de España?
2   ¿Qué rumbo tomó Puerto Rico?
3   ¿Qué ha pasado con los movimientos independentistas puertorriqueños?
4   ¿Qué influencia ha tenido Estados Unidos en la República Dominicana?
5   ¿Quiénes fueron Trujillo, Bosch y Balaguer, y qué sabemos de ellos?
6   ¿Cuándo se independizó Cuba de Estados Unidos? ¿Fue su independencia total en esa fecha?
7   ¿Qué dictadores sobresalen en la historia de Cuba y qué los caracteriza?
8   ¿Cuándo ocurrió el triunfo de la Revolución cubana y qué cambios se hicieron en los dos primeros años?
9   ¿Qué cambios han ocurrido en Cuba en los últimos años? ¿Crees que son positivos?

ACTIVIDAD 1

Música. "El Chivo" (música de Balbino García, 1956, en versión de Antonio Morel [sin fecha]).

La canción "El Chivo", conocida popularmente en su versión dominicana como "Mataron al Chivo", es un merengue venezolano del compositor Balbino García, adaptado por el maestro Antonio Morel a raíz del asesinato del dictador Trujillo. Este género musical fue establecido y promovido por el dictador mismo como símbolo político de sus campañas electorales y de su gobierno. El merengue era rural, como la mayoría del electorado de la *Era de Trujillo*, y se prestaba además a la improvisación y al comentario social. Por estas razones, pronto se convirtió en un excelente medio de comunicación con las masas y en un símbolo de la identidad nacional. Trujillo recorrió el país con importantes merengueros que no solo alababan sus virtudes, sino que vencían a los contendores con su ritmo alegre y pegajoso.

Al morir Trujillo, el ambiente de la República Dominicana cambió rápidamente, al igual que los objetivos, los temas y el ritmo del merengue. Las letras de las canciones eran de escarnio contra Trujillo o simplemente más libres, el ritmo se hizo más rápido y los vocalistas comenzaron a bailar mientras cantaban. Se iniciaron presentaciones en vivo para las clases populares como los campesinos y la gente de barrio, cambios estos que lograron colocar al merengue en un plano más competitivo con ritmos como la salsa.

Entre los años setenta y ochenta aparecieron talentos tales como Wilfrido Vargas, cuya contribución principal fue acelerar más el ritmo, convertir baladas latinoamericanas en merengue e introducir el *maco*, un patrón de percusión similar al de la música disco. Más tarde, Juan Luis Guerra y 4.40 introdujeron una mezcla ecléctica de sonidos caribeños y de *jazz* que, junto con la lírica depurada de sus letras, ha traspasado las barreras sociales de su público.

La numerosa emigración de dominicanos a Nueva York y Puerto Rico desde mediados de los años ochenta pronto convirtió a estas dos ciudades en centros de merengue dominicano, y a Nueva York en la segunda ciudad con mayor población dominicana del mundo.

COMPRENSIÓN DEL TEXTO

Responde a las siguientes preguntas de acuerdo con el texto que acabas de leer.

1   ¿Cuál es el origen de la canción "El Chivo" y cómo se convirtió en el merengue conocido popularmente como "Mataron al Chivo"?
2   ¿Cómo usó Trujillo el género musical del merengue y por qué?
3   ¿Qué circunstancias influyeron en el merengue tradicional luego de la muerte de Trujillo?

4   ¿Cómo cambiaron los temas?

5   ¿Cuándo comenzaron los intérpretes a combinar canto, baile y presentaciones fuera de los recintos cerrados?

6   ¿Qué grupos o músicos introdujeron innovaciones y en qué consisten esas innovaciones?

7   ¿Qué tiene que ver el merengue con Nueva York y Puerto Rico?

 I. INVESTIGACIÓN PRELIMINAR

En esta sección vas a investigar y aprender sobre la *Era de Trujillo* y la dictadura de Fulgencio Batista. Puedes encontrar información en la biblioteca, en Internet, en la bibliografía al final del libro y en Sitio Web del Estudiante. Toma notas y prepárate para hacer tus comentarios en clase.

La *Era de Trujillo*

1   ¿A qué periodo de la historia dominicana se le llama la *Era de Trujillo* y qué lo caracterizó? ¿Qué circunstancias determinaron su comienzo y su final?

2   ¿Cómo era Rafael Leónidas Trujillo y por qué lo llamaban "el Chivo"? ¿Por qué crees que se dice que Trujillo fue un tirano *Made in USA*?

3   ¿Quiénes eran las hermanas Mirabal y en qué consistió su participación en el Movimiento 14 de junio? ¿Cómo repercutió su muerte en la sociedad dominicana y en la situación de la mujer actual?

4   ¿Qué participación tuvo Joaquín Balaguer en el gobierno de Trujillo y qué importancia tuvo en el destino de la República Dominicana?

El merengue dominicano

1   ¿Qué sabemos de Balbino García y de Antonio Morel? ¿Tuvieron alguna relación con Trujillo?

2   ¿Quiénes fueron Joseito Mateo e Isidoro Flores? ¿A qué se debió su fama y qué caracterizaba su música?

3   Busca un merengue en pro de Trujillo y otro en contra. Busca información sobre sus autores y analiza las letras y el ritmo.

Fulgencio Batista

1   ¿Quién fue Fulgencio Batista y qué características tuvo su dictadura?

2   ¿Cómo llegó y cómo perdió el poder? ¿Qué relación tuvo con Estados Unidos?

3   ¿En qué se parece o se diferencia de Trujillo?

 **II. ANÁLISIS**

A. Palabras clave

Estudia el siguiente vocabulario y determina su significado según el contexto de la versión dominicana de la canción "El Chivo".

☐ carretera   mataron al Chivo en la carretera
☐ dejar   déjenmelo ver
☐ celebrar   el pueblo celebra
☐ entusiasmo   con mucho entusiasmo
☐ fecha   la fecha del Chivo
☐ reír   vamos a reír
☐ gozar   vamos a gozar

B. Imagina

Escribe en un párrafo corto tus ideas sobre el posible contenido de la canción "El Chivo". Usa tu investigación previa y las siguientes preguntas como guía. ¿Puedes imaginar de qué trata la canción? ¿Crees que es una canción de adhesión a Trujillo? ¿Es una canción testimonio? ¿Es objetiva? ¿Transmite alegría o tristeza?

_____
_____
_____
_____
_____
_____
_____
_____

 C. Antes de escuchar

Elaboren una lluvia de ideas sobre la información encontrada y su interpretación preliminar del contenido de la canción "El Chivo". Tomen notas para incorporar sus ideas en el análisis siguiente.

 D. Escuchar

Escuchen la canción "El Chivo" en versión de Antonio Morel.

E. Después de escuchar

Comenten el contenido de la canción y respondan a las siguientes preguntas de análisis. Usen el conocimiento adquirido hasta el momento. Tomen notas de los puntos tratados para escribir una composición al final del análisis.

1 ¿Cuál es el tema?
2 ¿Cuál es el propósito principal de la canción? ¿Resaltar la muerte de Trujillo, la reacción del pueblo o el futuro del país?
3 ¿A qué se refiere el estribillo?
4 ¿Cuál es la reacción del pueblo?
5 ¿Qué significa la fecha 30 de mayo para el país?
6 El estribillo repite una y otra vez "déjenmelo ver", "no me lo dejaron ver". ¿Qué aprendemos acerca del entierro de Trujillo y la participación del pueblo en este acontecimiento?
7 ¿Cómo calificarían el contenido de la canción? ¿Es de tipo periodístico, crónica social, una elegía al dictador caído, un canto a la libertad?

 F. Conclusiones

Escriban una composición de dos o tres párrafos sobre uno de estos dos temas: "Diferencias y similitudes entre la situación dominicana y la cubana durante la dictadura" o "El arte como medio de expresión política". Usen sus notas y las siguientes preguntas para organizar sus ideas. ¿Qué papel tuvo el merengue en la *Era de Trujillo*? ¿Fue irónico que se usara este mismo género musical para celebrar su muerte? ¿En que consistieron las dos dictaduras caribeñas estudiadas? ¿Qué efecto tuvieron estas dos dictaduras en sus respectivos países? ¿Por qué hubo alegría ante la muerte de Trujillo?

_____
_____
_____
_____
_____
_____
_____
_____
_____
_____

 **ACTIVIDAD 2**

Música. "Y en eso llegó Fidel" (Carlos Puebla, 1969)

Carlos Puebla (1917-1989), llamado *Cantor de la Revolución*, fue un cantante, compositor y guitarrista cubano. Desde muy joven demostró su talento para la música y se dio a conocer a nivel local. Su carrera artística comenzó interpretando canciones de amor, pero con el tiempo fue evolucionando hacia una música más comprometida con sus ideales políticos. Es así como se dedicó a interpretar canciones de protesta y denuncia de la situación política y las condiciones de miseria del pueblo cubano. Fue amigo de la lucha revolucionaria por la liberación de Cuba y, a partir del triunfo de Fidel Castro, Carlos Puebla se convirtió en testigo e historiador musical del paso de Cuba hacia el socialismo y de sus vivencias dentro de este sistema a lo largo de los años. Su éxito fue tal que lo contrataron para dar conciertos por todo el mundo con su grupo. Se inspiró principalmente en los sucesos que aparecían a diario en los periódicos. La canción "Y en eso llegó Fidel", que analizamos aquí, es parte de un álbum que lleva el mismo título y donde se incluyen algunas de sus canciones más conocidas, como "Traigo de Cuba un cantar", "El canto a Camilo", "Todo por la Reforma Agraria" y "Hasta siempre".

 COMPRENSIÓN DEL TEXTO

Escoge las respuestas correctas de acuerdo con el texto que acabas de leer.

1   Carlos Puebla…
    a   componía canciones basadas en las noticias que leía.
    b   nunca salió de Cuba por la prohibición que existía.
    c   fue conocido solo en Cuba.
    d   comenzó a hacer música en un momento avanzado de su vida.
2   La música de Carlos Puebla…
    a   es de inspiración romántica hasta el triunfo de Fidel Castro.
    b   denuncia la pobreza del pueblo cubano luego de la revolución.
    c   narra los hechos del gobierno revolucionario.
    d   demuestra poco compromiso con los ideales de Fidel Castro.

 I. INVESTIGACIÓN PRELIMINAR

En esta sección vas a investigar y aprender sobre la Revolución cubana. Puedes encontrar información en la biblioteca, en Internet, en la bibliografía al final del libro y en Sitio Web del Estudiante. Toma notas y prepárate para hacer tus comentarios en clase.

Datos históricos

1   ¿Cuándo comenzó la Revolución cubana y qué circunstancias políticas la ocasionaron?

2   ¿Cómo era la situación social y económica del pueblo cubano en el momento de la Revolución? ¿Cuál era la causa de esa situación?

3   ¿Quién es Fidel Castro? ¿Qué ideales o situaciones lo motivaron a hacer una revolución? ¿Tuvo el apoyo del pueblo cubano?

4   ¿Por qué el triunfo de la Revolución tuvo impacto nacional e internacional? ¿En qué consistió ese impacto? ¿Crees que influyó la personalidad de sus líderes?

Cuestiones culturales

1   ¿Cómo se manifestaron los diferentes estamentos culturales durante la lucha contra Batista y durante la posterior implantación del gobierno revolucionario?

2   ¿Qué caracteriza a la Nueva Trova Cubana y qué papel crees que desempeñó en el movimiento revolucionario y en el mantenimiento de sus ideales?

3   ¿Podrías mencionar algunos de los temas compuestos e interpretados por Carlos Puebla durante su vida artística?

4   Piensa en los títulos de las canciones de Carlos Puebla que has investigado. ¿Crees que sería posible contar la historia de Cuba desde el periodo previo a la revolución hasta nuestros días a partir de estas composiciones musicales?

5   Busca otras manifestaciones musicales de Cuba relacionadas de alguna manera con la Revolución cubana y/o su posterior gobierno. Analiza una de ellas para la clase.

6   ¿Qué papel crees que desempeña la música en la preservación cultural de los pueblos?

♟ II. ANÁLISIS

A. Palabras clave

Estudia el siguiente vocabulario de la canción de Carlos Puebla "Y en eso llegó Fidel" y determina su significado según el contexto en el que aparece.

☐ echar   echar al pueblo a sufrir
☐ acabarse   se acabó la diversión
☐ tragar   pensaban seguir tragando y tragando tierra
☐ garito   hacer de Cuba un garito
☐ seguir   pensaban seguir diciendo
☐ asolar   los bandoleros asolaban el país
☐ infamia   la infamia por escudo
☐ difamar   difamando a los barbudos

B. Imagina

Escribe en unas cinco líneas tus ideas sobre el posible tema de la canción. Usa tu investigación previa y las siguientes preguntas como guía. ¿Sobre qué crees que trata? ¿Crees que es una canción de adhesión a Fidel o de crítica a su causa? ¿Es testimonial? ¿Es objetiva? ¿Transmite esperanza o desesperanza? ¿Quiénes son los barbudos? Explica tus ideas.

_____

_____

_____

_____

_____

_____

_____

_____

_____

_____

_____

_____

 ## C. Antes de escuchar

Elaboren una lluvia de ideas sobre su investigación acerca de la Revolución cubana y su interpretación preliminar de la canción "Y en eso llego Fidel". Tomen notas para poder incorporar sus ideas al análisis siguiente.

 ## D. Escuchar

Escuchen la canción "Y en esto llegó Fidel" de Carlos Puebla.

 ## E. Después de escuchar

Comenten el contenido de la canción y respondan a las siguientes preguntas de análisis. Usen los conocimientos adquiridos hasta el momento. Tomen notas de los puntos tratados para escribir una composición al final del análisis.

1   ¿Cuál es el tema? ¿Se refiere a la obra de gobierno de Fidel?
2   ¿Cuál es el propósito principal de Carlos Puebla? ¿Resaltar la vida en Cuba después de la revolución o antes?
3   ¿Qué revela la primera estrofa? ¿Quiénes ganaban en casas y apartamentos? ¿Cuánto ganaban? Explíquenlo.
4   ¿A qué se refiere el estribillo?

5 Según la segunda estrofa, ¿en qué se había convertido Cuba? Explíquenlo.
6 La tercera estrofa se refiere a los cuatreros, forajidos, bandoleros, barbudos. ¿Quiénes eran y quién los llamaba así? ¿Eran ellos quienes asolaban el país?
7 Según la canción, ¿quiénes jugaban a la democracia y por qué el pueblo estaba a punto de morir?
8 Al final de cada estrofa oímos el verso "Y en eso llegó Fidel". ¿Qué mensaje transmite el contraste de este verso con el resto de cada estrofa? ¿En qué medida la llegada de Fidel afecta las circunstancias de la vida del pueblo cubano?

F. Conclusiones

Escriban una composición de dos o tres párrafos titulada "Y en eso llegó Fidel". Usen sus notas y las siguientes preguntas para organizar sus ideas: ¿Cómo era gobernada Cuba antes de Castro? ¿Cuál era el nivel de vida y educación? ¿Estaban los cubanos contentos con el régimen? ¿Había democracia y libertad? ¿Qué ofrecían los revolucionarios? ¿Qué quería la gente?

ACTIVIDAD 3

Texto literario. *Che Comandante* (Nicolás Guillén, 1967).

Nicolás Guillén (1902-1989) nació en Camagüey, Cuba, en el seno de una familia de la pequeña burguesía negra y quedó huérfano de padre a los quince años de edad. Su carrera de escritor comenzó en 1919, siendo muy joven, con una publicación en una revista de Camagüey. Hacia 1926 se estableció en la Habana, lugar donde se perfiló su interés por la literatura y por el análisis de la realidad cubana y caribeña. Guillén fue madurando gradualmente sus ideas, al mismo tiempo que adoptaba una posición cada vez más crítica sobre la penetración imperialista, la oligarquía y el desequilibrio social y económico de

US backed Batista

military strike

su país. Su actitud coincidió con el golpe militar del jefe del ejército, coronel Fulgencio Batista Zaldívar, pues el país quedó sujeto a la política intervencionista de Estados Unidos. Durante la dictadura de Batista, Guillén fue perseguido y arrestado varias veces por sus ideas políticas y sociales. Esa situación lo obligó a salir al exilio hasta el año 1959, cuando el triunfo de la Revolución cubana le permitió regresar de inmediato a su país. Desde ese momento y como presidente de la Unión de Escritores y Artistas de Cuba (UNEAC), Guillén tuvo una participación directa y sistemática en toda la vida artística y cultural de Cuba.

US political inter.

exiled until cuban revolut.

entry

Guillen viajó mucho y se relacionó con artistas y escritores tales como Ernest Hemingway, Miguel Hernández, Antonio Machado, Juan Marinello, Pablo Neruda, Octavio Paz, Diego Rivera y César Vallejo. Al mismo tiempo, su participación en el II Congreso Internacional de Escritores para la Defensa de la Cultura, celebrado en España durante la Guerra Civil, fue decisiva para su ingreso al Partido Comunista, en el cual permaneció hasta su muerte.

Entre sus obras podemos mencionar *Motivos de son*, *Sóngoro cosongo*, *West Indies, Ltd.*, *Cantos para soldados y sones para turistas*, *El son entero*, *Elegía a Jesús Menéndez*, *Elegía cubana*, etcétera. La elegía *Che Comandante*, que analizamos aquí, fue leída en un homenaje póstumo al Che, llevado a cabo el 18 de octubre de 1967 en la tribuna de la Plaza de la Revolución José Martí de La Habana. Su mensaje ha calado a lo largo del mundo y se ha convertido también en canción.

message all over world y es una canción hoy

tribuna = platform

elegía = elogio = un lamento / trabajo escrita para un muerto

COMPRENSIÓN DEL TEXTO

Escoge la respuesta correcta de acuerdo con el texto anterior.

1   Nicolás Guillen…
    a   era un escritor cubano de raza blanca nacido en Camagüey.
    b   vivió en la Habana desde 1926 hasta su muerte. *while*
    c   su familia pertenecía a la pequeña burguesía cubana.
    d   comenzó su carrera de escritor a los quince años de edad.

2   Nicolás Guillen…
    a   participó en el golpe militar del general Fulgencio Batista.
    b   desarrolló un gran interés en los asuntos políticos y sociales.
    c   apoyó la intervención de Estados Unidos en Cuba.
    d   salió al exilio cuando triunfó la Revolución cubana.

3   El gobierno revolucionario de Cuba…
    a   tuvo en Guillén a uno de sus más grandes críticos.
    b   tuvo una participación directa en la vida artística de Guillén.
    c   influyó en su ingreso en el Partido Comunista.
    d   le encargó a Guillen la presidencia de la UNEAC.

llevado a cabo = carried out

A

4   Nicolás Guillén…
   a   conoció a grandes artistas y literatos internacionales con quienes entabló amistad.
   b   fue miembro del Partido Comunista desde antes de la Guerra Civil española.   *since before*
   c   no tuvo éxito en su tiempo porque era comunista.
   d   era un buen escritor pero con poco conocimiento de Latinoamérica.

 I. INVESTIGACIÓN PRELIMINAR

En esta sección vas a investigar y aprender sobre el Che Guevara, sus ideales y su contribución a la Revolución cubana. Puedes encontrar información en la biblioteca, en Internet, en la bibliografía al final del libro y en Sitio Web del Estudiante. Toma notas y prepárate para hacer tus comentarios en clase.

Datos sobre la persona del Che Guevara

1   ¿Quién fue el Che Guevara, de dónde era y a qué clase social pertenecía?
2   ¿Qué nivel académico tenía? ¿Cuáles eran sus ideales?
3   ¿Cómo era su personalidad?
4   ¿Era sincero en sus actuaciones? ¿Crees que sus actuaciones correspondían a sus ideales?

Datos sobre su actividad revolucionaria

1   ¿Cuál fue la participación del Che en la Revolución cubana?
2   ¿Qué papel tuvo durante el gobierno revolucionario cubano?
3   ¿Cómo y dónde luchó y con qué objetivos?
4   ¿Dónde y cómo murió? ¿Quiénes fueron los responsables de su muerte y por qué?
5   ¿Crees que era necesaria su muerte?
6   ¿Por qué crees que se ha vuelto un icono internacional?

II. ANÁLISIS

A. Palabras clave

Estudia el siguiente vocabulario de la elegía *Che Comandante* y determina su significado según el contexto en el que aparece.

☐ callado   no por callado eres silencio   *quiet*
☐ disimular   te disimulen bajo tierra   *cubrir*
☐ impedir   impedir que te encontremos

parar algo alguien

- [ ] júbilo dientes de Júbilo _felicidad_
- [ ] cuajar se le cuaja la risa
- [ ] herir herido por soldados _lesión_
- [ ] muchedumbre revuelto en espumosa muchedumbre _grupo de gente_
- [ ] desamparo terrible desamparo _no presta atención_
- [ ] derribar móvil estatua de tu sangre como te derribaron _destruir_
- [ ] hondón desde el hondón americano _parar_

B. Imagina

Escribe en un párrafo corto tus ideas sobre la elegía *Che Comandante*. Usa tu investigación preliminar y las siguientes preguntas como guía. ¿De qué trata? ¿Es una poesía de adhesión al Che o de crítica a su causa? ¿Es el tema triste o alegre? ¿Transmite esperanza o desesperanza? ¿Es combativa o resignada? Explica tus ideas.

_____
_____
_____
_____
_____
_____
_____
_____
_____
_____
_____
_____
_____

 ## C. Antes de leer

Elaboren una lluvia de ideas sobre la información encontrada en las secciones anteriores y su interpretación preliminar de la elegía *Che Comandante*. Tomen notas para poder incorporar sus ideas al análisis siguiente.

D. Lectura

Lean la elegía "Che Comandante" de Nicolás Guillén.

E. Después de leer

Comenten el contenido del texto y respondan a las siguientes preguntas de análisis. Usen los conocimientos adquiridos hasta el momento. Tomen notas para escribir una composición al final.

1   ¿Cuál es el tema? ¿Se refiere a la vida del Che o a su muerte?
2   ¿Cuál es el propósito principal de Guillén? ¿Resaltar la vida del Che o rendir tributo a su memoria?
3   ¿Qué exalta la primera estrofa? ¿El final de una vida o por el contrario, la continuidad de su existencia?
4   ¿Qué ironía se puede percibir en la segunda estrofa?
5   ¿Qué papel tuvo Estados Unidos en la muerte del Che? ¿Qué indica el poema al respecto?
6   La tercera estrofa se inicia con "estás en todas partes" y luego cita los diferentes lugares. ¿Qué tienen en común esos lugares y por qué razón el Che está allí?
7   Según el poema, ¿cómo podríamos definir el aspecto físico, la personalidad y la capacidad del Che?
8   Guillén en uno de sus versos dice: "No van a impedir que te encontremos". ¿A qué se refiere?
9   Al final, ¿qué pide el poeta al Che? ¿Qué significado tiene esa petición?
10 Comparado con la discusión preliminar sobre el Che, ¿creen que la elegía nos da una nueva perspectiva de este personaje?

 F. Conclusiones

Escriban en dos o tres párrafos una composición titulada "El Che, sus ideales y su influencia en Cuba y en el mundo moderno". Usen sus notas y las siguientes preguntas para organizar sus ideas. ¿Quién era el Che? ¿Eran sus ideales universales? ¿Cómo llegó a pensar que la revolución era el único camino al cambio? ¿Tenía razón? ¿Qué sacrificó en beneficio de sus ideales? ¿Cuál fue su lucha y cuál su legado?

_____
_____
_____
_____
_____
_____
_____
_____
_____
_____

 **ACTIVIDAD 4**

Película. *Memorias del subdesarrollo* (Tomás Gutiérrez Alea, 1968).

Tomás Gutiérrez Alea (1928-1996) fue un influyente productor y director cubano de cine, proveniente de una familia adinerada y políticamente progresista. Se graduó de abogado en la Universidad de La Habana pero su sueño era dedicarse al cine y lo hizo realidad después de graduarse en el Centro Experimental de Cinematografía de Roma, donde realizó sus primeras películas. Fue miembro fundador del Instituto Cubano del Arte e Industria Cinematográficas, y escribió y dirigió más de veinte películas.

Los temas de Gutiérrez Alea critican por lo general las actitudes burguesas, la burocracia, las contradicciones y la hipocresía del imperialismo. Sus trabajos más populares incluyen *Muerte de un burócrata* (1966), *Memorias del subdesarrollo* (1968) y *Fresa y chocolate* (1993). En ellos hay tanto una incisiva visión de la Cuba post revolucionaria como un equilibrio notable entre su dedicación a la revolución y la crítica a las condiciones políticas, económicas y sociales del país.

Las películas de este famoso director, representante del movimiento Nuevo Cine Latinoamericano, muestran los problemas de neocolonialismo y la identidad cultural, y buscan ser una herramienta para el cambio político y social. La participación activa del espectador en la transformación de la sociedad era vital para Gutiérrez Alea, quien siempre se involucró en los asuntos de su país antes y después de la revolución. Se sentía privilegiado de haber vivido la etapa revolucionaria de la historia cubana, que según él, sirvió para rescatar la dignidad del ser humano en Cuba.

Memorias del subdesarrollo (1968), la película que analizamos aquí, ha sido considerada por la crítica como la obra maestra del director cubano y un clásico de la cinematografía internacional. A pesar de que Gutiérrez se mantuvo fiel a la Revolución y al sistema socialista cubano, según la crítica *Memorias del subdesarrollo* difícilmente puede ser considerada propaganda revolucionaria. Por el contrario, hay un mensaje crítico claro de la sociedad y del sistema. Para él, la crítica desde adentro era fundamental en cualquier proceso de desarrollo, pues servía para mejorar y estructurar una sociedad más justa. Decía: "Hay muchas maneras de hacer la crítica, se puede hacer desde afuera y desde adentro. Cuando el enemigo nos critica, nos critica para destruirnos; pero cuando nosotros criticamos nuestra realidad lo hacemos justamente para todo lo contrario, para mejorarla".

La película recibió varios premios tales como el FIPRESCI en Checoslovaquia (1968) o el Rosenthal de la Asociación Nacional de Críticos Cinematográficos de Estados Unidos (Nueva York, 1973). También fue incluida en 2011 en la Guía de *The New York Times* entre las mil mejores películas de todos los tiempos.

COMPRENSIÓN DEL TEXTO

Escoge las respuestas correctas de acuerdo con el texto que acabas de leer.

1   Tomas Gutiérrez Alea…
    a   fue un director de cine cubano que nunca salió de su país.
    b   vivió y murió en Cuba durante el gobierno revolucionario.
    c   realizó un trabajo caracterizado por la propaganda revolucionaria.
    d   tuvo una producción muy reducida y con poco éxito.
2   Las películas de Gutiérrez Alea…
    a   promueven las ideas revolucionarias de Fidel Castro.
    b   fueron censuradas por el gobierno revolucionario.
    c   critican la burguesía, el imperialismo y la burocracia.
    d   tratan de temas sencillos sin interés crítico.
3   En cuanto a la función del cine, Gutiérrez Alea pensaba que…
    a   el cine debía ser un impulsor del cambio social.
    b   la crítica era destructiva y debía evitarse.
    c   el cine debía ser solo para divertir y relajar al espectador.
    d   el cine cubano debía abstenerse de criticar la situación del país.
4   La película *Memorias del subdesarrollo*…
    a   es un reflejo claro de su adhesión al régimen castrista.
    b   demuestra las ideas de Gutiérrez Alea sobre lo que debe ser la crítica.
    c   no tuvo mucho éxito en el exterior.
    d   es todo lo anterior.

I. INVESTIGACIÓN PRELIMINAR

En esta sección vas a investigar y aprender sobre el gobierno revolucionario de Cuba. Puedes encontrar información en la biblioteca, en Internet, en la bibliografía al final del libro y en Sitio Web del Estudiante. Toma notas y prepárate para hacer tus comentarios en clase.

Introducción del gobierno revolucionario

1   ¿Con qué ideales se formó el gobierno revolucionario y qué medidas se tomaron desde el comienzo? ¿Cuáles eran los objetivos de estas medidas?
2   ¿Qué clase social se vio afectada por las medidas nuevas y por qué? ¿Cómo reaccionó?
3   ¿Cómo se vieron afectados los intereses extranjeros con las reformas revolucionarias? ¿Cómo reaccionaron?
4   ¿Cuáles fueron algunas de las acciones y tácticas empleadas por el gobierno estadounidense y los exiliados cubanos contra el gobierno revolucionario? ¿Qué efecto tuvieron?

Características y futuro

1   ¿Cuáles son las características positivas y negativas sobresalientes del régimen revolucionario actual? ¿Cómo ha respondido el pueblo a sus exigencias?

2   ¿Qué resultados se han obtenido en los diferentes órdenes: social, cultural, económico, etcétera?

3   ¿Qué resultados importantes se han logrado en las negociaciones con Estados Unidos?

4   ¿Cuál crees que será el futuro del gobierno revolucionario después de Raúl Castro y del restablecimiento de las relaciones con Estados Unidos?

Consecuencias

1   ¿Quiénes son los balseros y qué características sociales tienen? ¿Cuál ha sido el grado de supervivencia a la travesía? ¿Han encontrado una vida mejor en el exilio?

2   ¿Cuáles son las causas que han tenido los cubanos para tomar la determinación de abandonar Cuba a riesgo de su propia vida? ¿Por qué han decidido hacerlo por este medio?

3   ¿Quiénes son los "marielitos" y por qué fueron a Estados Unidos? ¿Cuántas personas han emigrado de Cuba desde la Revolución y cuál es su perfil?

II. ANÁLISIS

A. Palabras clave

Continuamos el análisis de la Revolución cubana con la película *Memorias del subdesarrollo*. Lee los diálogos y expresiones siguientes y responde a las preguntas.

1   En una oración ¿cómo describirías la situación social, familiar y personal de Sergio, el protagonista?

> "La Habana 1961. Numerosas personas abandonan el país."

> —Allá sí tendrá que ponerse a trabajar. Bueno, al menos hasta que se encuentre algún idiota que se case con ella. … La verdad, qué imbécil he sido yo. Trabajar para mantenerla como si hubiese nacido en Nueva York o en París y no en esta isla subdesarrollada.
> —Todos los que me querían y me estuvieron jodiendo … se fueron.

2   ¿Cómo describirías la opinión de Sergio acerca de Cuba, de los revolucionarios y de sí mismo?

> —Desde que se quemó el encanto, La Habana parece una ciudad de provincia. Pensar que antes la llamaban la París del Caribe. Ahora

parece una Tegucigalpa del Caribe. No es sólo porque le destruyeron el encanto, es por la gente también.

—¿Qué sentido tiene la vida para ellos, y para mí? ¿Qué sentido tiene para mí? Pero yo no soy como ellos.

—Dicen que lo único que no aguanta el cubano es pasar hambre. ¡Con el hambre que se ha pasado aquí desde que llegaron los españoles! En América Latina mueren cuatro niños por minuto … por la desnutrición. Al cabo de diez años hay 20 millones de niños muertos por esta causa, que es el mismo número de muertes que produjo la Segunda Guerra Mundial.

3   ¿Cómo es Pablo, el amigo de Sergio? ¿Qué clase social e ideas representa?

—Esta gente dice que está haciendo la primera revolución socialista de América, y ¿qué? ¿Para regresar a la barbarie, para pasar hambre, como los haitianos? Derrotaron a Napoleón, y ¿qué? … Y míralos ahora, descalzos y convertidos en zombis.

—Este es un problema entre los rusos y los americanos. A nosotros no se nos ha perdido nada con ese problema.

—La verdad que cuando Batista las cosas llegaron a un punto que no se podía seguir así. … Pero en definitiva, ellos tienen todos los recursos. … Los americanos saben hacer muy bien las cosas.

—[El carro de Sergio] es la estampa de la decadencia. … Oye, me dicen que los últimos carros americanos son increíbles.

4   Sergio reflexiona sobre algunos líderes de la invasión de Bahía de Cochinos en 1961, mientras las noticias informan del acoso contrarrevolucionario en la isla. ¿Qué perfil social tenían los miembros de la invasión y qué pasaba en Guantánamo? ¿Crees que Sergio es revolucionario?

SERGIO.—En las cuentas del latifundista Freire, en las extremaunciones del sacerdote Lugo, … en la democracia representativa de Varona. ¿Quién podía ver la muerte que a través de ellos se expandía por Cuba? NOTICIAS EN LA TELEVISIÓN.—Liquidado con el triunfo de la revolución el dominio del imperio yanqui, los Estados Unidos utilizan … Guantánamo como centro de espionaje contra Cuba. Camarógrafos del ICAIC captan algunas escenas de provocaciones y violaciones ….

5   ¿Qué aprendemos de la nueva vida de Sergio en Cuba y de su novia, Elena? ¿Es Elena de su clase social? ¿Qué caracteriza el subdesarrollo para él?

ELENA.—Yo creo que tú no eres ni revolucionario ni gusano. … Te mandarán cosas de allá [de Estados Unidos]. Zapatos bonitos … Hasta te podrían mandar un automóvil si quisieras. SERGIO.—Oye, ¿sabes que Laura tenía más o menos tu misma figura? Si quieres te enseño algunos vestidos de ella. Si te gustan, te los llevas.

he dresn't really understand the revolución

SERGIO.—Elena demostró ser totalmente inconsecuente. … No relaciona las cosas. Esa es una de las señales del subdesarrollo ….

6 Sergio despide a Pablo en el aeropuerto y después medita sobre la revolución y los burgueses. ¿Cómo ve la revolución? ¿La comprende? ¿Cuál es su lucha interior? ¿Quiénes tienen poder ahora según Sergio?

—La revolución, aunque me destruya, es mi venganza contra la estúpida burguesía cubana …. Me doy cuenta de que Pablo no es Pablo, sino mi propia vida. Todo lo que yo no quiero ser.

—Siempre trato de vivir al estilo europeo y Elena me obliga a sentir el subdesarrollo a cada paso.

—¿Qué significa todo esto? Tú no tienes nada que ver con esa gente. Estás solo. … ¿Dónde está tu gente, tu trabajo, tu mujer? … Estás muerto.

—Y en medio de todo esto yo sigo viviendo de la renta. … Ya han pasado dos años desde que me quitaron la casa de apartamentos. … En otra época tal vez hubiese podido entender lo que está pasando aquí. Hoy ya no puedo.

—Ahora todo es el pueblo. Seguro que antes, yo hubiese sido el tipo respetable y ellos los desgraciados culpables.

7 Sergio se refiere a un hecho importante durante la revolución. ¿Cuál es ese hecho? ¿De qué dignidad habla? Si no sabes, investiga.

"Octubre 1962, crisis de misiles."

SERGIO.—La gente se mueve y habla como si la guerra fuera un juego. … ¿Moriré igual que los demás? Esta isla es una trampa. Somos muy pequeños, demasiado pobres. Es una dignidad muy cara.

B. Imagina

Escribe en unas diez líneas tus ideas sobre el posible contenido de la película *Memorias del subdesarrollo*. Usa tu investigación preliminar y las siguientes preguntas como guía. ¿Puedes adivinar de qué trata la película y cuál es su mensaje? ¿Es el narrador comunista? ¿A qué clase social crees que pertenece? ¿En qué periodo de la revolución crees que ocurre? ¿Es una película en pro o en contra de Castro? Explica tus ideas.

_____
_____
_____
_____
_____
_____
_____

_____
_____
_____
_____
_____
_____

 ## C. Antes de ver

Elaboren una lluvia de ideas sobre la información recogida y su interpretación preliminar de la película *Memorias del subdesarrollo*. Tomen notas para poder incorporar sus ideas al análisis siguiente.

 ## D. Ver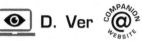

Vean la película *"Memorias del subdesarrollo"* de Tomás Gutiérrez Alea.

 ## E. Después de ver

Comenten el contenido de la película y respondan a las siguientes preguntas de análisis. Usen los conocimientos adquiridos hasta el momento. Tomen notas para escribir al final una composición sobre el tema.

1 La historia comienza en 1961. ¿Qué está ocurriendo en Cuba en ese año?
2 ¿Qué vida llevaban Sergio, el narrador, y su familia antes de la revolución? ¿Por qué salen ellos y se queda él?
3 ¿Qué piensa Sergio de su situación? ¿Qué vida comienza a vivir?
4 ¿Qué información podemos tomar de la escena de la biblioteca?
5 ¿Qué análisis hace Sergio de su gente, su ciudad, las circunstancias políticas, sociales y económicas viejas y nuevas?
6 ¿Qué representan su exesposa, Pablo, Elena? ¿Qué quiere decir cuando dice que Pablo no es Pablo sino su propia vida?
7 ¿Creen que la gente como Sergio estaba comprometida con la revolución? ¿Por qué si o por qué no?
8 ¿Qué imagen tienen Pablo, Sergio y su familia de Estados Unidos? ¿Qué imagen tiene Elena?

 ## F. Conclusiones

Escriban en dos o tres párrafos una composición titulada "La vida en Cuba durante el gobierno revolucionario". Usen sus notas y las siguientes preguntas para organizar sus ideas. ¿Vive la gente igual que antes de la revolución? ¿Qué ganaron y qué perdieron los ciudadanos con la revolución? ¿Cómo y donde viven los aristócratas, burgueses y trabajadores? ¿Hay interacción entre estas clases? ¿Dónde y en qué trabaja la gente? ¿Creen que era diferente la vida antes de la revolución? ¿De qué manera?

_____
_____
_____
_____
_____
_____
_____
_____
_____
_____
_____
_____
_____
_____

 **ACTIVIDAD 5**

La narración periodística

En esta sección vas a escribir una narración periodística sobre un personaje o tema del capítulo. Para desarrollar esta narración vas a seguir los siguientes pasos:

- Paso 1. **Características**. Lee a continuación las características principales de una narración.

    La narración periodística es un tipo de reportaje objetivo, fiel, completo y verificable que consta por lo general de cuatro partes definidas: titular, introducción, cuerpo y conclusión. El *titular* enfoca la noticia y lo esencial de la situación que se va a narrar. La introduccion presenta los hechos más sobresalientes en forma concisa aunque más elaborada que en el titular. En esta parte, el objetivo es responder a las preguntas basicas de la información: ¿quién?, ¿a quién?, ¿dónde?, ¿qué?, ¿cuándo?, ¿cómo? y ¿por qué? El *cuerpo* profundiza en el tema de la noticia agregando detalles sobre los protagonistas, la acción y los resultados de la acción, por ejemplo. La *conclusión* puede anunciar un dato más reciente sobre el suceso o agregar una nota más personalizada del mismo.
- Paso 2. **Análisis**. Busca una narración perodística y analízala de acuerdo con las cuatro partes explicadas en el paso 1.

- Paso 3. **Práctica**. Imagina que has comenzado a trabajar para un periódico de la Republica Dominicana durante la *Era de Trujillo*, o de La Habana a finales de los años cincuenta. Tu primera tarea es escribir una narración periodística en el pasado sobre algún aspecto o personaje de la época. Debes tomar la posición de un periodista que estuvo en el lugar de los hechos en el momento en que estos ocurrían. Algunos temas pueden ser "El caso de las hermanas Mirabal", "La muerte de Trujillo", "La entrada triunfal de los revolucionarios cubanos a La Habana", "La crisis de los misiles", "La llegada de los balseros a las costas de Miami". Aplica las estrategias e ideas estudiadas en los dos pasos anteriores. Tu narración debe ser objetiva y contener los siguientes elementos: titular, introducción, cuerpo y conclusión. (1.000-1.250 palabras).

CAPÍTULO 4

Revoluciones centroamericanas y procesos de paz

1917 1980	1940
MONSEÑOR OSCAR ROMERO	OSCAR ARIAS

I DESCRIPCIÓN

Este capítulo, titulado "Revoluciones centroamericanas y procesos de paz", pertenece a la sección sobre "Grandes acontecimientos históricos". A través del cine, la música y la literatura vas a investigar y reflexionar sobre los sucesos que han marcado la sociedad de Centroamérica. Vamos a ver en particular la lucha revolucionaria de sus principales protagonistas: Guatemala, Nicaragua y El Salvador.

II OBJETIVOS CULTURALES

Al final de este capítulo podrás:

1   Demostrar tu comprensión de los patrones de comportamiento político, social y cultural del pueblo centroamericano, y de las causas y consecuencias

del conflicto existente entre las perspectivas gubernamentales y las aspiraciones de su población. Para lograr este resultado, vas a investigar, analizar y comentar sobre:

a   El sistema social y de gobierno imperante desde el comienzo de la vida republicana de Centroamérica.
b   La situación del pueblo centroamericano antes, durante y después de su lucha revolucionaria.
c   Los ideales y métodos de lucha de los bandos enfrentados.
d   Las posibles causas y consecuencias de cada conflicto.
e   Los acuerdos de paz y su aplicación.
f   Características, obstáculos y logros del gobierno revolucionario nicaragüense.

2   Demostrar tu comprensión de la conexión entre las perspectivas políticas y sociales del pueblo centroamericano y la siguiente producción cultural en literatura, cine y música:

a   Texto literario: "Patria Libre: 19 de julio de 1979" (Gioconda Belli, 1985).
b   Película: *Voces inocentes* (Luis Mandoki, 2004).
c   Música: "Alto al fuego" (Alux Nahual, 1990), "Canción para un mártir" (Son ¾, *2010*).

III OBJETIVOS LINGÜÍSTICOS

Al final de este capítulo podrás:

1   Intercambiar ideas y narrar de manera clara y estructurada los hechos relacionados con la lucha revolucionaria centroamericana.
2   Usar con seguridad y precisión el vocabulario relacionado con los movimientos políticos populares.
3   Comprender las ideas principales y secundarias de textos narrativos y descriptivos producidos por y para hablantes nativos.
4   Definir, resumir, describir y exponer ideas complejas relacionadas con los temas aquí tratados.
5   Escribir un comentario editorial sobre el tema del capítulo de manera estructurada y comprensible para los hablantes nativos.

INTRODUCCIÓN: BREVE HISTORIA DE CENTROAMÉRICA

Los países centroamericanos, con algunas excepciones –particularmente Panamá–, han experimentado por lo general una historia común desde la época precolombina hasta nuestros días. Son cuna de la cultura maya, cuyos logros científicos y artísticos muchas veces sobrepasaban los europeos de su tiempo y cuyas ruinas podemos todavía apreciar en países como Guatemala, Honduras y El Salvador. Fueron colonias españolas hasta 1821 y luego de un corto periodo de anexión a México, formaron las Provincias Unidas de Centroamérica hasta 1838. Finalmente cada provincia declaró su independencia dando origen a las repúblicas de Guatemala, Honduras, El Salvador, Nicaragua y Costa Rica. La República de Panamá, originalmente provincia de Colombia, se convirtió en país centroamericano en el año 1903. Su independencia de Colombia estuvo directamente instigada y apoyada por el gobierno estadounidense de Theodore Roosevelt, quien tenía gran interés en construir el Canal de Panamá. Esta acción alertó a Latinoamérica y en particular a sus intelectuales sobre el imperialismo estadounidense y el peligro de la expansión capitalista para la región.

La vida de las nuevas repúblicas comenzó con una sociedad de tipo colonial, dividida en clases racialmente determinadas y regida por una élite de cepa europea principalmente; sociedad que se ha mantenido casi intacta en todos los países, con la excepción de Costa Rica.

En mayor o menor medida, todas las repúblicas terminaron dominadas por gobiernos dictatoriales interesados en la protección de una minoría aristocrática y de grandes intereses económicos extranjeros, involucrados originalmente en la producción de café desde finales del siglo xix y luego del plátano durante el siglo xx. El capital extranjero incrementó tanto los beneficios económicos como los problemas sociales de la región. La riqueza, la tierra y el control del Estado se concentraron en manos de la élite, mientras las comunidades nativas eran sometidas a trabajo forzado, despojo violento de la tierra y represión muchas veces militar. Una de las compañías extranjeras más favorecidas fue la bananera United Fruit Company, que llegó a apropiarse de miles de acres de tierra, medios de transporte, y en gran medida de la política y la economía de la región.

A mediados del siglo xx, varios países intentaron revoluciones democráticas, siendo Costa Rica la única en consolidar su democracia en 1948. Como resultado, Costa Rica abolió el ejército y estableció beneficios laborales y de seguridad. Honduras tuvo un solo presidente constitucional, el doctor Ramón Villeda Morales (1957-1963), que al final de su mandato fue reemplazado por una larga lista de dictadores hasta 1980. La revolución democrática de Guatemala fue tildada de comunista y saboteada por la élite del país, junto con la United Fruit Company y Estados Unidos. Finalmente, el presidente de turno, Jacobo Arbenz, fue derrocado en 1954 y reemplazado por dictaduras altamente represivas que abolieron las reformas democráticas y pronto provocaron una guerra civil que duró 36 años. Panamá, aunque también manejado por la oligarquía local, comenzó como república independiente con el tratado Hay-Bunau-Varilla que daba a Estados Unidos el arrendamiento perpetuo de la vasta zona del Canal. El tratado se mantuvo hasta 1977, año en el cual se acordó la devolución total del Canal a Panamá para finales del siglo xx. Las relaciones con Estados Unidos se mantuvieron cordiales desde entonces hasta que el general Manuel Antonio Noriega, acusado de narcotráfico y convertido en una carga política, fue depuesto en 1989 por el presidente George Bush. La acción estadounidense, que dejó numerosas muertes de civiles y destrucción de parte de la Ciudad de Panamá, fue censurada regionalmente e internacionalmente. Después de este tormentoso acontecimiento, Panamá ha sido gobernado por gobiernos civiles.

Para los años sesenta, el descontento de la población centroamericana, agudizado por fallidos intentos democráticos y recesiones económicas, animado por el triunfo de la Revolución cubana y enfrentado a la política anticomunista de la Guerra Fría, terminó traduciéndose en las largas y sangrientas luchas populares que estudiamos aquí.

Si bien conocemos los principales participantes nacionales en estas guerras fratricidas, no podemos ignorar el papel crucial que Estados Unidos tuvo en los hechos, con frecuencia atroces, que ocurrieron durante las mismas. Desde principios del siglo xx, Estados Unidos ha intervenido permanentemente, de manera directa o encubierta, en los asuntos internos de la región para defender sus intereses comerciales, políticos y de seguridad. Después de la Segunda Guerra Mundial, y más aún con el triunfo de la Revolución cubana, Estados Unidos fortaleció los regímenes dictatoriales, dándoles una generosa ayuda militar que incluía el entrenamiento de los ejércitos locales en prácticas contrainsurgentes desarrolladas por el Pentágono. Se inició así una de las políticas más devastadoras para Centroamérica. Aún en el siglo xxi, después de haber terminado la Guerra Fría en 1989, Estados Unidos ha interferido en las elecciones centroamericanas para evitar gobiernos de izquierda o contrarios a sus intereses.

La paz centroamericana fue finalmente firmada por todos los países en la década de 1990. Si bien su lucha dejó desolación y muerte, también dejó numerosos mártires de la justicia y la paz representados en monseñor Óscar Arnulfo Romero, y dos premios Nobel de la Paz. El primero, otorgado a Óscar Arias Sánchez (1987), entonces presidente de Costa Rica y promotor del plan para la paz de Centroamérica que lleva su nombre; el segundo, a Rigoberta Menchú Tum, líder indígena guatemalteca de raíz maya-quiché, por su dedicación a la causa de los derechos humanos de su comunidad.

martyrs

Hoy, Costa Rica y Panamá (después de Noriega) sobresalen en la región con el mayor índice de desarrollo humano y de democracia. Los otros países no están al mismo nivel pero gozan de mayor libertad y democracia que en los años sesenta, setenta y ochenta. En el proceso de democratización, sin embargo, ha habido tropiezos como en el caso del golpe de Estado del año 2009 al presidente hondureño de izquierda Manuel Zelaya. La región ha entrado así mismo en un proceso de integración cultural, política y económica, y tiene además un Tratado de Libre Comercio (TLC) con Estados Unidos que incluye a la República Dominicana. A pesar de estos avances, no se han resuelto los grandes problemas sociales y de derechos humanos que afligen a la región. Es particularmente alarmante la pobreza extrema que afecta a casi la mitad de

Honduras, seguida de Nicaragua y Guatemala sobre todo. Estos problemas han incrementado no solo los índices de criminalidad, sino la emigración de un gran número de centroamericanos al exterior. Un fenómeno reciente es la emigración a Estados Unidos de menores de edad sin la compañía de adultos. Solo en la frontera del Valle del Río Grande, el número de niños aprendidos en los meses de mayo y junio de 2014 fue superior a 20.000, constituyéndose en un problema humanitario sin precedentes. Si bien es cierto que desde julio del mismo año se ha logrado una reducción progresiva del número de casos gracias a las nuevas medidas de seguridad adoptadas, la cifra continúa siendo alarmante. Además, según el Secretario de Seguridad Nacional estadounidense, Jeh Johnson, es probable que haya un nuevo incremento debido a la situación de pobreza y violencia existente en Honduras, Guatemala y El Salvador, países de donde procede la mayoría de los niños.

 COMPRENSIÓN DE LA LECTURA

Escoge las respuestas correctas de acuerdo con el texto que acabas de leer.

1   ¿Qué historia común comparte la mayoría de los países centroamericanos?
   a   Las culturas precolombinas.
   b   El proceso de independencia.
   c   El legado colonial español.
   d   Todo lo anterior.
2   ¿Por qué se caracteriza la labor de los gobiernos dictatoriales centroamericanos?
   a   Incrementan los beneficios económicos de la población campesina.
   b   Son represivos y protegen los intereses extranjeros y de la élite.
   c   Respetan los derechos y las tierras del campesino.
   d   Todo lo anterior.
3   ¿En qué se distingue Costa Rica? En que…
   a   históricamente ha pertenecido a Suramérica y a Centroamérica.
   b   tiene un agudo problema de pobreza y de emigración.
   c   ha tenido una larga vida democrática y es la más desarrollada.
   d   ha vivido todo lo anterior.
4   ¿Qué país entró en una larga guerra civil luego de su revolución democrática?
   a   Costa Rica.
   b   Honduras.
   c   Panamá.
   d   Guatemala.
5   ¿Qué aprendiste de Panamá?
   a   Fue una región suramericana.
   b   Tuvo gobiernos dictatoriales.
   c   Tiene un buen nivel de desarrollo y democracia dentro de la región.
   d   Todo lo anterior.

6   ¿Qué variables animaron a la lucha de la población centroamericana?
   a   Problemas sociales agudos.
   b   Las recesiones económicas.
   c   La Revolución cubana.
   d   Todas las anteriores.
7   ¿Qué distingue la participación de Estados Unidos en la historia de Centroamérica?
   a   El respeto de la autonomía de los países.
   b   La promoción de gobiernos democráticos.
   c   La defensa de los intereses estadounidenses.
   d   La lucha contra gobiernos dictatoriales.
8   ¿Cómo describirías la situación centroamericana actual?
   a   Ha tenido varios cambios positivos.
   b   Necesita mejorar la situación social y de derechos humanos.
   c   Muchos han salido de sus países, incluidos menores de edad.
   d   Todo lo anterior.

 ACTIVIDAD 1

La Revolución nicaragüense. Texto literario. "Patria Libre: 19 de julio de 1979" (Gioconda Belli, 1985).

La mujer ha desempeñado en general un papel destacado en la sociedad nicaragüense. Este papel se hizo aún más visible con su integración desde 1967 en la lucha revolucionaria del Frente Sandinista de Liberación Nacional (FSLN) y el posterior gobierno revolucionario dirigido por este grupo. Mostró su independencia, por otra parte, formando organizaciones propias de apoyo a la revolución o participando en la lucha contrarrevolucionaria financiada por Estados Unidos.

La participación de la mujer en el gobierno revolucionario resultó tanto en una actividad política mayor que en el pasado como en una mejora educacional, familiar, laboral, legal, política y social. Las mujeres eran mayoría en los Comités de Defensa Sandinista desarrollados en los barrios, participaron activamente en la dirección del FSLN y ocuparon más del 30 por ciento de puestos ejecutivos. También se beneficiaron grandemente con los programas de alfabetización y de salud. A pesar de sus resultados, muchos de estos programas desaparecieron o fueron reducidos después durante el gobierno de Violeta Barrios de Chamorro.

Una de las mujeres más sobresalientes de Nicaragua, del FSLN y del gobierno revolucionario, fue la novelista, ensayista y poeta nicaragüense Gioconda Belli, cuyo poema "Patria libre: 19 de julio de 1979" examinamos aquí. De familia adinerada, Gioconda nació en 1948 en Managua. Cursó estudios tanto en Nicaragua como en el extranjero y se graduó en publicidad y periodismo en Filadelfia, Estados Unidos. Desde muy joven se destacó tanto en el campo literario como en el revolucionario sandinista contra el gobierno de Somoza. Como escritora recibió en 1972 el Premio

Nacional de Poesía Mariano Fiallos Gil de la Universidad Autónoma de Nicaragua y en 1978 el Premio Casa de las Américas. Como revolucionaria, se desempeñó en distintos cargos, incluyendo la lucha armada y la divulgación de la lucha sandinista fuera de Nicaragua. Por estas actividades fue perseguida y tuvo que salir en 1975 al exilio en México y Costa Rica. Al triunfar la revolución sandinista en 1979, Gioconda regresó a Nicaragua y desempeñó varios cargos en el nuevo gobierno. Su pertenencia al FSLN terminó con la derrota electoral sandinista de 1990.

La obra de Gioconda ha sido traducida a más de catorce idiomas y ha recibido numerosos premios internacionales y nacionales. Sus escritos incluyen numerosos ensayos, varias novelas y libros de poesía. Entre sus novelas se encuentran *La mujer habitada* (1988), *Waslala* (1996), *El infinito en la palma de la mano* (2008) y *El país de las mujeres* (2010). Entre sus libros de poesía se distinguen *Línea de fuego* (1978), *Truenos y arcoíris* (1982), *El ojo de la mujer* (1991), *Fuego soy apartado y espada puesta lejos* (2006).

La obra de Belli entrelaza su vida personal con su compromiso político y social. En sus novelas podemos entrever tanto un testimonio y denuncia de la injusticia social vivida por el pueblo centroamericano como un gran énfasis en la mujer, sus sentimientos, su lucha, su liberación.

 ## COMPRENSIÓN DEL TEXTO

Escoge la respuesta correcta de acuerdo con el texto anterior.

1 El papel de la mujer en Nicaragua…
   a se caracteriza por ser invisible para la sociedad.
   b comenzó a destacarse después de la Revolución nicaragüense.
   c ha sido siempre destacado pero más aún en conexión con la revolución.
   d mejoró con el gobierno de Violeta de Chamorro.
2 Durante el gobierno revolucionario la mujer…
   a se benefició a todos los niveles, incluido el laboral y político.
   b no pudo ocupar puestos directivos.
   c era minoría en los Comités de Defensa Sandinista.
   d se negó a formar organizaciones de apoyo revolucionario.
3 Gioconda Belli…
   a escribe sobre la clase adinerada de su país.
   b fue miembro activo del FSLN hasta 1990.
   c vivió en el exilio durante el gobierno revolucionario.
   d apoyó el gobierno de Somoza.
4 La obra de Gioconda Belli…
   a incluye varios poemas y novelas.
   b ha recibido varios premios dentro y fuera de su país.
   c ha sido traducida a varios idiomas.
   d se identifica por todo lo anterior.

I. INVESTIGACIÓN PRELIMINAR

En esta sección vas a investigar y aprender sobre la Revolución nicaragüense y la situación posterior de Nicaragua. Puedes encontrar información en la biblioteca, en Internet, en la bibliografía al final del libro y en Sitio Web del Estudiante. Toma notas y prepárate para hacer tus comentarios en clase.

Nicaragua antes de la Revolución

1   ¿Cuándo comenzó la dinastía Somoza, qué la caracterizó y cómo terminó? ¿Qué relación tuvo con el gobierno estadounidense y por qué?
2   ¿Cuándo se fundó el FSLN y de quién tomó su nombre? ¿Quiénes eran sus líderes y cuáles eran sus objetivos y tácticas?
3   ¿Qué participación tuvieron los estamentos culturales y sus representantes en la lucha contra Somoza? ¿Apoyaban al FSLN? ¿Tenían los mismos intereses e ideales?

El gobierno revolucionario del FSLN

1   ¿Cuándo comenzó el gobierno revolucionario y cuál fue su plan de desarrollo? ¿Cuáles fueron sus logros en aspectos como reforma agraria, educación y salud, y qué elementos fueron clave para su ejecución?
2   ¿Qué opinas de la colaboración cubana al proyecto social del FSLN? ¿Fue limitada o de gran cobertura? ¿Fue valiosa o innecesaria?
3   El líder del gobierno revolucionario fue Daniel Ortega, actual presidente de Nicaragua desde 2006. ¿Cuál ha sido su trayectoria y qué se le ha criticado?

La lucha contrarrevolucionaria

1   Busca información sobre los Contras, su origen, sus objetivos, sus acciones y su conexión con el llamado "Iran-Contra Affair" y con el presidente de Panamá Manuel Noriega.
2   Describe el caso llevado por Nicaragua a la Corte Mundial de Justicia en 1984 contra Estados Unidos. ¿Cuál fue el fallo de la Corte y cuál la respuesta estadounidense?

Fin del periodo revolucionario y gobiernos postrevolucionarios

1   ¿En qué año se firmó el acuerdo de paz con los Contras y qué puntos importantes contenía? ¿Cómo crees que se benefició el país?
2   ¿Qué acciones adelantó el primer gobierno postrevolucionario de Violeta Barrios de Chamorro? ¿Cómo es la situación social y política actual de Nicaragua?

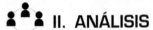 **II. ANÁLISIS**

A. Palabras clave

Examina la siguiente lista de vocabulario y determina su significado según el contexto del poema "Patria Libre: 19 de julio de 1979".

☐ júbilo — el júbilo de las calles
☐ alborotadas — calles alborotadas de gente
☐ barricadas — aún de pie las barricadas
☐ arrancar — otros que nos arrancaron
☐ sacar — ojos que nos sacaron
☐ agolpar — muertes se me agolpan en la garganta
☐ aguardar — esta hora feliz aguardaba
☐ valer la pena — valía la pena morir
☐ regocijar — siento gozarme y regocijarme
☐ bullicio — en medio del bullicio de este día tan azul
☐ vínculo — la sangre nos ha hermanado con su vínculo

B. Imagina

Escribe en unas cinco líneas tus ideas sobre el posible contenido del poema "Patria Libre: 19 de julio de 1979". Usa tu investigación preliminar y las siguientes preguntas como guía: ¿De qué trata? ¿Se refiere al principio o al final de algo? ¿Es triste o alegre? ¿Transmite esperanza o desesperanza? ¿Es combativo o resignado? Explica tus ideas.

_____
_____
_____
_____
_____
_____
_____
_____
_____

 C. Antes de leer

Elaboren una lluvia de ideas sobre la información encontrada y su interpretación preliminar del contenido del poema "Patria Libre: 19 de julio de 1979". Tomen notas para incorporar sus ideas al análisis siguiente.

D. Lectura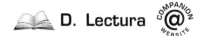

Lean el poema "Patria libre: 19 de julio de 1979" de Gioconda Belli.

 E. Después de leer

Comenten el contenido del poema y respondan a las siguientes preguntas de análisis. Usen los conocimientos adquiridos hasta el momento. Tomen notas para escribir al final una composición sobre el tema.

1   ¿Cuál es el tema y a qué triunfo se refiere? ¿Cuál es el propósito principal de Belli? ¿Resaltar la situación presente, la pasada o la futura?

2   ¿Qué resalta la primera estrofa? ¿El júbilo del triunfo? ¿El ambiente físico de la ciudad? ¿El contraste entre la actitud de las gentes y el aspecto de la ciudad? Explíquenlo.

3   La segunda estrofa nos muestra una fe firme. ¿Fe de quién y en qué? ¿Qué obstáculos hubo que vencer?

4   Expliquen de qué nos habla la tercera estrofa. ¿Qué siente Belli, nostalgia, agradecimiento, dolor?

5   En los dos primeros versos de la cuarta estrofa, Belli usa la expresión "me duele". ¿Expresan los dos versos el mismo tipo de dolor o hay diferencia entre el uno y el otro?

6   Los siguientes siete versos de la cuarta estrofa nos describen a la gente. ¿Qué imágenes usa Belli para describirla?

7   En los once versos siguientes, Belli describe sus sentimientos en ese momento. ¿Cómo los expresa? ¿Los interioriza o los exterioriza con acciones?

8   Al final, nos habla del futuro. ¿A qué tipo de futuro se refiere Belli y cómo lo ve?

9   ¿Cómo terminan los cuatro últimos versos? ¿Son un homenaje? ¿A quién?

 F. Conclusiones

Escriban una composición de dos o tres párrafos sobre "Nicaragua antes y después de la Revolución". Usen sus notas y las siguientes preguntas para organizar sus ideas. ¿Cómo eran los gobiernos que precedieron a la Revolución y cómo llegaron al poder? ¿Qué motivó la formación del FSLN y qué apoyo ciudadano tuvo? ¿Qué cambios promovió el gobierno revolucionario y dónde falló? ¿Quiénes eran los Contras y qué los caracterizó? ¿Se mantuvieron las reformas sociales en gobiernos posteriores? ¿Cómo está Nicaragua hoy?

_____

_____

_____

_____

_____

_____

_____

_____

_____

_____

_____

_____

_____

_____

_____

_____

 ## ACTIVIDAD 2

La guerra civil de El Salvador. Película. *Voces inocentes* (Luis Mandoki, 2004)

Luis Mandoki (n. 1954), el director de *Voces inocentes*, es un reconocido director y productor de cine mexicano. Su trabajo ha tenido gran aceptación tanto en el medio artístico de su país como en Hollywood. Estudió bellas artes en México, en el San Francisco Art Institute, en el London College of Printing y en la London International Film School. Luego de terminar sus estudios regresó a México, donde produjo varios trabajos cinematográficos para el Instituto Nacional Indigenista y CONACINE.

Siendo estudiante en Londres, recibió el primer premio en el Festival de Cine de Cannes (1976), categoría aficionada, por su cortometraje *Silent Music* y el premio mexicano Ariel (1980) por su cortometraje *El Secreto*. Su primer largometraje, *Gaby, Una historia verdadera* (1987), le ganó reconocimiento internacional y fue nominado dos veces para el premio mexicano Globo de Oro y una vez para el Óscar a la mejor actriz de reparto, correspondiente a Norma Aleandro.

En los años noventa comenzó su carrera de director en Hollywood. Su primera película estadounidense fue *White Palace*, con Susan Sarandon como protagonista. A esta película le han seguido varias más como *Born Yesterday*, con Melanie Griffith; *When a Man Loves a Woman*, con Andy García y Meg Ryan; *Message in a Bottle*, con Kevin Costner, Robin Wright Penn y Paul Newman; *Angel Eyes*, con Jennifer López y Jim Caviezel; y *Trapped*, con Charlize Theron y Kevin Bacon.

En el año 2004 dirigió la película *Voces inocentes*, basada en una historia de la vida real y cuyo guión fue escrito por Mandoki en colaboración con Óscar Torres, quien vivió esta historia durante la guerra civil de El Salvador en los años 1980.

COMPRENSIÓN DEL TEXTO

Escoge las respuestas correctas de acuerdo con el texto que acabas de leer.

1   Luis Mandoki...
    a   es un director estadounidense de cine mexicano.
    b   es un director mexicano que ha hecho películas en inglés.
    c   ha producido sólo cortometrajes.
    d   ha recibido nominaciones pero no premios.
2   La película *Voces inocentes*...
    a   fue escrita y dirigida por Mandoki.
    b   representa las vivencias de Oscar Torres.
    c   trata de la guerra civil del año 2004 en El Salvador.
    d   es una película de ficción.

I. INVESTIGACIÓN PRELIMINAR

En esta sección, vas a explorar el tema de la guerra civil salvadoreña. Responde a las preguntas que figuran a continuación. Puedes encontrar información en la biblioteca, en Internet, en la bibliografía al final del libro y en Sitio Web del Estudiante. Toma notas y prepárate para hacer tus comentarios en clase.

Raíces de la guerra

1   ¿Qué tipo de gobiernos tuvo El Salvador antes de la guerra civil y quiénes se beneficiaron de sus medidas económicas y políticas?
2   ¿Qué efectos sociales ha tenido el cultivo del café en El Salvador? ¿De qué manera se protegían estos y otros intereses económicos nacionales y extranjeros y se controlaba el descontento de la población?
3   ¿Cómo y cuándo nació el Frente Farabundo Martí para la Liberación Nacional (FMLN) y por qué tomó ese nombre? ¿Quiénes lo apoyaban y cuáles eran sus objetivos?

Datos generales

1   ¿Qué periodo comprende la guerra civil salvadoreña y qué eventos o situaciones específicas la provocaron o instigaron? ¿Fue una guerra urbana o rural?
2   ¿Quiénes componían los bandos en conflicto, cómo operaban y qué efecto tuvieron en la población? ¿Qué métodos usaban los escuadrones de la muerte?
3   ¿Qué otros sectores de la sociedad se vieron involucrados y perseguidos? ¿Por qué? ¿Qué participación tuvieron los estamentos culturales y sus representantes frente al gobierno de El Salvador?

4   ¿Fue una guerra netamente salvadoreña o hubo intereses extranjeros involucrados? Si los hubo, explica sus objetivos y su participación.

Fin de la guerra y situación actual

1   ¿Qué factores determinaron que el presidente Cristiani reabriera los diálogos de paz? ¿Cuándo se reabrieron y cómo se ejecutaron?
2   ¿Cuándo se formalizó el acuerdo de paz y qué puntos principales contenía? ¿Qué puntos del acuerdo se cumplieron y qué efectos positivos concretos hubo para la población?
3   ¿Cuál es la situación política, económica y social de El Salvador actualmente?

II. ANÁLISIS

A. Palabras clave

Comenzamos el análisis de la guerra civil de El Salvador con la película *Voces inocentes*. Lee los siguientes diálogos y responde a las preguntas relacionadas con cada uno.

1   Chava comenta la presencia de norteamericanos en el pueblo. Hay un diálogo. Explica la situación y su aparente contradicción.

> CHAVA.–Un día ahí estaban los gringos. ... Decían que venían a ayudarnos.
> VENDEDORA.–(En la calle) ¡Escupe eso, Chava! ¡Que lo escupas! ¿No oyes?
> CHAVA.–¿Por qué, si está muy rico?
> VENDEDORA.–Porque los que te dieron eso, son los que están preparando a los soldados para que nos maten.

2   Relación de Chava con su madre, Kella. Describe la relación entre ellos, la posición social de la familia y su fuente de ingresos.

> KELLA.–¿Qué pasó con los vestidos? ¿De dónde sacaste esto [dinero]?
> CHAVA.–No vendí nada, pero conseguí trabajo en el bus para que usted no tenga que trabajar todo el tiempo.
> KELLA.–¿Vas a tener cuidado? Y llegas antes del toque de queda todos los días.
> CHAVA.–Se lo prometo, má.

3   Kella está en su casa con su hermano Beto. ¿En qué está envuelto Beto y qué quiere de Kella? ¿Qué alternativa tiene Chava? ¿Por qué crees que Radio Venceremos está prohibida?

KELLA .–¿Desde cuándo estás metido en esto?

BETO.–Desde hace un rato. Vine a preparar una ofensiva para desconectar al ejército. … Además Chavita ya va a cumplir los doce y hay que sacarlo de aquí. Y lo más pronto posible. … Kella, entiende, por favor. El ejército se lo va a llevar. Por lo menos conmigo estará más seguro. Deja que me lo lleve.

BETO habla con CHAVA.–Busca Radio Venceremos aquí. Es la estación de nuestra gente. … Tienes que estar alerta. Pero Chava, debes tener mucho cuidado porque está prohibida.

4   El sacerdote toca música desde la torre de la iglesia. El domingo, golpeado y con un brazo roto, les habla a todos desde la calle. ¿Por qué crees que toca esa música? ¿Crees que es revolucionario, o hay otras razones para su comportamiento?

SOLDADO.–Esa canción está prohibida padre. Debe apagarla.

SACERDOTE.–Nada está prohibido para Dios.

SOLDADO.–Le voy a pedir que la quite, con su perdón.

SACERDOTE.–Pues si quieren, quítenla ustedes. Pero me dejan aquí las armas. Nadie puede entrar armado a la casa del Señor.

(El soldado responde con un tiro al campanario).

SACERDOTE.–Miren a su alrededor las caras de nuestros niños, han perdido la inocencia de su espíritu. En su lugar sólo encontramos el miedo … Yo les aseguro, hermanos, que cuando se vive la Gracia de Dios no existe la guerra y sin embargo, aquellos que ignoran su propia Naturaleza Divina, buscan sólo satisfacerse despojando, humillando y asesinando a sus semejantes. Hermanos, es el momento … de que defendamos nuestro principio de vivir y que opongamos nuestra fuerza a la fuerza de la muerte. Hoy hermanos, ya no basta con rezar.

5   Chava habla con Ratón. ¿Quién es Ratón? ¿Qué papel desempeña en el pueblo?

RATÓN.–Chavita, no te asustes. Soy yo, Ratón.

CHAVA.–Oí tiros anoche.

RATÓN.–¡Sh!

CHAVA.–¿Y mi tío Beto?

RATÓN.–Te traigo un recado de él. El ejército va a reclutar mañana. Avísale a tus amigos. Escóndanse.

6   Chava describe tres cambios drásticos en su vida. ¿Cuáles son y por qué han ocurrido?

CHAVA.–La escuela, la cerraron para siempre. Como nuestro pueblo estaba entre la guerrilla y el ejército, mamá decidió que nos fuéramos a vivir al otro lado del río porque allí es más seguro.

CHAVA.– No me quiero ir a los Estados Unidos, pero si me quedo me van a acabar matando. Pero voy a regresar, porque le prometí a mamá sacar a Ricardito antes de que cumpla los doce.

B. Imagina

Escribe en unas diez líneas tus ideas sobre el posible contenido de la película *Voces inocentes*. Usa tu investigación preliminar y las siguientes preguntas como guía. ¿Cuál es el posible mensaje de la película? ¿Quién es el narrador y cuántos años tiene? ¿A qué estamentos de la sociedad pertenecen los protagonistas? ¿Hay conflicto? ¿En qué consiste? ¿Hay víctimas inocentes? ¿Quiénes son?

_____
_____
_____
_____
_____
_____
_____
_____
_____
_____
_____
_____
_____
_____
_____
_____
_____

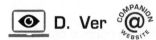 ## C. Antes de ver

Elaboren una lluvia de ideas sobre su investigación acerca de la guerra civil de El Salvador y su interpretación preliminar del tema de la película *Voces inocentes*. Tomen notas para incorporar sus ideas al análisis siguiente.

 ## D. Ver

Vean dos fragmentos (15:00-21:00 y 39:00-60:00) de la película *Voces inocentes*.

E. Después de ver

Comenten el contenido de los fragmentos de la película y respondan a las siguientes preguntas de análisis. Usen los conocimientos adquiridos hasta el momento. Tomen notas de los puntos tratados para escribir una composición sobre el tema.

1   La historia ocurre por los años 1980. ¿Qué está pasando en el pueblo del protagonista? ¿Cómo describirían el pueblo y la vida diaria de la gente?

2   ¿Qué tipo de interacción tiene el ejército con el campesino, los maestros, los niños y niñas, la iglesia y el sacerdote? ¿Cómo describirían ustedes a los soldados?

3   Vemos que el sacerdote del pueblo arriesga su vida enfrentando a los soldados para proteger a los niños. ¿Cómo se explica esto dentro de su apostolado religioso y el deber ciudadano? ¿Existe contradicción?

4   Hay soldados norteamericanos en la calle. ¿Se puede explicar su presencia allí con base en los valores democráticos y de libertad? ¿Por qué si o por qué no?

5   ¿Justifica la guerra el uso de los niños soldados? ¿Qué efectos a largo plazo crees que esta práctica tiene en la psicología del niño, de la comunidad y del país?

6   Describan la familia de Chava, la relación entre ellos y la manera en que enfrentan la guerra. ¿Creen que es una familia normal o excepcional? ¿Fue su supervivencia una casualidad? Explíquenlo.

7   ¿Qué héroes ven en esta película? ¿Por qué creen que lo son?

8   Beto y Ratón representan a la guerrilla. ¿Por qué han recurrido a las armas y qué función social creen que tiene su lucha? ¿Cuál creen que podría haber sido una alternativa a la lucha armada?

 F. Conclusiones

Escriban en dos o tres párrafos una composición titulada "La guerra civil salvadoreña, sus causas, desarrollo e impacto en la población" Usen sus notas y las siguientes preguntas para organizar sus ideas. ¿Qué causas tuvo la guerra y qué bandos se enfrentaron? ¿Cómo se desarrolló y quienes fueron los más afectados? ¿Qué determinó su fin y cuáles fueron sus consecuencias?

_____

_____

_____

_____

_____

_____

_____

_____

_____
_____
_____
_____
_____
_____
_____

 ACTIVIDAD 3

La guerra civil de Guatemala. Música. "Alto al fuego" (Alux Nahual, 1990)

Cada país centroamericano ha enriquecido la Nueva Canción con un buen número de figuras sobresalientes e innovadoras. De El Salvador se han destacado grupos como Yolocamba I Ta y Los Torogoces de Morazán. De Nicaragua provienen, aparte de los grupos más tradicionales como el dúo Guardabarranco o Carlos Mejía Godoy y su grupo Los de Palacagüina, otros como Perro Zompopo, que se han destacado por un trabajo de fusión de lo tradicional con ritmos más modernos como el *hip hop*. De Guatemala sobresalen el Círculo Experimental de Cantautores, que se distingue por un contenido filosófico además del político y social, y Canto General, que introdujo la musicalización de textos de poetas latinoamericanos como José Martí y Pablo Neruda.

Se ha dicho que la Nueva Canción es precursora del *rock* en español. Alux Nahual, cuya canción "Alto al fuego" analizamos aquí, representa esta tendencia. El grupo nació en 1979 durante la guerra civil de Guatemala. Según la crítica, es el grupo de *rock* centroamericano con mayor impacto internacional y de más éxito en la historia de Centroamérica. Sus influencias son el *rock* clásico mezclado con instrumentos autóctonos. Fueron además pioneros en integrar instrumentos no tradicionales en este tipo de música, como el cello, la flauta dulce, el saxofón, la armónica, las guitarras acústicas y otros más. Su fundador y compositor principal, Álvaro Aguilar, también revolucionó el ambiente musical de su país y el de sus vecinos al lanzar su grupo dentro del género de "Rock en Español" cuando este género era todavía desconocido en la región. El grupo ha ganado dos discos de oro y uno de platino, y se ha presentado en escenarios nacionales e internacionales con gran éxito.

 COMPRENSIÓN DEL TEXTO

Escoge las respuestas correctas de acuerdo con el texto que acabas de leer.

1   La Nueva Canción centroamericana…
    a   tiene un ritmo musical libre de influencias extranjeras.
    b   tiene pocos representantes en Centroamérica.

c   puede incluir contenidos filosóficos y literarios.
d   no tiene nada que ver con el *rock* en español.
2   Alux Nahual…
a   es un grupo guatemalteco de *rock* en español.
b   usa instrumentos autóctonos e internacionales.
c   es conocido internacionalmente.
d   se identifica por todo lo anterior.

I. INVESTIGACIÓN PRELIMINAR

En esta sección vas a investigar y aprender sobre la guerra civil de Guatemala. Puedes encontrar información en la biblioteca, en Internet, en la bibliografía al final del libro y en Sitio Web del Estudiante. Toma notas y prepárate para hacer tus comentarios en clase.

Guatemala antes de la guerra

1   Investiga las dictaduras de Manuel Estrada Cabrera (1898-1920) y de Jorge Ubico (1931-1944). ¿Qué las caracterizó y quiénes se beneficiaron de sus políticas?
2   Investiga los gobiernos de Juan José Arévalo y Juan Jacobo Árbenz, sus reformas y su efecto en la población. ¿Qué ocurrió en 1954, quiénes estuvieron involucrados y qué tipo de gobierno fue impuesto?

Datos sobresalientes sobre la guerra

1   ¿Cuándo comenzó la guerra civil en Guatemala? ¿Qué influencia tuvieron en ella los hechos de 1954, la situación social del país y la Guerra Fría?
2   ¿Cómo y cuándo surgió la Unidad Revolucionaria Nacional Guatemalteca (URNG) y qué papel desempeñó en la guerra civil? ¿Qué sectores de la población la apoyaban?
3   Investiga el origen y el impacto de organizaciones como Ojo por Ojo, Jaguar de Justicia, Centro de Adiestramiento y Operaciones Especiales Kaibil, Patrullas de Autodefensa Civil (PAC) y Unidad Especial Iximché.
4   ¿Qué relación tuvo la dictadura del general José Efraín Ríos Montt con el Plan de Campaña Victoria 82? ¿Cuál era el blanco de sus operativos y cuáles fueron sus resultados?
5   Investiga la lucha contrainsurgente iniciada durante el gobierno del presidente John F. Kennedy en Latinoamérica. ¿Por qué se dice que fue especialmente devastadora en Guatemala?

Fin de la guerra y situación actual

1   ¿Cuándo se firmó el Acuerdo de Paz de Esquipulas y qué puntos fueron acordados? ¿Quién fue su promotor y quiénes participaron en el proceso del acuerdo?

2   ¿Cuándo ocurrió y en qué consistió el acuerdo definitivo de paz en Guatemala? ¿Se ha cumplido? ¿Se ha beneficiado la población?

3   ¿Cuál es la situación política, económica y social de Guatemala actualmente? ¿Ha mejorado la situación indígena del país?

👤👤 II. ANÁLISIS

A. Palabras clave

Estudia el siguiente vocabulario de la canción "Alto al fuego" y determina su significado según el contexto en el que aparece.

❑ extranjero   ejércitos extranjeros
❑ quedarse   se quedaron los tontos
❑ izar   izar una nueva bandera
❑ chequera   sueños de libertad por las chequeras
❑ cesar   cese al fuego
❑ basta   no basta con sólo discutir
❑ lograr   hay que lograr cambiar
❑ máscaras   tienen máscaras transparentes

B. Imagina

Escribe en unas cinco a diez líneas tus ideas sobre el posible tema de la canción "Alto al fuego". Usa tu investigación preliminar y las siguientes preguntas como guía. ¿De qué crees que trata? ¿Es una canción de crítica a los bandos involucrados, de invitación a la paz o un grito de júbilo por la paz lograda? ¿Transmite esperanza o desesperanza? ¿Invita a reflexionar o a actuar?

_____
_____
_____
_____
_____
_____
_____
_____

C. Antes de escuchar

Elaboren una lluvia de ideas sobre su investigación de la guerra civil guatemalteca y su interpretación preliminar del contenido de la canción "Alto al Fuego". Tomen notas para poder incorporar sus ideas al análisis siguiente.

 D. Escuchar

Escuchen la canción "Alto el fuego" de Alux Nahual.

 E. Después de escuchar

Comenten el contenido de la canción y respondan a las siguientes preguntas de análisis. Usen el conocimiento adquirido hasta el momento. Tomen notas de los puntos tratados para escribir una composición sobre el tema.

1   ¿Cuál es el tema de la canción y a qué periodo de la guerra civil pertenece?
2   ¿Cuál es el propósito principal de Alux Nahual?
3   ¿Qué nos cuenta la primera estrofa? ¿La retirada de los ejércitos extranjeros indicaba un cambio en la situación? ¿Cuál es el verdadero problema?
4   ¿A qué se refiere el estribillo?
5   La segunda estrofa invita a actuar en el cambio. Acto seguido dice: "pero los gobiernos tienen máscaras transparentes". Según el contexto de la estrofa, ¿se puede o no lograr el cambio? Explíquenlo.
6   ¿En qué consiste el deseo expresado en la tercera estrofa? ¿Creen que es fácil de lograr dadas las circunstancias históricas y sociales de Centroamérica?
7   Analicen el último verso de la tercera estrofa. Basándose en el caso centroamericano, ¿creen que los ciudadanos siempre saben buscar un nuevo camino, o que se necesitan ciertas condiciones básicas en el país para poder hacerlo?

 F. Conclusiones

Escriban una composición de dos o tres párrafos titulada "La guerra civil guatemalteca, sus causas, su desarrollo, sus víctimas y sus resultados". Usen sus notas y las siguientes preguntas para organizar sus ideas. ¿Qué circunstancias provocaron la revolución democrática de 1944 y cuáles fueron sus logros? ¿Por qué fue derrocado un gobierno democrático e impuesto uno dictatorial en 1954? ¿Cómo protestó el pueblo y qué métodos se usaron contra él? ¿Fueron justas las represalias del gobierno? ¿Cuándo terminó la lucha y cuántas víctimas dejó? ¿Trajo beneficios?

_____
_____
_____
_____
_____
_____
_____
_____
_____
_____
_____
_____
_____
_____
_____
_____
_____
_____

ACTIVIDAD 4

Las víctimas de la guerra. Música. "Canción para un mártir" (Son ¾, 2010)

Si bien podríamos decir que toda expresión musical latinoamericana tiene por tradición un mensaje social, en ninguna otra música se ve tan transparente ese mensaje como en la música de protesta o de autor, llamada también trova o Nueva Canción. Es un género musical que denuncia, cuestiona, llama a la reflexión, se involucra y responde a las necesidades del pueblo. Es así como en los años sesenta, transformado en Nueva Canción, surgió en Chile en apoyo a una Latinoamérica plagada de dictadores que, con el triunfo de la Revolución cubana, expresaba abiertamente su descontento por medio de revoluciones, luchas obreras, sindicales y estudiantiles. Luego alcanzó gran popularidad en los convulsionados años setenta a noventa en Centroamérica, llegando a ser escuchada en numerosos conciertos y encuentros políticos internacionales. Acompañó también a revoluciones exitosas como las de Cuba y Nicaragua, exaltando los logros alcanzados y manteniendo vivo el espíritu revolucionario del pueblo.

Por lo general, al contrario de lo que se pueda pensar, las letras de la canción protesta no son abiertamente políticas y su intención tiende a ser más nacionalista que marxista, como lo han sido las luchas civiles latinoamericanas. A pesar de esto, sus creadores e intérpretes han sufrido censura, exilio, desaparición forzada y también torturas por parte algunos gobiernos.

La canción protesta se inspira fundamentalmente en lo autóctono. Incluye instrumentos tradicionales y el lenguaje de la región, sea este del pueblo, de escritores reconocidos o de personajes simbólicos de la sociedad. El arzobispo de El Salvador, Óscar Arnulfo Romero, es uno de estos personajes simbólicos que han inspirado un gran número de trabajos musicales y artísticos a nivel nacional e internacional. La "Canción para un mártir" está dedicada a él, cuyo asesinato ocurrió en 1980, época de gran polarización, violencia política y persecución al clero.

La "Canción para un mártir" ha sido compuesta e interpretada originalmente por el grupo salvadoreño Son ¾, grupo de trova y son con influencias de *jazz* latino y con una reconocida trayectoria en el ambiente musical salvadoreño y centroamericano. Su música tiene un valor poético y metafórico de gran calidad que se puede observar claramente en "Canción para un mártir". Otras creaciones musicales de Son ¾ incluyen "Frente al manzano roto", "Niña campesina", "Son mestizo" y "Tras la pintura". El grupo se ha presentado en festivales internacionales con renombrados artistas europeos como Luis Eduardo Aute y el Grupo Firine, y latinoamericanos como Alejandro Filio y Panteón Rococó, el Dúo Guardabarranco y Luis Enrique Mejía Godoy.

 ## COMPRENSIÓN DEL TEXTO

Responde a las siguientes preguntas sobre el texto que acabas de leer.

1   La canción protesta o de autor se caracteriza por…
    a   divertir.
    b   ser comunista.
    c   concientizar.
    d   llamar a la violencia.
2   La canción protesta…
    a   nació en Chile.
    b   usa lo autóctono como inspiración.
    c   se transformó en Centroamérica.
    d   se identifica por todo lo anterior.
3   "Canción para un mártir"…
    a   está escrita en lenguaje poético.
    b   está dedicada a un personaje simbólico de El Salvador.
    c   es parte del repertorio de Son ¾.
    d   es todo lo anterior.
4   Son ¾ …
    a   es un grupo salvadoreño de *jazz* con influencia de trova y son.
    b   está comenzando a ser conocido en El Salvador y Centroamérica.
    c   refleja un reconocido valor literario en sus composiciones.
    d   produce música con renombrados artistas internacionales.

I. INVESTIGACIÓN PRELIMINAR

En esta sección vas a investigar y aprender sobre los resultados de los conflictos centroamericanos, los promotores y defensores de la paz y la situación actual. Puedes encontrar información en la biblioteca, en Internet, en la bibliografía al final del libro y en Sitio Web del Estudiante. Toma notas y prepárate para hacer tus comentarios en clase.

Víctimas y mayores responsables de las violaciones de derechos humanos

1   ¿Qué saldo de personas asesinadas y torturadas, así como de poblaciones desoladas, dejaron las guerras civiles centroamericanas? ¿Qué segmentos de la población fueron los más afectados?
2   Según el Reporte de la Comisión de la Verdad de El Salvador de marzo de 1993, ¿quiénes fueron culpables del 95 por ciento de las violaciones de derechos humanos?
3   Según el reporte de 1999 por la Comisión de Clarificación Histórica respaldada por la Naciones Unidas, ¿qué grupo fue responsable del 93 por ciento de las atrocidades cometidas durante la guerra civil de Guatemala?
4   ¿Qué es la Escuela de las Américas (SOA) y qué relación tuvo con las acciones de los ejércitos salvadoreño y guatemalteco contra su población?

Promotores y defensores de la paz y la justicia en Centroamérica

1   ¿Quién fue el arzobispo Óscar Arnulfo Romero y por qué su muerte influyó en la guerra civil de El Salvador? ¿Por qué crees que ha sido beatificado recientemente por la Iglesia? y ha inspirado numerosas canciones, películas y poemas?
2   Lee la última homilía de monseñor Romero. ¿Crees que era un peligro para el sistema político imperante? ¿Qué tiene que ver Roberto D'Aubuisson con su muerte?
3   ¿Quién es Óscar Arias? ¿Por qué recibió el Premio Nobel de la Paz en 1987?
4   ¿Quién es Rigoberta Menchú? ¿Por qué recibió el Premio Nobel de la Paz en 1992? ¿Tuvo efecto ese premio en los acuerdos de paz entre el gobierno y la URNG?

Situación sociopolítica actual de El Salvador, Guatemala y Nicaragua

1   ¿Qué países han hecho los mayores esfuerzos contra la impunidad y la corrupción después de firmar los acuerdos de paz?

2   ¿Qué resolución fue emitida en el año 2000 por la Comisión Interamericana de Derechos Humanos (CIDH) contra el Estado salvadoreño? ¿Ha habido otras resoluciones contra Guatemala o Nicaragua?

3   ¿Qué líderes políticos han sido juzgados y condenados hasta la fecha por genocidio y otras violaciones de los derechos humanos? ¿Reconoció Estados Unidos su participación en tales violaciones?

👥 II. ANÁLISIS

A. Palabras clave

Estudia el siguiente vocabulario de "Canción para un mártir" y determina su significado según el contexto en el que aparece.

- ❏ voz   su voz se escucha en el misterio
- ❏ cerros   fragancia limpia de los cerros
- ❏ fallecer   por qué si ha fallecido, no lo entierran
- ❏ desgarrar   le desgarraron sus vestidos
- ❏ suplicio   lo elevaron a las cumbres del suplicio
- ❏ arrebatar   es como si la tierra le arrebatara la vida
- ❏ arar   donde sembró semilla, arando heridas
- ❏ desvelos   desvelos que alimentan su cerebro
- ❏ derramar   siento su vida derramada por los siglos
- ❏ sotana   demuestra su sotana que la noche entre más negra
- ❏ avisar   avisa que vendrá el amanecer

B. Imagina

En relación con la lista que acabas de estudiar y tu investigación preliminar, escribe en unas cinco líneas tus ideas sobre el posible tema de la canción. Guíate por las siguientes preguntas. ¿Cuál crees que es su tema principal? ¿Es una canción de lucha o de resignación? ¿Es triste o es alegre? ¿Se enfoca en el pasado del mártir, en su presencia espiritual o en la esperanza de un renacer futuro?

_____
_____
_____
_____
_____
_____
_____
_____

C. Antes de escuchar

Elaboren una lluvia de ideas sobre la información encontrada y su interpretación preliminar del contenido de "Canción para un mártir". Tomen notas para poder incorporar sus ideas al análisis siguiente.

 ## D. Escuchar

Escuchen la canción "Canción para un mártir" de *Son* ¾.

 ## E. Después de escuchar

Comenten el contenido de la canción y respondan a las siguientes preguntas de análisis. Usen el conocimiento adquirido hasta el momento. Tomen notas de los puntos tratados para escribir una composición sobre el tema.

1 ¿Cuál es el tema? ¿En qué se relaciona esta canción con la persecución oficial discriminada de ciudadanos en El Salvador?
2 ¿Cuál es el propósito principal de Carlos Serpas al escribir esta canción? ¿Quiere cantar a la vida o llorar la muerte de monseñor Romero? ¿Quiere proclamar su inmortalidad?
3 ¿Qué nos dice la primera estrofa? ¿Qué es lo que no entiende el autor?
4 ¿Por qué el autor dice que no debe hacerse las preguntas de la segunda estrofa?
5 En la tercera estrofa, ¿qué elementos nos recuerdan la pasión, muerte y resurrección de Jesucristo? ¿Qué objetivo podría tener el quitarle la vida a alguien que ama?
6 ¿Cómo se definen el apostolado y el mensaje de justicia de Romero en la cuarta estrofa?
7 ¿Cómo se definen la espiritualidad y la fe de Romero en la quinta estrofa?
8 ¿Qué representa la sotana del arzobispo en la estrofa final? ¿Esperanza o desilusión?

 ## F. Conclusiones

Escriban una composición de dos o tres párrafos titulada "Monseñor Romero y el costo de la lucha por la justicia". Usen sus notas y las siguientes preguntas para organizar sus ideas. ¿Contra qué se rebeló el pueblo centroamericano? ¿Era justa su causa? ¿Quiénes fueron las víctimas inocentes y de qué fueron víctimas? ¿Por qué los sacerdotes fueron blanco de persecución y muerte? ¿Se ha hecho justicia?

_____
_____
_____
_____
_____
_____
_____
_____
_____
_____
_____
_____
_____
_____
_____
_____
_____
_____
_____

 **ACTIVIDAD 5.**

El comentario

En esta sección vas a escribir un comentario editorial sobre los acontecimientos revolucionarios centroamericanos. Para desarrollar este comentario debes seguir los siguientes pasos:

* Paso 1. **Características**. Lee a continuación las características principales de un comentario.

    El comentario en su expresión más completa da una interpretación o juicio crítico sobre un problema generalmente de actualidad. Esa interpretación proviene de un análisis a fondo del asunto y de sus partes, conduce a una proyección de las consecuencias o futuro desarrollo de ese asunto y propone maneras de evitar consecuencias negativas. Por lo general, se compone del planteamiento de un problema, el análisis, la interpretación crítica y la solución. El orden y el estilo de la exposición puede variar de acuerdo con los objetivos del escritor.

    Aparte de la calidad del análisis y la interpretación, un buen comentario debe tener un principio y un final altamente provocativos para el lector, y debe emplear un lenguaje claro, sencillo y preciso. A diferencia del artículo periodístico, un comentario es impersonal. No se firma porque el escrito no representa al individuo sino a la organización, al periódico, a la comunidad a la que pertenece.

* Paso 2. **Análisis**. Busca un comentario editorial en tu periódico favorito y analízalo de acuerdo con la explicación en paso 1.

- Paso 3. **Práctica.** Imagina que eres periodista y estás encargado de escribir el editorial de un periódico de Centroamérica durante los años de las guerras civiles. Debes escoger uno de los siguientes temas y países. Debes tomar la posición de alguien que está viviendo la situación en el país y busca una solución. Tu comentario debe ser claro, sencillo, bien documentado y preciso. Debe contener también un planteamiento sólido del problema y una predicción de los desarrollos futuros y sus soluciones. (1000-1250 palabras)

Temas, fechas y periódicos:

Nicaragua después de la Revolución Sandinista durante el gobierno de Violeta Barrios de Chamorro. Nombre del periódico: *La Prensa*.

El Salvador: Matanza de sacerdotes: 12 de marzo de 1977, 24 de marzo de 1980, 16 de noviembre de 1989. Nombre del periódico: *La Prensa Gráfica*.

Guatemala: Campañas contrainsurgentes del gobierno (1980-1990), particularmente durante el gobierno de Ríos Montt (1982-1983) y su efecto en las comunidades indígenas. Nombre del periódico: *Diario Prensa Libre*.

CAPÍTULO 5

Suramérica: democratización, desarrollo e integración

Sede de UNASUR - Quito Ecuador

I DESCRIPCIÓN

Este capítulo, titulado "Suramérica: democratización, desarrollo e integración", pertenece a la sección sobre "Grandes acontecimientos históricos". A través del cine, la música y la literatura vas a investigar sobre los acontecimientos que definen los últimos 25 años de la historia latinoamericana y de Suramérica en particular. Los temas sobresalientes se centrarán en la transformación económica neoliberal, el contexto socioeconómico, militar y ambiental de la guerra contra las drogas, el desarrollo y la integración regional, la democracia y el activismo social.

II OBJETIVOS CULTURALES

Al final de este capítulo podrás:

1 Demostrar tu comprensión de la relación que existe entre los hechos políticos y económicos y las manifestaciones culturales y sociales del pueblo hispanohablante. Para lograr este resultado, vas a investigar, analizar, reflexionar y comentar sobre:

    a La influencia internacional en las decisiones políticas, económicas y sociales de los gobiernos latinoamericanos.

    b La influencia social y cultural de las decisiones políticas y económicas de los gobiernos.

    c La respuesta ciudadana a las decisiones gubernamentales y el poder de cambio de las organizaciones y los movimientos sociales.

    d Los desafíos que ha afrontado últimamente la sociedad ante la disminución del poder del Estado, la desigualdad social, el desempleo y la falta de infraestructura social de protección al pobre.

    e Los gobiernos socialistas, su obra y las circunstancias de su éxito electoral.

    f El efecto de los sistemas neoliberales de producción agrícola y explotación de los recursos naturales.

    g Los movimientos de integración en Suramérica y sus connotaciones económicas y políticas.

    h La lucha contra el narcotráfico y sus conexiones políticas y sociales.

2 Demostrar tu comprensión de la conexión entre las perspectivas socioeconómicas y políticas del pueblo hispanohablante y la siguiente producción cultural en música, literatura y cine.

    a Música: «Latinoamérica" (Calle 13, 2010), " Canción con todos" (letra de Armando Tejada Gómez y música de César Isella, 1970)

    b Texto literario: *El canto de las moscas (versión de los acontecimientos)* (María Mercedes Carranza, 1997)

    c Película: *El dedo en la llaga* (Alberto Lecchi, 1996)

III OBJETIVOS LINGÜÍSTICOS

Al final de este capítulo podrás:

1 Interpretar y analizar las ideas principales y secundarias de textos culturales orales y escritos originales relacionados con la historia de Suramérica en los últimos 25 años.

2 Usar apropiadamente el vocabulario general y específico relacionado con las producciones culturales analizadas.

3 Narrar y comentar con claridad y fluidez los hechos culturales relacionados con la economía y la sociopolítica de Suramérica.

4 Definir, resumir, describir y debatir ideas a nivel avanzado de manera clara y estructurada.

5   Escribir textos de nivel avanzado sobre hechos económicos y socioculturales relacionados con los acontecimientos analizados.

INTRODUCCIÓN

La recesión mundial de finales de los años setenta tuvo funestas consecuencias que dejaron a Latinoamérica en quiebra y en manos de las decisiones de sus acreedores. La decisión fue el Plan Brady de 1989, que condicionaba facilidades de pago y nuevos préstamos a la adopción del programa de ajuste económico recomendado por el Fondo Monetario Internacional (FMI). Este programa exigía el abandono del modelo de sustitución de importaciones –que nunca contó con el beneplácito estadounidense– y la implantación del neoliberalismo económico. Su adopción significaba por lo tanto el regreso al sistema que dominó la región entre 1870 y 1940, esta vez ya expandido a todos los sectores y a nivel global.

El programa del FMI, contenido en el llamado Consenso de Washington, trajo profundas transformaciones a Latinoamérica. El Estado abandonó las funciones rectoras de la sociedad, cortó de manera drástica el gasto público, abrió el mercado local a la competencia extranjera y vendió bienes y recursos, muchos de ellos recuperados años atrás durante el periodo nacionalista; enmendó además sus constituciones políticas y derogó leyes de protección social y ambiental. Según los analistas, esta penosa reforma no habría sido posible sin la presión de la deuda externa y sin la mano fuerte de gobiernos como el de Augusto Pinochet en Chile, el primero que implantó el neoliberalismo con la ayuda de los "Chicago Boys", economistas discípulos del promotor del mercado libre, Milton Friedman, en la Universidad de Chicago.

El ajuste contribuyó al éxito en el manejo de la deuda y en el control de la hiperinflación en varios países, pero el énfasis en la austeridad causó grandes desajustes sociales en la población, cuya mayoría era pobre. Al crítico estancamiento social se agregó el corte de subsidios para alimentación, transporte, salud y educación; se duplicó el desempleo (Argentina, Uruguay, Venezuela), aumentaron los cinturones de miseria urbanos, el empleo informal, las protestas y la criminalidad. En Bolivia, Colombia y Perú aumentaron el comercio y el poder de la cocaína. En Colombia, la asociación del narcotráfico con paramilitares y la guerrilla, así como de fuerzas armadas corruptas aliadas con paramilitares y escuadrones de la muerte, produjo una violencia y una desintegración social alarmantes. Los narcotraficantes llegaron al punto de financiar campañas políticas como la del presidente Ernesto Samper en 1994. Según recientes declaraciones de un exmiembro del cártel involucrado, también se sobornó a políticos claves encargados de absolver al presidente y producir favores legislativos. Como consecuencia, el país se convirtió en el principal objetivo de varios programas estadounidenses: Iniciativa Andina contra las drogas, guerra contra el terrorismo y Plan Colombia. Este último, propuesto por el presidente colombiano Andrés Pastrana (1998-2002) con un enfoque socio-ambiental y de negociación con la guerrilla, se transformó en el gobierno de Álvaro Uribe (2002-2010) en la polémica e intensa fumigación aérea de poderosos herbicidas y en la lucha armada contra la guerrilla colombiana. Para el año 2003, Colombia tenía tanto la mayor inversión militar (bombas teledirigidas, bases militares, acciones clandestinas) como la mayor embajada de Estados Unidos en el mundo, con 40 agencias y 4.500 contratistas, incluidos agentes especializados en Al Qaeda. Si bien es cierto que se redujo el poder operativo de la guerrilla, los analistas han reiterado la ineficacia de la política antinarcóticos aplicada. Mientras tanto, la guerra contra las drogas ha enmascarado e intensificado un serio problema humanitario, cuyas víctimas, en su mayoría civiles, sobrepasan los seis millones (terror, asesinatos, desplazamientos internos repetidos, etcétera). Además, se ha atribuido un gran número de delitos a militares y paramilitares, estos últimos con probadas conexiones políticas y con el narcotráfico. Actualmente, mientras la política antinarcóticos es seriamente cuestionada en diferentes esferas mundiales, el gobierno colombiano y la guerrilla llevan a cabo conversaciones de paz y de reforma social.

Con la globalización se han fortalecido los lazos de integración latinoamericana y se han establecido relaciones económicas fuera del ámbito continental (ver capítulo 9). En 1994, Estados Unidos propuso el Área de Libre Comercio de las Américas (ALCA), pero la izquierda latinoamericana se ha opuesto por el proteccionismo económico de los países desarrollados y por considerar la propuesta como una maniobra imperialista de expansión y colonización. Sin embargo, Estados Unidos ha avanzado el proceso con tratados de libre comercio (TLC), que en Suramérica incluyen Chile, Colombia y Perú. En oposición al ALCA, Venezuela (Hugo Chávez) y Cuba (Fidel Castro) impulsaron la Alternativa Bolivariana para las Américas, Tratado de Comercio de los Pueblos (ALBA-TCP), que promueve una integración solidaria, no competitiva. También se destaca la Unión de Naciones Suramericanas (UNASUR), organismo económico, político y social que busca construir una identidad y ciudadanía suramericanas.

El panorama político latinoamericano también ha cambiado. La cruel experiencia de los años setenta, cuando sólo Colombia, Venezuela y Costa Rica tenían gobiernos civiles, no se ha vuelto a repetir desde los ochenta. A esto han contribuido los cambios sociales del periodo nacionalista (urbanización, expansión de la clase media y de los derechos civiles a grupos excluidos desde la colonia) y la desaparición del comunismo, cuyo peligro fue usado como excusa por las élites gobernantes y Estados Unidos para bloquear reformas sociales y gobiernos opuestos a sus intereses. El nuevo clima político ha permitido un viraje electoral preferencial hacia gobiernos socialistas con niveles diferentes de apertura económica y ajustados a las circunstancias propias de sus países. En la zona andina, donde las élites acumulaban cada vez más poder mientras los sectores más vulnerables continuaban empobreciéndose, surgieron movimientos políticos populares: la Revolución Bolivariana liderada por Hugo

Chávez y continuada por Nicolás Maduro, la Revolución Ciudadana de Rafael Correa en Ecuador, y los gobiernos de Evo Morales en Bolivia y de Ollanta Humala en Perú. En el Cono Sur, la destrucción del aparato productivo, unida a una profunda crisis social y política, llevaron a la elección del partido de la Concertación en Chile, de Néstor Kirchner y Cristina Fernández de Kirchner en Argentina, de José Mújica y Tabaré Vázquez en Uruguay. Solo Colombia y Paraguay mantienen gobiernos de centro-derecha, aunque hubo un corto lapso socialista en este último país.

Los grandes cambios descritos, combinados con la aceleración de las comunicaciones, han vitalizado fuerzas sociales de toda índole. Se destaca el movimiento indígena, cuya población llega a 44 millones y cuyas organizaciones constituyen una nueva e inmensa fuerza política y sociocultural. Cuestionan la ideología racionalista occidental como único instrumento civilizador y luchan no solo por rescatar su civilización y preservar sus derechos y recursos, sino por su participación en el gobierno y el poder. En Suramérica, la Coordinadora Andina de Organizaciones Indígenas (CAOI) fundada en 2006, se ha convertido en un eje político y social de proyección continental. El movimiento indígena en sus diferentes agrupaciones ha sido decisivo en la elección del presidente indígena Evo Morales, el cambio político de Ecuador y la suspensión de acciones mercantiles que perjudican la economía y salud de sus comunidades. A ellos se han unido organizaciones campesinas y otros grupos afectados por medidas de adecuación al libre comercio tales como expropiación de tierra, contaminación, destrucción de semillas ancestrales e imposición de biotecnología y sistemas de producción agrícola como transgénicos, eucalipto para celulosa, soya para animales o palma para combustible.

En conclusión, los últimos 25 años han traído grandes transformaciones sociales, culturales, políticas y económicas a Latinoamérica y a los países suramericanos en particular. Según varios analistas, el énfasis en la apertura del mercado, el crecimiento económico y el control de la inflación se ha demostrado insuficiente para promover el desarrollo integral de la región. Por la necesidad de expandir los mercados de los países desarrollados y mejorar su economía, la política de apertura aplicada en Suramérica no sólo desatendió las grandes diferencias en grado de desarrollo y relaciones de poder existentes en la región, sino que enriqueció a unos pocos y exacerbó la pobreza, la desigualdad social (la mayor del planeta) y el desempleo, los cuales continúan siendo tema de discusión en los foros internacionales. Esta situación ha favorecido un fuerte ímpetu reformista hacia la izquierda y una activa movilización social en la búsqueda de alternativas al sistema neoliberal y de globalización del mercado. Hemos visto, sin embargo, que más allá de estas u otras tendencias o de tropiezos y fluctuaciones económicas (Venezuela, Argentina, Paraguay), Suramérica ha demostrado ser una región dinámica y creativa empeñada en su integración y en la construcción de un equilibrio ajustado a su propia historia y sus propias necesidades.

COMPRENSIÓN DE LA LECTURA

Responde a las siguientes preguntas de acuerdo con el texto que acabas de leer.

1   ¿Por qué Latinoamérica abandonó el modelo de sustitución de importaciones? ¿Qué transformaciones trajo el nuevo modelo?
2   ¿En qué consistieron las medidas de austeridad y qué efectos tuvieron en la economía y en la población?
3   ¿Qué pasó en la zona andina y en Colombia en particular?
4   ¿Qué son UNASUR, ALCA, TLC, ALBA-TCP y qué relación puedes ver entre ellas?
5   ¿Cómo se ve el panorama político suramericano en el presente?
6   ¿Qué tiene que ver la aceleración de las comunicaciones con el fortalecimiento de movimientos sociales y con la adecuación de los países al libre comercio?
7   ¿Se benefició toda la sociedad con la apertura económica?
8   ¿Qué tendencias se han desarrollado últimamente?

ACTIVIDAD 1

Música. "Latinoamérica" (Calle 13, 2010)

Calle 13 es un dúo de reggaetón de Puerto Rico, muy popular en Latinoamérica y conocido internacionalmente. Su cantante líder es René Pérez Joglar o *Residente*. El grupo ha sido descrito como uno de los más creativos de música alternativa de los últimos diez años. La importancia de su música podría definirse por la variedad de calificativos que ha recibido durante su carrera: inteligente, interesante, atractiva, satírica, divertida, apasionada, rítmica, polarizadora, furiosa, rebelde y controvertida. Sus canciones son siempre apasionadas y demuestran no solo un gran orgullo latinoamericano sino un fuerte compromiso sociopolítico: injusticia, inmigración, manipulación de los medios de comunicación, dominación.

Calle 13 ha recibido 21 premios Grammy Latino y 2 Grammy. Su primer álbum, *Calle 13*, apareció en el año 2005 con éxitos bailables de letras muy provocativas como "Atrévete-te-te" y "Se vale to-to". Otros de sus álbumes incluyen *Residente/Visitante* (2007), *Los de atrás vienen conmigo* (2008) y *Multi viral* (2014), en cuya canción del mismo nombre participa Julian Assange, editor de WikiLeaks.

La canción "Latinoamérica", que analizamos aquí, se ha convertido en un himno de rebelión y de orgullo de los pueblos latinoamericanos. Pertenece al álbum *Entren los que quieran,* trabajo maduro lírica y musicalmente y donde se encuentran importantes temas sobre Latinoamérica y Puerto Rico. Como verás en el video, la canción tiene rap pero también cumbia colombiana y distintos ritmos representativos de la región. En ella participan también reconocidas artistas como Totó la Momposina de Colombia, Susana Baca de Perú y María Rita de Brasil. El álbum recibió nueve premios Grammy Latino y la canción fue presentada con la Orquesta Sinfónica Simón Bolívar el día de la ceremonia de entrega en Las Vegas, Estados Unidos.

 COMPRENSIÓN DEL TEXTO

Responde a las siguientes preguntas de acuerdo con el texto anterior.

1 ¿Qué características tiene Calle 13? ¿Parecen contradictorias esas características?
2 ¿Cuál de esas características crees que te atrae más de su música?
3 ¿Qué temas de contenido social ha explorado Calle 13? ¿Cuál de esos temas te parecería más importante? ¿Por qué?
4 ¿Cómo se llama y qué características tiene el álbum de la canción "Latinoamérica"?
5 ¿Es "Latinoamérica" una canción netamente rap?

 I. INVESTIGACIÓN PRELIMINAR

En esta sección vas a investigar y aprender sobre la adecuación del Estado al neoliberalismo económico. Puedes encontrar información en la biblioteca, en Internet, en la bibliografía al final del libro y en Sitio Web del Estudiante. Toma notas y prepárate para hacer tus comentarios en clase.

Prácticas y modelos económicos

1 ¿Qué son empresas multinacionales y transnacionales? ¿Crees que su alcance mundial es únicamente económico?
2 ¿Qué son el keynesianismo y neoliberalismo?
3 ¿Qué significan los términos *saqueo*, *privatización*, *financiarización*, *latifundio*, *inversión extranjera directa*, *desregulación*?

Transformaciones neoliberales contenidas en el Consenso de Washington

1 Con el neoliberalismo, el Estado cede el control de los procesos económicos nacionales a las leyes del mercado. ¿Qué consecuencias positivas y/o negativas crees que trae este cambio para los países periféricos?
2 ¿Cuántas empresas y bienes del Estado han privatizado Bolivia, Chile o Argentina? ¿Por qué crees que países como Argentina o Bolivia han nacionalizado recientemente parte de sus bienes?

3   ¿Cómo crees que la desregulación del Estado afecta la producción y asuntos como el salario mínimo, seguridad laboral, salud ecológica, derechos humanos (propiedad territorial, salud, etcétera)?

Beneficios económicos y ecología

1   Busca información sobre la compañía GDF Suez Latinoamérica. ¿Qué porcentaje posee de los recursos energéticos de Suramérica? ¿Hay equilibrio de poder y ganancias entre GDF Suez y los países donde opera?
2   Analiza el balance entre ganancia y costo ambiental y humano en negocios como el de la palma africana en Colombia y las Minas Conga y Yanacocha en Perú.
3   ¿Qué significa en minería la explotación a cielo abierto y la lixiviación? ¿Qué beneficios trae y que efectos sociales y ambientales se han constatado en la explotación minera?
4   ¿Qué fue la "Guerra del Agua" en Cochabamba, Bolivia? ¿Cómo entró y por qué salió Bechtel y cuánto quería de indemnización?

░░░ II. ANÁLISIS

A. Palabras clave

Estudia el siguiente vocabulario de la canción "Latinoamérica" y determina su significado según el contexto en el que aparece.

❑ sobra	soy la sobra de lo que se robaron
❑ humo	soy una fábrica de humo
❑ carne viva	soy un desarrollo en carne viva
❑ viento	tú no puedes comprar el viento
❑ muelas	muelas de mi boca mascando coca
❑ agua bendita	rituales de agua bendita
❑ colgar	los santos que cuelgan de mi cuello
❑ abono	el abono de mi tierra es natural
❑ compartir	aquí se comparte, lo mío es tuyo
❑ ahogar	este pueblo no se ahoga con murmullos
❑ derrumbar	si se derrumba, lo reconstruyo
❑ respirar	aquí se respira lucha

B. Imagina

Escribe en unas cinco a diez líneas tus ideas sobre el posible tema de la canción "Latinoamérica". Usa tu investigación preliminar y las preguntas siguientes como guía. ¿De qué trata? ¿Qué elementos de Latinoamérica describe?

¿Cuáles son: culturales, políticos, económicos? ¿Tiene un tono informativo, complaciente o rebelde?

_____

_____

_____

_____

_____

_____

_____

_____

_____

 C. Antes de escuchar

Elaboren una lluvia de ideas sobre la información recogida en las secciones anteriores y su interpretación preliminar del contenido de la canción "Latinoamérica". Tomen notas para poder incorporar sus ideas al análisis siguiente.

 D. Escuchar

Escuchen la canción "Latinoamérica" de Calle 13.

 E. Después de escuchar

Comenten el contenido de la canción y respondan a las siguientes preguntas de análisis. Usen el conocimiento adquirido hasta el momento. Tomen notas de los puntos tratados para escribir una composición al final.

1   ¿Cuál es el tema principal? ¿Qué otros temas pueden ver y cómo se relacionan con el tema principal?
2   ¿Cuál es el propósito de esta canción? ¿Invita a reflexionar, a sentir orgullo, a luchar? ¿Qué tono usa?
3   Analicen el lenguaje ¿Es directo? ¿Contiene figuras literarias? Den ejemplos.
4   ¿Qué dice el estribillo? ¿Describe o denuncia una realidad?
5   Examinen la primera estrofa. ¿A quiénes alude cuando dice "lo que dejaron, lo que se robaron"?
6   ¿A qué se refiere en la segunda estrofa cuando dice "soy una fábrica de humo" y "mano de obra campesina para tu consumo"?
7   ¿Qué aprendemos de la cultura latinoamericana, de su gente, de sus creencias y costumbres, de sus productos y de su patrimonio tangible e intangible?

F. Conclusiones

Escriban una composición de dos o tres párrafos titulada "Prácticas neoliberales en Latinoamérica, beneficios y efectos socioculturales y económicos". Usen sus notas y las siguientes preguntas para organizar sus ideas. ¿Qué recursos controlan y que métodos usan las transnacionales? ¿Qué efectos ambientales y sociales se han denunciado? ¿Hay equilibrio entre el beneficio económico y los efectos ambientales y sociales de la privatización de bienes y recursos? ¿Saben de otras alternativas para el desarrollo?

_____
_____
_____
_____
_____
_____
_____
_____
_____
_____
_____
_____
_____
_____
_____
_____

 ACTIVIDAD 2

Texto literario. *El canto de las moscas (versión de los acontecimientos)*, (María Mercedes Carranza, 1997)

María Mercedes Carranza (Bogotá, 1945-2003), escritora erudita, hija del poeta y diplomático Eduardo Carranza, consagró toda su vida al trabajo intelectual y a escribir poesía. Estudió y se licenció en Filosofía, y es considerada en el medio literario como la más lograda y profunda poeta colombiana. Sus libros incluyen *Vainas y otros poemas* (1972), *Tengo miedo* (1983), *Hola soledad* (1987), *Maneras del desamor* (1993) y *El canto de las moscas (versión de los acontecimientos)* (1997). De su fructífera actividad en la vida colombiana destacamos la fundación y dirección (1986-2003) de la Casa de Poesía Silva y de la *Revista Silva*, creadas en honor del reconocido poeta modernista bogotano José Asunción Silva; la dirección de páginas literarias de importantes periódicos de su país, y la participación en la Asamblea Constituyente de 1991.

La poesía de María Mercedes Carranza –que en un principio se mostró irrespetuosa y crítica con un tono humorístico, pícaro y burlón– dejó vislumbrar al paso de los años la ironía, la tristeza y la muerte, las cuales toman prelación en sus últimas obras. En ellas alude a la guerra y la violencia que plagan Colombia, de manera lucida, sencilla y de profundo de contenido lírico. "El canto de las moscas", que analizamos aquí, pertenece a esta última etapa de su creación poética. Apareció por primera vez en la edición conmemorativa de los 25 años de la reconocida revista colombiana de poesía *Golpe de Dados*, dedicada a María Mercedes. *El canto de las moscas* identifica con nombre propio en cada poema el efecto de la cruda violencia que por años ha arrasado Colombia, sus pueblos y sus campos. Es poesía sobrecogedora de protesta social que, dotada de gran sutileza y belleza, describe un paisaje despoblado, construido a base de imágenes sacadas de la naturaleza, como en el haiku japonés.

COMPRENSIÓN DEL TEXTO

Responde a las siguientes preguntas sobre el texto que acabas de leer.

1   ¿Quién fue María Mercedes Carranza y de dónde era?
2   ¿Qué cualidades se reflejan en su obra inicial?
3   ¿Qué cualidades de su obra se desarrollan a través de los años?
4   ¿Qué estilo caracteriza sus últimas obras?
5   ¿Por qué decimos que *El canto de las moscas* es un ejemplo de su última etapa poética?

I. INVESTIGACIÓN PRELIMINAR

En esta sección vas a investigar y aprender sobre las implicaciones de la guerra contra el narcotráfico y la insurgencia. Puedes encontrar información en la biblioteca, en Internet, en la bibliografía al final del libro y en Sitio Web del Estudiante. Toma notas y prepárate para hacer tus comentarios en clase.

El negocio y la guerra contra la droga

1   ¿Cuáles son las razones sociales, económicas y culturales que influyen en el negocio de la droga en la zona andina y qué países están involucrados?
2   Compara el costo económico y social de la guerra estadounidense contra la droga con el éxito conseguido.
3   ¿Qué es el glifosato, quién lo produce y cómo se usa en la lucha contra las drogas? Teniendo en cuenta resultados y efecto socio-ambiental, ¿crees que ha valido la pena su uso?

4   Vuelve a leer en la introducción sobre el Plan Colombia. ¿Qué enfoque se propuso originalmente y qué se implantó? ¿Cuáles crees que son las ventajas y las desventajas bilaterales de uno y otro método?
5   ¿Han estado los países latinoamericanos de acuerdo con la guerra contra el narcotráfico propuesta por Estados Unidos? ¿Qué han propuesto?
6   ¿Qué fue el plan "Nuevo Amanecer" de Bolivia y cómo respondieron a él organizaciones como la Confederación de Productores de Coca?

El contexto colombiano

1   Busca información sobre la guerrilla colombiana (FARC, ELN) y los paramilitares (AUC): fundadores, métodos, número y perfil de sus víctimas.
2   ¿Qué vínculo se ha comprobado entre ejército, congresistas y políticos colombianos con grupos paramilitares y narcotráfico? ¿De qué se ha acusado al expresidente Álvaro Uribe?
3   Investiga los reportes de derechos humanos en Colombia durante los gobiernos de Álvaro Uribe y Juan Manuel Santos. ¿Qué ocurre y cuál es la magnitud del problema?
4   ¿Qué relación se ha documentado entre violencia armada, desplazamientos humanos y explotación de los recursos en lugares como Chocó, Urabá y Barrancabermeja?

II. ANÁLISIS

A. Palabras clave

Estudia el siguiente vocabulario de los poemas de *El canto de las moscas (versión de los acontecimientos)* y determina su significado según las instrucciones que encontrarás a continuación.

1   Localiza al menos cinco de los siguientes pueblos de Colombia: Necoclí, Mapiripán, Dabeiba, Encimadas, Segovia, Amaime, Vista Hermosa, Pájaro, Confines, Caldono, Humadea, Pore, Paujil, Sotavento, Ituango, Taraira, Cumbal, Soacha. ¿Qué tienen en común? ¿Cuál es su distribución geográfica en el país?
2   Determina el significado de las palabras de la lista según el contexto que se da a la derecha.

❑ esparcidas	lleva rosas esparcidas en las aguas, no son rosas
❑ fulgurar	el terror fulgura aún en los ojos
❑ podredumbre	los sueños se cubren … como si fueran podredumbre
❑ desolación	desolación de Páramo
❑ repleto	ríos rojos repletos de garzas blancas
❑ fatuo	enciende el fuego fatuo
❑ husmear	un pájaro negro husmea las sobras

B. Imagina

Escribe en unas diez líneas tus ideas sobre el posible contenido de *El canto de las moscas (versión de los acontecimientos)*. Usa tu investigación preliminar y las siguientes preguntas como guía. ¿Qué ideas o sentimientos evoca? ¿Hay esperanza o desesperanza? ¿Hay congruencia entre nombres de pueblos como Vista Hermosa y Pájaro con el vocabulario y su contexto? Por el vocabulario usado y la localización de estos pueblos, ¿crees que es grande o pequeño lo que ha pasado allí?

_____

_____

_____

_____

_____

_____

_____

_____

_____

_____

_____

 C. Antes de leer

Elaboren una lluvia de ideas sobre la información recogida y la interpretación preliminar del contenido de *El canto de las moscas (versión de los acontecimientos)*. Tomen notas para poder incorporar sus ideas al análisis siguiente.

 D. Lectura

Lean los poemas *El canto de las moscas (versión de los acontecimientos)* de María Mercedes Carranza.

 E. Después de leer

Comenten el contenido de los poemas y respondan a las siguientes preguntas de análisis. Usen el conocimiento adquirido hasta el momento y tomen notas de los puntos tratados para escribir una composición sobre el tema.

1   Las imágenes dan unidad al mensaje de todos los poemas. Analícenlas y decidan cuáles son el tema y el mensaje principales.

2   Imaginen los poemas como estrofas de un largo poema, ¿Qué efecto tiene en el lector la repetición en cada estrofa de un nombre real de pueblos donde ocurrieron masacres?

3   Los poemas son cortos, concisos, sutiles. ¿Qué transmite esta economía del lenguaje? ¿Miedo, dolor, mutismo protector?

4   En "Maripipán es ya una fecha" se revela la muerte del pueblo sin nombrarla. ¿Pueden encontrar otros ejemplos que revelen así la muerte?

5   Analicen "Caldono" y "Cumbal". ¿Qué aprendemos de lo ocurrido allí y de sus ejecutores? ¿Hay otros poemas explícitos como estos?

6   La autora usa la ironía en varios de sus poemas. ¿Pueden encontrar al menos dos ejemplos de esto?

7   ¿Cuál es la situación ecológica de esos lugares? ¿Creen que Carranza busca testimoniar el efecto dañino de la guerra en la naturaleza o simplemente ahondar en el tema de desolación y muerte?

 ## F. Conclusiones

Escriban una composición de dos o tres párrafos sobre uno de estos dos temas: "Mis ideas sobre cómo se debe luchar contra la droga" o "¿Hay conexión entre intereses económicos, acciones militares y desplazamiento forzado?". Usen sus notas y las siguientes preguntas para organizar sus ideas. ¿Cuál ha sido el costo monetario, ecológico y humano de la lucha contra la droga en los países andinos? ¿Cuál ha sido su eficacia? ¿Es la lucha contra la droga un asunto militar o económico?

_____
_____
_____
_____
_____
_____
_____
_____
_____
_____
_____
_____
_____

 **ACTIVIDAD 3**

Película. *El dedo en la llaga* **(Alberto Lecchi, 1996)**

Alberto Lecchi (1954) es un prolífico director, guionista y productor de cine y televisión nacido en Buenos Aires, Argentina. Como muchos argentinos, es también un gran aficionado al fútbol, primero como jugador y ahora como vicepresidente del Club del Atlético Temperley del área metropolitana de Buenos Aires. Su obra ha sido reconocida en Argentina y en el exterior, e incluye once largometrajes. Los más recientes son *Sola contigo* (2013), *El frasco* (2008), *Juego de Arcibel* (2005), *Apariencias* (2001), *Nueces para el amor* (2000) e *Operación Fangio* (1999). Entre sus series televisivas se encuentran *Nueve lunas* (codirigida con Héctor Olivera), *Epitafios* y *Mujeres asesinas*.

Acerca de su producción cinematográfica, Lecchi afirma que le gusta hacer películas distintas y contar las historias que le atraen, lo que lo ha llevado a transitar por todos los géneros. De su trabajo en televisión, agrega que fuera del beneficio económico que recibe, lo disfruta. Además le da la oportunidad de "jugar con la cámara", lo cual permite perderle el miedo a hacer películas. Ve también la ventaja de conocer a los actores más de cerca.

El dedo en la llaga, la película que analizamos aquí, es una comedia escrita con Daniel Romañach. Se desarrolla en una zona rural de Argentina, lo que nos da una perspectiva de las fuerzas políticas, económicas y sociales de ese entorno del país y, por ende, de Latinoamérica.

 COMPRENSIÓN DEL TEXTO

Responde a las siguientes preguntas de acuerdo con el texto previo.

1 ¿Quién es Alberto Lecchi y de dónde es?
2 ¿En qué medios se ha desempeñado su carrera? ¿Puedes nombrar algunas de sus producciones?
3 ¿Qué lo motiva más al hacer películas? ¿En qué género se distingue? ¿Por qué?
4 ¿Qué ventajas ve en trabajar para televisión?
5 ¿Sabes qué significa la expresión «el dedo en la llaga»? ¿Qué sabemos de esa película?

 I. INVESTIGACIÓN PRELIMINAR

En esta sección vas a investigar y aprender sobre la democracia y los movimientos sociales y populares. Puedes encontrar información en la biblioteca, en Internet, en la bibliografía al final del libro y en Sitio Web del Estudiante. Toma notas y prepárate para hacer tus comentarios en clase.

Democracia

1   ¿Qué se necesita para que un gobierno sea democrático? Investiga el gobierno de Alberto Fujimori, por ejemplo. ¿Crees que cumplía con los requisitos democráticos que acabas de enumerar?
2   Busca información sobre el documental colombiano *9.70*, de Victoria Solano. ¿Crees que las acciones del gobierno colombiano fueron democráticas?
3   Busca información sobre el respeto al derecho de asociación en Suramérica. ¿Qué países tienen el mejor y el peor registro en esta área?
4   ¿Qué premios ha recibido Uruguay en democracia, en soberanía y defensa de derechos humanos? ¿Qué otro país o países han logrado estabilidad democrática? Describe algunos de sus logros.

Movimientos sociales

1   ¿Qué fue el "Caracazo" de 1989 y qué características tiene el movimiento estudiantil contra Maduro en Venezuela? ¿Cuál creen que es el problema de fondo?
2   Busca información sobre el activismo, los objetivos y los logros del movimiento cocalero de Bolivia y la Confederación de Naciones Indígenas Ecuatorianas (CONAIE).
3   ¿Qué es el Movimiento Vía Campesina y cuáles son sus objetivos?
4   Busca información sobre el "movimiento piquetero", el Movimiento Nacional de Empresas Recuperadas y el Frente Nacional contra la Pobreza, en Argentina. ¿Por qué surgieron y qué lograron?
5   ¿Qué es el Movimiento Kuña Pyrenda, de Paraguay? ¿Qué objetivos tiene y cuáles son sus logros?
6   ¿Qué es la Red de Acción en Plaguicidas y sus Alternativas (RAPAL)? ¿Qué movilización ha surgido contra la "Ley Monsanto" en Chile y Colombia? ¿Qué éxito han tenido?

II. ANÁLISIS

A. Palabras clave

Comenzamos el análisis de la democracia y los movimientos sociales y populares con la película argentina *El dedo en la llaga*. Lee los siguientes diálogos y contesta a las preguntas. Toma notas para escribir tus ideas sobre el tema en la sección B.

1   Irazábal, gerente del hotel Nicanor Belbedere, habla a Ángel, un actor. ¿Crees que los dos están de acuerdo? ¿De qué habla el hotelero y qué quiere que el actor haga?

IRAZÁBAL.–Esto así como lo ve es una idea brillante. … el hotel no está terminado y ya tengo 50 reservas fijas al año. ¿Se da cuenta? … El mundo cambia todos los días y el que no se adapta está listo. … ¿Sabe lo que encontramos aquí? Tierra arrasada. … ¿Y usted que quería que hiciéramos? ¿La reforma agraria? … Se suben usted y su amigo [al auto] y se van de aquí. No quiero verlos nunca más.

2 ¿Qué aprenden Ángel y su compañero Eduardo del cambio económico, social y cultural del pueblo, y del profesor Tolosa?

EDUARDO.–Es que lo del hotel francamente no se entiende.
TOLOSA.–La política de los noventa. … Acá había una fábrica. La gente vivía de esa fábrica, pero empezaron a no poder competir con lo que venía de afuera. Entonces antes de la quiebra la vaciaron. La gente se resistió al principio, pero no le dieron ni cinco de pelota. ¿Entonces qué iban a hacer? Aquí empezaron a aparecer, quioscos, verdulerías …. Hoy están todos fundidos y la fábrica cerrada. … Belbedere ganó las elecciones diciendo que iba a solucionar todo y después sacó a relucir lo del hotel. Claro para la gente era como un salvavidas. Claro para un momento tan jodido era una fuente de trabajo, ¿no?
ÁNGEL.–El pueblo nos ha impresionado mucho, la municipalidad, el club social, el mismo teatro son edificios inimaginables en un pueblo tan alejado de Buenos Aires.
TOLOSA.–Esplendores del pasado. … Había un movimiento cultural muy importante.

3 ¿Está de acuerdo Irazábal con que se presente la obra de teatro? ¿Es lo que dice una orden o una amenaza?

IRAZÁBAL.–Vengo a decirle que suspenda la función. El espectáculo va en contra de los intereses comunitarios ….
TOLOSA.–Esta función se hace, Cachito.
IRAZÁBAL.–(a los actores) Les advertí que se vayan del pueblo. Ustedes no me hicieron caso. Ustedes se lo buscaron.

4 ¿Qué ha hecho el gobierno del pueblo para sabotear la función? ¿Tuvo éxito? ¿Qué hace el comisario de policía instigado por Irazábal y el intendente?

IRAZÁBAL.–(al comisario) Lo va a escuchar todo el pueblo. ¿Se da cuenta? … Ya clausuramos el teatro. Le rompimos la bicicleta a Tolosa. Los hicimos echar del residencial. ¿No puede dar una idea que sirva para algo?
INTENDENTE.–Deténgalos. … Si usted no se anima a detenerlos agárrelos en la casa del profesor ese y me los saca de la ciudad sin que nadie se entere …. ¡Que desaparezcan!, ¿entiende?
COMISARIO.–¡No me diga! Y ¿cómo quiere que haga?
INTENDENTE.–Como en los viejos tiempos, ché. No se haga el pelotudo.

5   El comisario manda la policía a detener a los actores pero no los encuentran en la casa. Entonces va al lugar de la función y habla con Tolosa. ¿Qué pasa?

> COMISARIO.–No interfiera la labor de la justicia.
> TOLOSA.–¿Qué justicia?
> IRAZÁBAL.–No pueden dar un espectáculo público en un lugar no autorizado. …
> COMISARIO.–Profesor, si no hace salir a la gente por las buenas, yo voy a entrar con mis hombres y van a ir todos presos.

6   Finalmente, la policía burlada se da por vencida y se hace la obra. ¿Qué mensaje dan los actores?

> EDUARDO.–Reírse en la cara de quien te quiere joder. Reírse es la forma más sublime de la resistencia. ¿Entiendes?
> ÁNGEL.–Entiendo. … Reír a gritos, saludablemente ante la cara del verdugo, del tirano. …
> EDUARDO.–Hasta que una insolente carcajada llena de convicción y de firmeza…
> ÁNGEL.–Estalle desafiante ante el que manda cada vez que decrete la tristeza. Reír.

B. Imagina

Escribe en unas diez líneas tus ideas sobre el posible contenido de la película *El dedo en la llaga.* Usa tu investigación preliminar y las siguientes preguntas como guía. ¿Qué te sugieren el título y las situaciones de la película sobre su tema principal? ¿Qué nos dice sobre las relaciones políticas y sociales del lugar? ¿Qué aprendemos de su historia? ¿Crees que esta película representa un movimiento hacia la democracia?

_____

_____

_____

_____

_____

_____

_____

_____

_____

_____

_____

C. Antes de ver

Elaboren una lluvia de ideas sobre la información recogida y su interpretación preliminar del contenido de la película *El dedo en la llaga*. Tomen notas para incorporar sus ideas en el análisis siguiente.

 D. Ver

Vean el fragmento de la película *El dedo en la llaga* (55:00-1:38:00).

 E. Después de ver

Comenten el contenido del fragmento de la película y respondan a las siguientes preguntas de análisis. Usen los conocimientos adquiridos hasta el momento. Tomen notas para escribir una composición al final.

1   ¿Quiénes son los personajes y qué representa cada uno?
2   ¿Qué influencia tiene el hotelero en el gobierno y la policía y qué lazos lo unen a ellos? ¿Se relaciona su poder con los cambios económicos de los años noventa? Explíquenlo.
3   ¿Tiene poder el hotelero sobre la comunidad? ¿Por qué sí o por qué no?
4   ¿Se respetan o se violan los derechos ciudadanos como la libertad de expresión y de disensión? ¿Hay elementos democráticos?
5   Según la información que ya conocen sobre gobiernos dictatoriales, ¿qué situaciones de la película son diferentes de esa manera de gobernar y cuáles no?
6   ¿Cómo se caracteriza la comunidad? ¿Es activa o pasiva?
7   ¿Qué efecto tienen la organización y la firmeza ciudadanas en la defensa de sus derechos? Explíquenlo.

 F. Conclusiones

Escriban una composición de dos o tres párrafos sobre uno de estos temas: "La democracia y el respeto de los derechos ciudadanos en Suramérica" o "La importancia de los movimientos sociales para la defensa de los derechos ciudadanos". Usen sus notas y las siguientes preguntas para organizar sus ideas. ¿Qué manifestaciones democráticas están presentes o ausentes en Suramérica? ¿Cómo puede resolverse el conflicto entre derechos ciudadanos e intereses políticos y económicos? ¿Qué papel tienen las organizaciones sociales y populares en la recuperación y preservación de los derechos ciudadanos?

_____

_____

_____

_____
_____
_____
_____
_____
_____
_____
_____
_____
_____
_____
_____
_____
_____
_____
_____
_____

 ACTIVIDAD 4

Música. "Canción con todos" (Armando Tejada Gómez y música de César Isella, 1970)

Armando Tejada Gómez (1929-1992) fue un escritor, poeta y locutor nacido en Mendoza, Argentina. Proveniente de una enorme familia de 24 hermanos, trabajó desde muy pequeño en diversas ocupaciones manuales, que combinó con su afición a la música y a las letras. De esta afición surgieron composiciones emblemáticas del patrimonio musical argentino y un gran trabajo unificador de la música folclórica nacional. En 1963 fundó el Movimiento Nuevo Cancionero, junto con Mercedes Sosa, Óscar Matus y Tito Francia, con el objetivo de promover la integración de los ritmos regionales argentinos, incluido el tango, y de dar una justa valoración a este componente esencial del patrimonio nacional. Años después, con motivo del golpe de Estado de 1976, este movimiento tuvo resonancia continental e inspiró a un gran número de artistas. Otra de las contribuciones de Tejada Gómez a la música autóctona fue Folklore 67, una peña folclórica que reunía a artistas de diversos estilos musicales. Su alianza artística con Mercedes Sosa, que incluye *La voz de zafra* –primer álbum de la cantante– y *Canciones con fundamento*, contribuyó al reconocimiento internacional de su música y a establecerla en un lugar prominente del folclor argentino.

Algunas de sus más conocidas composiciones son "El viento duende", "Zamba de los humildes" (con Matus), "Zamba del laurel o Chaya de la albahaca" (con Gustavo Leguizamón), "Zamba azul" (con Tito Francia) y la "Canción con todos" (con César Isella), que analizamos aquí. Esta canción ha sido propuesta, con gran acogida, por el presidente ecuatoriano Rafael Correa como el himno de UNASUR, la Unión de Naciones Suramericanas. Originalmente grabada por Mercedes Sosa en su álbum *El grito de la tierra* (1970), ha sido interpretada por el mismo Isella y numerosos artistas como Joan Manuel Serrat, Quinteto tiempo, Eva Ayllón e Illapú.

COMPRENSIÓN DEL TEXTO

Responde a las siguientes preguntas sobre el texto previo.

1 ¿Quién es y en qué actividades se desempeñó Armando Tejada Gómez?
2 ¿De qué se trata el Movimiento del Nuevo Cancionero, cuáles eran sus objetivos y qué influencia ha tenido?
3 ¿Quién es Mercedes Sosa y qué resultó de su relación con Tejada?
4 ¿Para qué honor ha sido propuesta la «Canción con todos»?

I. INVESTIGACIÓN PRELIMINAR

En esta sección vas a investigar y aprender sobre el desarrollo y la integración de Suramérica. Puedes encontrar información en la biblioteca, en Internet, en la bibliografía al final del libro y en Sitio Web del Estudiante. Toma notas y prepárate para hacer tus comentarios en clase.

Desarrollo

1 ¿Qué medidas económicas han aplicado Perú y Paraguay, y cuál ha sido su impacto en el desarrollo?
2 ¿Qué países son los más desarrollados de Suramérica y a qué se debe su desarrollo? ¿Hay correspondencia entre su desarrollo y su nivel de igualdad social?
3 ¿Qué condujo a la presidencia de Hugo Chávez en Venezuela? ¿En qué consistió su Revolución Bolivariana y su liderazgo en Latinoamérica y el Caribe? ¿Qué ha tenido que sortear su sucesor Nicolás Maduro?
4 ¿Cómo encontró Néstor Kirchner el país al comienzo de su mandato y qué reformas tuvo que hacer? ¿Cómo estaba el país al final de su mandato y cómo está ahora?
5 ¿Qué logros han tenido Ecuador y Bolivia en los últimos años? En Colombia, ¿cómo se han transformado las grandes ciudades y qué hizo Antanas Mockus en Bogotá?

Organismos de integración

1 ¿Qué países componen CAN, MERCOSUR, UNASUR, ALBA-TCP? ¿Cuáles son sus objetivos y acuerdos internacionales? ¿Cuál tiene el mercado más abierto?

2   ¿De qué se trata la iniciativa "Petroamérica" y qué acuerdos la componen? ¿Qué importancia tiene para la unidad latinoamericana?

3   ¿Qué ocurrió en la IV Cumbre de las Américas celebrada en Argentina en 2005? ¿En qué se centraron los discursos de los presidentes Bush y Kirchner, y qué otros puntos se trataron?

4   ¿Cuándo y dónde se realizó la III Cumbre de los Pueblos o *anticumbre*? ¿Quiénes participaron y qué actividades desarrollaron?

5   ¿Qué países tienen Tratado de Libre Comercio con Estados Unidos? ¿Qué obligaciones, ventajas y desventajas ha traído a sus participantes?

II. ANÁLISIS

A. Palabras clave

Estudia el siguiente vocabulario de "Canción con todos" y determina su significado según el contexto en el que aparece.

❑ cintura	la cintura cósmica del sur
❑ pisar	piso en la región más vegetal
❑ caudal	río que libera … su caudal
❑ estaño	Bolivia, estaño y soledad
❑ cobre	mi Chile cobre y mineral
❑ entraña	subo desde el sur hacia la entraña América
❑ cafetal	Colombia al valle cafetal

B. Imagina

Escribe en unas cinco o diez líneas tus ideas sobre el posible contenido de "Canción con todos". Usa tu investigación preliminar y las siguientes preguntas como guía. ¿De qué trata? ¿Qué información de Suramérica te da el vocabulario? ¿Es una canción de amor patrio o de testimonio?

_____

_____

_____

_____

_____

_____

_____

_____

_____

_____

C. Antes de escuchar

Elaboren una lluvia de ideas sobre la información encontrada y las ideas preliminares acerca de "Canción con todos". Tomen notas para poder incorporar sus ideas al análisis siguiente.

 D. Escuchar

Escuchen la canción "Canción de todos" de Tejada Gómez e Isella.

 E. Después de escuchar

En relación con el conocimiento adquirido hasta el momento, comenten el contenido de la canción y respondan a las siguientes preguntas de análisis. Tomen notas de los puntos tratados para escribir una composición sobre el tema.

1 ¿Por qué creen que esta canción ha sido propuesta como el himno de UNASUR?
2 Comparen la letra de esta canción con "Integración latinoamericana", de Los Guaraguao. ¿En qué se diferencian y cuál creen que refleja mejor los ideales de integración latinoamericana?
3 ¿Qué quiere Tejada Gómez decir con "Piso en la región más vegetal"? ¿Habla de su riqueza ecológica o económica?
4 ¿En qué se basa la economía de cada país nombrado aquí?
5 Analicen la segunda estrofa. ¿Cómo se identifica Tejada Gómez con el continente americano? ¿Qué río americano tiene un gran caudal y cómo se entrelaza con la identidad de la región?
6 ¿Qué mensaje nos dan la cuarta y la última estrofa? ¿De qué grito y de qué lucha habla?
7 ¿A qué invita el estribillo?

 F. Conclusiones

Escriban una composición de dos o tres párrafos titulada "La construcción de un nuevo equilibrio en Suramérica". Usen sus notas y las siguientes preguntas para organizar sus ideas. ¿Por qué la mayoría de los países hispanoamericanos ha elegido gobiernos socialistas? ¿Qué caracteriza el gobierno de Uruguay y a qué se debe su éxito? ¿Cómo se compara con otros países? ¿Cómo puede la integración fortalecer la democracia, la independencia y la economía de los países? ¿Qué ventajas pueden tener los organismos de integración netamente suramericanos en comparación con los TLC con Estados Unidos?

_____
_____
_____
_____
_____
_____
_____
_____
_____
_____
_____
_____
_____
_____
_____
_____

👥₊ ACTIVIDAD 5

El debate

En esta sección van a participar en un debate sobre uno de los temas estudiados en este capítulo. Algunas ideas incluyen: "¿Deben los modelos económicos ser impuestos por los organismos internacionales o deben surgir de las necesidades de cada país? ¿Debe primar el poder soberano del Estado sobre las leyes del mercado, o viceversa? ¿Es aceptable el desplazamiento de las comunidades más vulnerables a favor de proyectos económicos? Para desarrollar este trabajo vamos a seguir los siguientes pasos.

*   Paso 1. **Características**. Lee a continuación las características principales de un debate.
       El debate es una estrategia de comunicación que nos permite discutir un tema controvertido entre dos o más personas o grupos. El debate sirve para conocer, sustentar y defender puntos de vista, y para perfeccionar la expresión oral. Para que un debate sea fructífero, los participantes no solo deben conocer a fondo el tema, sino que deben saber escuchar, respetar y sopesar las opiniones de sus adversarios. Se debe por lo tanto evitar todo grito, insulto o burla. Un debate formal cuenta con un moderador que se encarga de dirigir la comunicación, dando la oportunidad a cada participante de exponer su punto de vista al inicio de la discusión y de intervenir equitativamente durante el proceso. También debe tomar nota de los puntos discutidos para presentar el resultado del debate al público.
*   Paso 2. **Organización** (15 minutos). Elijan un tema polémico relacionado con las actividades de esta lección. Conformen dos grupos que se encarguen

de defender un punto de vista diferente cada uno. Escojan un moderador que presente a los dos grupos, dirija y resuma las conclusiones de la discusión. Desarrollen y escriban los posibles argumentos y contraargumentos aplicando lo estudiado en la lección.

- Paso 3. **Debate** (duración: 15-20 minutos aproximadamente).

CAPÍTULO 6

La guerra civil española, la posguerra y el franquismo

I DESCRIPCIÓN

Este capítulo, titulado "La guerra civil española, la posguerra y el franquismo", nos inicia en el estudio de la historia de España a partir de uno de los momentos más cruciales y decisivos de su devenir: la guerra civil que enfrentó a los españoles durante tres años y que cambió por completo la anatomía y el rumbo del país. A través de la literatura, el cine y la música vas a explorar, analizar y reflexionar sobre las causas y las consecuencias del episodio más trágico y doloroso de la historia de España, la guerra civil (1936-1939), sobre los años de posguerra (1940-1954) y sobre el largo régimen militar del general Francisco Franco (1939-1975).

II OBJETIVOS CULTURALES

Al final de este capítulo podrás:

1   Demostrar tu comprensión de algunos grandes cambios sociopolíticos y momentos históricos decisivos a nivel mundial, como la guerra civil española, la posguerra y la era del general Francisco Franco en España. Para lograr estos objetivos culturales, investigarás, analizarás y reflexionarás sobre:

    a   Las diferentes causas que contribuyeron a la guerra civil española (1936-1939).
    b   Los hechos más significativos que ocurrieron durante la guerra civil española, los dos bandos que se enfrentaron, los motivos que contribuyeron a ese enfrentamiento, y sus aliados nacionales e internacionales.
    c   Las múltiples consecuencias de la guerra civil española (sociales, económicas, políticas y territoriales).
    d   Los años de la posguerra española y su contraste con los años de la posguerra en Europa tras la Segunda Guerra Mundial.
    e   Las cuatro décadas del régimen militar del general Francisco Franco en España (1939-1975), su desarrollo social, político y económico, y las relaciones de España con el exterior durante estos años.
    f   El final del franquismo y el nacimiento de una nueva democracia en España en 1975.
    g   La Generación del 50 y del Medio Siglo.
    h   El género fantástico, la intertextualidad y la autorreflexión literaria.

2   Demostrar tu comprensión de la conexión entre las perspectivas políticas, económicas y sociales la guerra civil española, de los años de posguerra y de la larga dictadura del general Franco, y de la relación directa de todas ellas con el desarrollo histórico-social en la España de los años cuarenta a los setenta, y cómo todo ello se refleja en la producción literaria, cinematográfica y musical. Para ello, vas a estudiar y analizar las siguientes producciones originales:

    a   Películas: *La lengua de las mariposas* (José Luis Cuerda, 1999); *Bienvenido Mr. Marshall* (Luis García Berlanga, 1953)
    b   Música: "Libre" (Nino Bravo, 1972)
    c   Texto literario: "El hombre del sombrero negro", de *El cuarto de atrás* (Carmen Martín Gaite, 1978)

III OBJETIVOS LINGÜÍSTICOS

Al final de este capítulo podrás:

1 Progresar en el desarrollo de la habilidad narrativa oral y escrita a nivel avanzado.
2 Desarrollar habilidades de lectura a nivel avanzado en temas relacionados con la guerra, la posguerra y los regímenes dictatoriales.
3 Aprender y reconocer vocabulario relacionado con la guerra y las dictaduras.

INTRODUCCIÓN

El primer tercio del siglo xx en España estuvo lleno de cambios políticos, constante alternancia de poderes y gran descontento social, los cuales condujeron al episodio más oscuro, trágico y triste de la historia de este país, la guerra civil (1936-1939). La guerra enfrentó en dos bandos a vecinos, familiares, compañeros y compatriotas separados por ideales políticos, religiosos y sociales, en lugar de por líneas fronterizas.

El rey Alfonso XIII de Borbón había reinado en España desde 1902, momento en que el país perdió sus últimas colonias. Los españoles, deseosos de una regeneración política y social, demandaban una solución a los grandes problemas provocados por la crisis política y social ocurrida bajo su largo reinado. Durante estos años comenzaron los primeros movimientos nacionalistas que reivindicaban la descentralización del poder y autonomía política de diversas regiones periféricas. Otra de las grandes cuestiones que separaba a los españoles era la religión: la Constitución defendía un Estado Católico, pero muchos liberales e intelectuales defendían la separación de Estado e Iglesia, y pedían la limitación de los poderes de esta. Además, durante aquellos años empezaron a aparecer los primeros movimientos obreros que luchaban por los derechos de los trabajadores y generaron numerosas protestas, algunas de ellas violentas. Por último, los largos conflictos con el norte de Marruecos o la Guerra del Rif (1911-1927) fue la gota que colmó el vaso, pues el ejército español sufrió importantes derrotas que dieron lugar a graves consecuencias político-sociales. La suma de todos estos problemas generó una gran agitación social que condujo a un golpe de estado militar en 1923 con el general Primo de Rivera. Tras años de descontento social, el bando republicano ganó las elecciones generales en 1931, instaurándose así la Segunda República española. El rey salió exiliado a Roma, donde murió diez años más tarde. Durante la Segunda República se formaron y consolidaron numerosos partidos políticos de derechas (Partido Radical, Derecha Liberal Republicana, Acción Nacional, JONS, Falange Española), de izquierdas (Acción Republicana, Partido Socialista Obrero Español, Partido Radical Socialista y Partido Comunista) y nacionalistas (Esquerra Republicana, Lliga Catalana, Partido Nacionalista Vasco y Partido Galleguista), así como movimientos sindicales (Unión General de Trabajadores, Centro Nacional de Trabajadores, Unión Nacional Económica). Lejos de su objetivo, la Segunda República no logró traer estabilidad política al país, pasando de un partido de izquierdas a otro de derechas para regresar a otro de izquierdas en un breve período de tiempo. España se enfrentó a grandes problemas como los intentos fallidos de la reforma agraria y militar, la división religiosa y los movimientos nacionalistas, cada vez más fuertes.

La tensión social se acrecentó tras ganar el Frente Popular las elecciones de 1936. Las revueltas sociales acabaron con los asesinatos del diputado conservador Calvo Sotelo y del teniente Castillo. Como oposición a la República hubo una insurrección militar dirigida por los generales Mola, Goded y Franco: se produjo un alzamiento en Marruecos en julio de 1936 y luego se extendió a otras ciudades españolas. Así comenzó el período más trágico de España, la guerra civil. El país quedó dividido en dos bandos enfrentados: el republicano, leal a la República, y los nacionales, que apoyaron la sublevación militar. Los dos bandos operaban de forma muy diferente: el bando republicano tenía menos y peores recursos, y una división del mando y el liderazgo, mientras que el bando nacional contaba con mayores recursos y una unidad absoluta de mando y liderazgo con el general Franco, quien fue nombrado jefe del Estado y del Ejército. Ambos bandos tuvieron apoyo y ayuda internacional: los nacionales recibieron ayuda de Alemania, Italia y Portugal, y los republicanos de la URSS, México, Francia y las Brigadas Internacionales (formadas por intelectuales de ideas izquierdistas y miembros de partidos comunistas de todo el mundo). Durante los tres años que duró la guerra, hubo cinco grandes operaciones militares: el paso del Estrecho de Gibraltar, la batalla de Madrid, la campaña del Norte —marcada por el bombardeo del pueblo de Guernica por parte de los aviones alemanes de la Legión Cóndor—, el frente de Aragón y el fin de la guerra el 1 de abril de 1939, tras la caída de Madrid y Barcelona.

Las consecuencias de la guerra civil española fueron devastadoras. Los muertos (soldados y civiles) de ambos bandos fueron cientos de miles, pero los años que siguieron fueron también trágicos debido a las heridas (físicas y psicológicas), el hambre, las enfermedades, el exilio y las condiciones extremas de los prisioneros de guerra. La guerra destruyó las infraestructuras más importantes, patrimonio histórico-artístico, industria, comercio, ganado y agricultura, de modo que España entró en un período de grave depresión económica y extrema pobreza de los que tardaría dos décadas en recuperarse. El país quedó dividido en vencedores y vencidos, obligando a muchos españoles a salir exiliados a otros países como Argentina o México, entre otros. Así, en 1939 Francisco Franco comenzó casi cuarenta años de régimen militar absoluto que duró hasta su muerte en 1975. Los años de la posguerra son conocidos como los años del hambre, por la falta de alimentos básicos, la escasez de agua por las grandes sequías y el aislamiento internacional impuesto por la Organización de las Naciones Unidas (ONU) tras la Segunda Guerra Mundial. Franco impuso un gobierno autárquico, es decir, enfocado en la búsqueda de la autosuficiencia económica y la intervención del Estado en casi todos los niveles económicos, laborales y sociales. Este tipo de política autocrática dio lugar a la escalada de la corrupción y el florecimiento del mercado negro. Sin embargo, debido al fracaso del sistema autocrático, Franco no tuvo más remedio que empezar a hacer cambios que pudieran aliviar la grave situación a mediados de los años cincuenta con un giro de la política económica. Con la Guerra Fría, comenzó a llegar ayuda norteamericana, aunque España no pudo participar en el Plan Marshall, instaurado para ayudar a la reconstrucción de Europa, pues para ello ser un sistema democrático era requisito indispensable.

Los años sesenta comenzaron con el Plan de Estabilización firmado en 1959 y elaborado según las recomendaciones del Banco Mundial y del Fondo Monetario Internacional. El Plan tenía como objetivos principales liberalizar la economía, recortar el gasto público, disminuir el intervencionismo del Estado y abrir la economía al exterior con inversiones extranjeras. Las consecuencias positivas se empezaron a ver pronto, y España inició un acelerado crecimiento económico que continuó durante las décadas de los sesenta y los setenta. Estos años estuvieron marcados por grandes inversiones extranjeras y una masiva emigración rural a las ciudades y a Europa occidental, en busca de trabajos manuales mejor remunerados que en España. Franco murió en 1975 y con su muerte se cerró un largo periodo de régimen absolutista y de aislamiento, y comenzó un complicado periodo de transición a un sistema democrático, desconocido hasta entonces para muchos españoles.

Para estudiar y analizar todo este periodo, vamos a ayudarnos de cuatro productos artístico-culturales que nos guiarán cronológicamente a través de los años. Primero, veremos y analizaremos la película *La lengua de las mariposas* (José Luis Cuerda, 1999), la cual nos mostrará la situación político-social en el momento en que estalló la guerra civil. En segundo lugar, leeremos el capítulo "El hombre del sombrero negro", de la novela *El cuarto de atrás* (Carmen Martín Gaite, 1978), en el que nos sumergiremos en los recuerdos de infancia y adolescencia de los años de la guerra y la posguerra de la protagonista, y de los sentimientos tan vivos que persisten. En tercer lugar, veremos la película *Bienvenido Míster Marshall* (Luis García Berlanga, 1953), que nos dará una descripción pintoresca y satírica de los años cincuenta en España, bajo el gobierno dictatorial de Franco y los intentos de recuperación de un país en ruinas. Y, finalmente, escucharemos la canción "Libre" (Nino Bravo, 1972), una denuncia de los regímenes dictatoriales existentes en esa época y una llamada a los sistemas democráticos.

A. COMPRENSIÓN DE LA LECTURA I

Escoge las respuestas correctas de acuerdo con el texto que acabas de leer.

1 La primera parte del siglo xx en España…
    x a fue una época de estabilidad política.
    * b fue época del reinado de Alfonso XIII.
    x c se mantenían aún muchas colonias en Latinoamérica.
    d ninguno de los anteriores.
2 Durante el reinado de Alfonso XIII…
    a comenzaron los primeros movimientos nacionalistas.
    b había descontento social.

D

    c   había división social.

    d   todos los anteriores.

3   La Segunda República española…

A

    a   comenzó en 1931.

    b   comenzó en 1936.

    c   trajo estabilidad política al país.

    d   puso al General Franco al frente del país.

4   La guerra civil española…

C

    a   enfrentó a los españoles del norte y el sur del país.

    b   comenzó en 1936 en el sur de la Península Ibérica.

    c   estalló tras las elecciones de 1936.

    d   duró seis años.

5   La posguerra española…

A

    a   fue un periodo duro y difícil por muchos motivos.

    b   fue un periodo de recuperación económica tras la guerra.

    c   fue un periodo democrático en España.

    d   ninguno de los anteriores.

B. COMPRENSIÓN DE LA LECTURA II

Responde a las preguntas sobre la lectura de forma completa y con tus propias palabras.

1   ¿Cuáles fueron algunas de las causas que condujeron a la guerra civil española?

2   ¿Quiénes se enfrentaron en la guerra civil española?

3   ¿De quién recibió apoyo cada uno de los bandos? ¿Por qué crees que estos países o sectores los apoyaron? Piénsalo y explícalo.

4   ¿Cuáles son las consecuencias de la guerra civil?

5   ¿Cuándo empezó a recuperarse económicamente España y por qué?

ACTIVIDAD 1

Película. *La lengua de las mariposas* (José Luis Cuerda, 1999)

José Luis Cuerda (1947) es un aclamado director, guionista, realizador y productor de cine español. Antes de dedicarse al cine por completo, trabajó en el canal de Televisión Española como realizador. También fue profesor en la Facultad de Bellas Artes de la Universidad de Salamanca por un breve periodo. Entre sus películas destacan *El bosque animado* (1987), *Amanece, que no es poco* (1988), *La lengua de las mariposas* (1998) y *La educación de las hadas* (2006). Como productor destacan las películas *Tesis* (1996), *Abre los ojos*

(1997) y *Los otros* (2000). *La lengua de las mariposas* es una de sus películas más reconocidas, con dos nominaciones a los Premios Goya (Mejor Película y Mejor Guión Adaptado, ganando éste último). El guión es una adaptación de tres relatos del escritor gallego Manuel Rivas. La película recibió numerosas buenas críticas por su trama, excelente guión y dirección, y por la complejidad de sus personajes. La historia se centra en la España de 1936, justo antes de estallar la guerra civil, en un pueblo pequeño y rural de Galicia, en el norte del país.

 COMPRENSIÓN DEL TEXTO

Indica si las siguientes oraciones son ciertas (C) o falsas (F). Justifica tu elección con tus propias palabras.

1 _____José Luis Cuerda es un polifacético cineasta.
2 _____Antes de dedicarse al cine, José Luís Cuerda fue profesor de Bellas Artes.
3 _____*La lengua de las mariposas* ganó el Premio Goya a la Mejor Película.
4 _____Manuel Rivas escribió el guion de *La lengua de las mariposas*.
5 _____La historia de *La Lengua de las mariposas* se desarrolla durante la guerra civil española.

 I. INVESTIGACIÓN PRELIMINAR

Investiga, reflexiona, toma notas y responde a las siguientes preguntas sobre el contexto histórico, las relaciones y las conexiones. Puedes encontrar información en la biblioteca, en Internet, en la bibliografía al final del libro y en Sitio Web del Estudiante.

Contexto histórico

Investiga sobre la situación político-social de España y Europa en los años 1920 y 1930.

1 ¿Qué sabes de la Monarquía de esa época en España?
2 ¿Qué sistema político había en España en los años treinta? ¿Quién o quiénes eran los dirigentes del país?
3 ¿Qué dos bandos ideológicos había en el país? Describe cada uno de ellos.
4 ¿Qué papel tenía la Iglesia Católica en esta época en España?

Conexiones y relaciones

Investiga sobre la guerra civil estadounidense.

1   ¿Cuándo y por qué ocurrió la guerra civil estadounidense? ¿Quiénes lucharon en la guerra?
2   ¿Cuál era la situación sociopolítica antes de la guerra?
3   ¿Quién ganó y por qué?
4   ¿Cuáles fueron las consecuencias de la guerra?
5   ¿Qué similitudes y qué diferencias encuentras entre la guerra civil española y la estadounidense?

II. ANÁLISIS

A. Palabras clave

Lee el siguiente vocabulario relacionados con la película que vas a ver.

❏ pueblo
❏ lengua
❏ mariposa
❏ naturaleza
❏ escuela
❏ explorar
❏ aprender
❏ maestro
❏ alumnos
❏ acusar
❏ "rojo" (connotación política)

B. Imagina

En relación con los temas de este capítulo y con tus ideas preliminares acerca de lo que puede ser el contenido de la película que vas a ver, responde a estas preguntas.

¿Qué ideas te vienen a la mente sobre posibles situaciones de la película? ¿Adivinas de qué puede tratar? ¿Quiénes son los personajes? ¿Qué hacen? ¿Dónde crees que están? Explica tus ideas de forma detallada.

_____
_____
_____
_____
_____
_____
_____
_____

_____

_____

_____

_____

_____

 C. Antes de ver

Elaboren una lluvia de ideas sobre la investigación previa y las impresiones preliminares sobre la película.

 D. Ver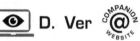

Vean (en casa o en clase) la película *La lengua de las mariposas*. Mientras ven la película, tomen notas para responder a las preguntas de la siguiente sección.

 E. Después de ver

Analicen la película y respondan a las siguientes preguntas.

1   ¿Cuáles son los temas principales de la película? Identifiquen y expliquen al menos cinco.
2   ¿Cómo es el paisaje? ¿Qué creen que tiene que ver el tipo de paisaje con los temas de esta película? Piensen.
3   ¿Cómo es el personaje de Moncho?
4   ¿Cómo es el personaje de Rosa?
5   ¿Cómo es el personaje de Ramón?
6   ¿Cómo es el personaje de Don Gregorio?
7   ¿Cómo es la familia de Moncho? ¿Tienen todos sus miembros ideales parecidos? ¿Creen que es una familia tradicional? Descríbanla.
8   ¿Cómo es la escuela? ¿Qué tipo de enseñanza identifican? ¿Se parece al tipo de enseñanza que recibieron ustedes en la escuela primaria? Expliquen.

 F. Análisis de una escena

Final. Vuelvan a ver detenidamente la escena final de la película (4 últimos minutos). Reflexionen y respondan a las siguientes preguntas.

1   ¿Qué ocurre al final de la película? ¿Qué significado tiene este final? ¿Habrían elegido este final u otro diferente? Explíquenlo.

2   ¿Qué significa la última escena, cuando Moncho corre detrás del camión, tira piedras y grita? ¿Qué creen que está pensando? ¿Qué creen que está pensando Don Gregorio?

3   ¿Cuál es la motivación de Rosa para comportarse de esta forma? ¿Qué habrían hecho en esa situación? Reflexionen y explíquenlo.

 G. Conclusiones

Anoten las ideas principales a las que ha llegado cada grupo. Estas ideas pueden ser útiles para ensayo del final del capítulo.

_____

_____

_____

_____

_____

_____

_____

_____

_____

_____

ACTIVIDAD 2

Texto literario. "El hombre del sombrero negro" (*El cuarto de atrás*, **Carmen Martín Gaite, 1978)**

Carmen Martín Gaite (1925-2000) es una de las escritoras españolas más reconocidas dentro y fuera del país. Perteneció a la Generación del 50 o del Medio Siglo, y su obra, que incluye novelas centradas en los recuerdos de personajes femeninos, es considerada una de las más importantes de la posguerra. Nacida en Salamanca, a los 25 años se fue a vivir a Madrid y más tarde se casó con el también escritor Rafael Sánchez Ferlosio. Fue una escritora polifacética, gran ensayista e investigadora, y una buena traductora de obras literarias extranjeras como las de Brontë, Rilke y Flaubert. Ejerció también como crítica literaria en el periódico *Diario 16*. Además, trabajó para la televisión en los guiones de una serie sobre la figura de Teresa de Jesús que ella escribió en 1982 en colaboración de Víctor García de la Concha. Entre sus trabajos de investigación histórica destaca *Usos amorosos de la posguerra española* (1987), galardonada con el Premio Anagrama de Ensayo y Libro de Oro de los Libreros Españoles, y se convirtió en el libro más vendido del año. En esta obra, Martín Gaite analiza los comportamientos y expresiones semánticas propios de los años

1939-1953. Además, recibió otros muchos premios literarios como el Premio Nadal, el Premio Nacional de Literatura en 1978 y 1994, el Premio Príncipe de Asturias de las Letras en 1988 y el Premio Castilla y León de las Letras en 1992. Entre sus novelas destacan *Entre visillos* (1958), *Con ritmo lento* (1963), *Retahílas* (1974), *El cuarto de atrás* (1978), *Nubosidad variable* (1992), *Lo raro es vivir* (1995) y *Caperucita en Manhattan* (1991). *El cuarto de atrás*, novela de la que vas a leer el capítulo titulado "El hombre del sombrero negro", se centra en los recuerdos de infancia y adolescencia de la narradora, contados a un personaje misterioso que aparece en su vida. Durante sus narraciones, que fluyen de manera entrecortada, la narradora comparte algunos de sus recuerdos de la guerra civil española y de la posguerra desde el punto de vista de una niña.

COMPRENSIÓN DEL TEXTO

Indica si las siguientes oraciones son ciertas (C) o falsas (F). Justifica tu elección con tus propias palabras.

1 _____Carmen Martín Gaite es una escritora española de la Generación del 50.
2 _____La obra de Martín Gaite es muy diversa.
3 _____*Usos amorosos de la posguerra española* es su novela más reconocida.
4 _____Su obra no ha sido galardonada oficialmente con ningún premio.
5 _____Martín Gaite publicó *El cuarto de atrás* durante el franquismo.

I. INVESTIGACIÓN PRELIMINAR

Investiga, reflexiona y contesta a las siguientes preguntas. Toma notas detalladas, ya que estas te servirán para desarrollar luego tu ensayo sobre la guerra civil española, la posguerra y el franquismo. Puedes encontrar información en la biblioteca, en Internet, en la bibliografía al final del libro y en Sitio Web del Estudiante.

Más sobre la autora

¿Qué más sabes sobre la escritora Carmen Martín Gaite? ¿Sobre qué temas escribía? ¿Por qué se la considera una de las grandes escritoras de la posguerra española? ¿Cómo evolucionó su obra? Investiga a fondo y anota todos los detalles que encuentres.

Más sobre *El cuarto de atrás*

Investiga a fondo sobre la novela *El cuarto de atrás*. ¿Qué tipo de novela es? ¿A qué género literario pertenece? Explícalo. ¿Cuántos capítulos tiene y cómo se titula cada uno? ¿Sobre qué trata cada capítulo? ¿Quiénes son los tres personajes? Explica el papel de cada uno dentro de la novela. ¿Cuáles son los temas principales de la novela? Describe tres de ellos.

▲▲▲ II. ANÁLISIS

A. Palabras clave

Examina el siguiente vocabulario sacado del capítulo II de *El cuarto de atrás*, "El sombrero negro", y adivina sobre lo que puede tratar este capítulo. Para ello, usa la información que has recabado en la primera parte de esta actividad.

- ❏ sombrero
- ❏ entrevista
- ❏ folios
- ❏ sordo
- ❏ perder el hilo
- ❏ obstáculos
- ❏ obedecer
- ❏ ponerse nervioso
- ❏ cucarachas
- ❏ tormenta / relámpagos
- ❏ dar miedo / miedo al miedo / no tener miedo
- ❏ tranquilizarse
- ❏ novelas rosas
- ❏ refugio
- ❏ ojos vendados
- ❏ alivio
- ❏ recuerdos
- ❏ misterio
- ❏ salir / viajar al extranjero
- ❏ balneario
- ❏ espejo
- ❏ incertidumbre
- ❏ lógica
- ❏ laberinto
- ❏ defenderse
- ❏ derrota
- ❏ silencio
- ❏ caligrafía
- ❏ los Rojos
- ❏ el miedo y el frío
- ❏ el Instituto

- ❑ isla desierta
- ❑ bombardeos
- ❑ juego
- ❑ sirena
- ❑ cuarto de atrás
- ❑ despensa
- ❑ claustrofobia
- ❑ proteger
- ❑ Santos
- ❑ recuerdos
- ❑ rizarse el pelo
- ❑ los chifles
- ❑ envidiar / envidia
- ❑ ignorancia
- ❑ represión
- ❑ fusilados
- ❑ infancia y adolescencia
- ❑ tener cuidado

B. Imagina

En relación con los temas que estás estudiando y en la lista de palabras clave anterior, escribe aquí tus ideas preliminares sobre el tema de la lectura. ¿Sobre qué crees que trata? Explica tus ideas en al menos dos párrafos.

_____
_____
_____
_____
_____
_____
_____
_____
_____
_____

 C. Antes de leer

Hagan una lluvia de ideas sobre la investigación previa y las impresiones preliminares sobre la novela.

D. Lectura

Lean el capítulo "El hombre del sombrero negro" de *El cuarto de atrás* (Carmen Martín Gaite, 1978). Tomen notas mientras lo leen para poder responder a las preguntas de la actividad siguiente.

 E. Después de leer

En grupos respondan a las siguientes preguntas de forma detallada.

1 ¿Cuáles son los temas principales que se incluyen en este capítulo? Identifíquenlos.
2 ¿Qué significado tiene "escribir" para la autora?
3 Expliquen los significados de las siguientes imágenes dentro del capítulo y su contexto: las cucarachas, las tormentas / los relámpagos, el espejo, el balneario, la isla desierta, ojos vendados, viajar / salir al extranjero, laberinto.
4 ¿Qué significaba el refugio para la autora cuando era niña durante la guerra? ¿Cómo describe la autora los momentos en los que se tenía que refugiar con su familia?
5 ¿Qué le ocurrió a la familia del churrero durante la guerra? ¿Por qué dice la autora que la familia del churrero quedó como "ejemplo de insensatez"?
6 ¿Quiénes eran los dos amigos de la autora cuando era niña? ¿Cómo era cada uno? ¿Qué sabemos de sus familias? ¿Por qué dice ella que nunca les hablaba al uno del otro?
7 ¿Era feliz la autora cuando era niña? ¿Por qué?
8 ¿Qué relevancia y significado tienen los sentimientos de miedo y frío que describe la autora en referencia a su niñez?
9 ¿Qué significados creen que tienen los personajes de Diana Durbin y Carmencita Franco en los recuerdos de niñez de la autora? ¿Qué significan las menciones al pelo de ambas?
10 ¿Qué significado creen que tiene el "cuarto de atrás" en los recuerdos de la autora? Reflexiona.

 F. Conclusiones

En grupos escriban las ideas principales a las que han llegado en uno o dos párrafos bien desarrollados. Estas ideas pueden ser útiles más tarde para redactar el ensayo final sobre la guerra civil, la posguerra y los años del franquismo.

_____

_____

_____

_____

_____

_____

 ACTIVIDAD 3

Película. *Bienvenido Míster Marshall* (Luis García Berlanga, 1953)

Luis García Berlanga (1921-2010) es uno de los cineastas españoles más reconocidos por sus contribuciones cinematográficas bajo el régimen de Franco. Nacido en una familia de tradición republicana, su padre fue perseguido y detenido durante la guerra civil, y él mismo luchó en el Frente de Teruel, en el norte de España, con tan solo diecisiete años. Después de la guerra estudió leyes y cine. Más tarde, se unió a la División Azul –una unidad de voluntarios españoles que sirvió en el ejército alemán de la Segunda Guerra Mundial– para ayudar a su padre contra las represalias políticas por sus labores durante la Segunda República. Su primera película fue *Esa pareja feliz*, y en su filmografía destacan *El verdugo*, *Plácido* (con la que ganó un Óscar a la Mejor Película de Habla No Inglesa en 1961) o *Bienvenido Míster Marshall*. Sus películas se caracterizan por su extrema ironía y su sátira sobre diferentes situaciones sociales y políticas. En la etapa del franquismo destacó su gran habilidad para burlar la censura de la época usando inteligentes situaciones y diálogos. La película *Bienvenido Míster Marshall*, que vas a analizar en este capítulo, está ambientada en los años cincuenta del siglo xx, en un pequeño pueblo del centro de España, donde abunda la pobreza. El alcalde anuncia que los "americanos" (los estadounidenses) van a visitar algunos pueblos de España, entre ellos Villar del Río, para presentar el Plan Marshall iniciado en 1947, y así distribuir fondos europeos (mucho dinero) para ayudar a los países del continente a recuperarse tras la Segunda Guerra Mundial. En medio de una sátira feroz y buen humor, los habitantes disfrazan su pueblo como si fuera un pueblo andaluz (con pintura, decorados y vestuario) para ganarse la simpatía de los americanos, ya que creen que así recibirán el dinero.

 COMPRENSIÓN DEL TEXTO

Indica si las siguientes oraciones son ciertas (C) o falsas (F). Justifica tu elección con tus propias palabras.

1 _____ Luis García Berlanga comenzó a hacer cine bajo el régimen de Franco.
2 _____ Su primera película ganó un Óscar a la Mejor Película de Habla No Inglesa.
3 _____ Sus películas son sátiras sociales.
4 _____ El Plan Marshall es una de las películas de Luis García Berlanga.
5 _____ *Bienvenido Míster Marshall* es una película sobre la Segunda Guerra Mundial.

 I. INVESTIGACIÓN PRELIMINAR

Investiga, reflexiona, toma notas y responde a las siguientes preguntas sobre el contexto histórico dentro y fuera de España. Puedes encontrar información en la biblioteca, en Internet, en la bibliografía al final del libro y en Sitio Web del Estudiante.

Contexto histórico dentro de España

Investiga sobre la situación político-social de España en los años cuarenta y cincuenta, en la posguerra y en los años del régimen de Franco.

1 ¿Cuáles fueron algunas de las consecuencias de la guerra civil española? Proporciona detalles específicos sobre al menos tres de ellas.
2 ¿Quién fue el general Francisco Franco? ¿Qué ideales tenía? ¿Cuáles eran sus creencias religiosas? ¿Qué tipo de gobierno encabezaba? ¿Cuáles eran algunos de sus ministros más allegados? ¿Estaba España durante estos años abierta al exterior? ¿Por qué? ¿Con qué países tenía España buenas relaciones durante estos años? Investiga cuanto puedas sobre Franco y su gobierno.
3 ¿Cómo era la vida en España durante los años cuarenta? ¿Cómo era la vida en las grandes ciudades? ¿Cómo era la vida en los pueblos? ¿Cómo eran los pueblos de la región de Andalucía, en el sur, en comparación con los del centro o el norte de España?
4 ¿Qué es la censura? ¿Por qué crees que había censura durante los años del franquismo? ¿Cómo crees que los intelectuales y artistas afrontaban la censura? ¿Qué era el NO-DO durante el franquismo? Explícalo.
5 ¿Qué tipo de música es la copla? ¿Cuáles son algunos de los artistas más destacados en este género musical?

Contexto histórico fuera de España

Investiga sobre las décadas de 1940 y 1950 fuera de España y responde a las siguientes preguntas con detalle.

1   ¿Qué sabes sobre la Segunda Guerra Mundial? ¿Cuándo, por qué y dónde empezó? ¿Qué bandos y países se enfrentaron? ¿Qué ideales tenía cada bando? ¿Cuándo y cómo terminó?

2   ¿Participó España en la Segunda Guerra Mundial? ¿Por qué sí o por qué no?

3   ¿Qué es el Plan Marshall? Investiga a fondo y explícalo en detalle.

4   ¿Participó España en el Plan Marshall? ¿Por qué? Investiga y responde de manera pormenorizada.

5   ¿Cómo fue la recuperación de España en relación al resto de Europa tras la guerra civil española y la Segunda Guerra Mundial respectivamente? ¿Fueron procesos similares o diferentes? ¿Por qué?

II. ANÁLISIS

A. Palabras clave

Lee y analiza el siguiente vocabulario relacionado con la película que vas a ver.

- ❑ Castilla (región de España)
- ❑ Andalucía (región de España)
- ❑ alcalde
- ❑ pueblo
- ❑ habitantes
- ❑ americanos
- ❑ Plan Marshall
- ❑ ayuda
- ❑ visita
- ❑ disfrazar
- ❑ preparación

B. Imagina

En relación a los temas que estamos estudiando en esta sección del capítulo ("España y Europa en los años 1940 y 1950") y tus impresiones preliminares acerca de lo que puede ser el contenido de la película que vas a ver, responde a estas preguntas.

¿Qué ideas te vienen a la mente sobre posibles situaciones de la película? ¿Adivinas de qué puede tratar? ¿Quiénes son los personajes? ¿Qué hacen? ¿Dónde crees que están? Explica tus ideas.

_____

_____

_____

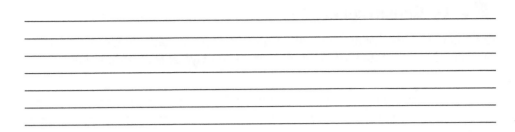

C. Antes de ver

Hagan una lluvia de ideas sobre la investigación previa y las ideas preliminares sobre la película.

D. Ver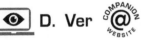

Vean la película *Bienvenido Míster Marshall* (Luis García Berlanga, 1953). Mientras ven la película, tomen notas que les ayuden a responder las preguntas de la sección posterior.

E. Después de ver

Analicen la película y contesten las siguientes preguntas:

1 ¿Cuáles son los temas principales de la película? Identifíquenlos y explíquenlos de forma detallada.
2 ¿Qué tipo de película es? ¿Cuáles son los mensajes de la película?
3 ¿Cómo es el pueblo antes de la transformación? ¿Y después de la transformación?
4 ¿Qué ocurre al final de la película? ¿Por qué?
5 La película consiguió burlar la censura del régimen de Franco. ¿Qué elementos hay en la película que escaparon a la censura? Analícenlos.

F. Análisis de una escena

Final. Vuelvan a ver detenidamente la escena final de la película. Reflexionen y contesten las siguientes preguntas.

1 ¿Es éste el final que esperaban? ¿Es éste el final que el pueblo se esperaba? ¿Cómo creen que se sienten las personas del pueblo?
2 ¿Qué significado tiene este final? ¿Qué consecuencias tiene?
3 ¿Qué mensaje pretende dar el director de la película con un final así?

G. Conclusiones

Escriban las ideas principales a las que ha llegado cada grupo. Estas ideas pueden ser útiles más tarde para redactar el ensayo al final del capítulo.

_____

_____

_____

_____

_____

_____

_____

_____

_____

_____

ACTIVIDAD 4

sesenta 60

Música. "Libre" (Nino Bravo, 1978)

Nino Bravo (Valencia, 1944-1973) fue un cantante español de voz fuerte y potente con éxito internacional durante los años sesenta y principios de los setenta. Su verdadero nombre era Luis Manuel Ferri Llopis, y en 1962 fundó el trío Los Hispánicos con sus amigos Félix Sánchez y Salvador Aranda. Tras la disolución del grupo, pasó a incorporarse como cantante a Los Superson, con los que trabajaría hasta su muerte. Durante los años sesenta Nino Bravo y Los Superson actuaron por Latinoamérica y España, cosechando grandes éxitos. Algunas de las canciones más conocidas de Nino Bravo son "Te quiero", "Noelia", "Perdona", "Mi gran amor", "Mi querida mamá", "Un beso y una flor", "Voy buscando" y "Libre". Nino Bravo se convirtió en una de las voces más importantes de los años sesenta en español, pero murió trágicamente en abril de 1973 en un accidente de tráfico con tan solo 28 años. "Libre", la canción que vas a escuchar y analizar en esta actividad, es una oda a la libertad que Nino Bravo dedicó a Peter Fechter, un obrero de la construcción alemán de dieciocho años que en 1962 intentó saltar el muro de Berlín junto a su amigo Helmut Kulbeik. El muro había sido construido un año antes y estos dos hombres eran los primeros en intentar saltarlo. Kulbeit consiguió escapar, pero Fechner murió en el intento. Al morir Bravo repentinamente y después el general Franco dos años más tarde, el pueblo español adoptó esta canción como oda a la libertad española recién adquirida.

 **COMPRENSIÓN DEL TEXTO**

Indica si las siguientes oraciones son ciertas (C) o falsas (F). Justifica la elección con tus propias palabras.

1 _C_ Nino Bravo tuvo una corta pero importante trayectoria profesional.
2 _F_ Nino Bravo fue obrero de la construcción cuando era niño.
3 _C_ Nino Bravo viajó por toda Latinoamérica con el grupo Los Hispánicos.
4 _C_ "Libre" tiene diferentes interpretaciones sobre su concepción, pero es una oda a la libertad.
5 _F_ Niño Bravo ganó premios musicales durante los años sesenta, setenta y ochenta.

 I. INVESTIGACIÓN PRELIMINAR

Investiga, reflexiona y responde a las siguientes preguntas. Toma notas detalladas, ya que estas te servirán para redactar tu ensayo al final del capítulo. Puedes encontrar información en la biblioteca, en Internet, en la bibliografía al final del libro y en Sitio Web del Estudiante.

Contexto histórico y sociopolítico

1 ¿Cómo eran los años sesenta en España? ¿Estaba España más abierta al extranjero que en la década anterior? ¿Por qué?
2 ¿Qué tipo de música se hacía en España en los años sesenta y setenta? ¿Cómo se diferencia o en qué se parece esta música de la que se producía en otras partes del mundo como Estados Unidos o el Reino Unido?
3 ¿Qué sabes del Muro de Berlín? ¿Qué es, cuándo se construyó y para qué se construyó? ¿Cuántos años estuvo en pie? ¿Cuáles fueron las consecuencias de este muro?
4 ¿Cómo se puede relacionar la situación del Muro de Berlín y los habitantes de Alemania Oriental con la España de los años de Franco y los sentimientos de muchos españoles?
5 ¿Qué otros países tenían regímenes militares autocráticos en los años sesenta y setenta? ¿Tenían estos países relaciones con España? ¿Por qué crees que es así?

El final del franquismo

1 Investiga los últimos años del franquismo. ¿Qué tipo de líder era Franco en sus últimos años? ¿Qué cambios importantes estableció en su forma de gobernar? ¿Cómo preparó su sucesión?

2   ¿Qué sabes del príncipe Juan Carlos de Borbón? ¿Qué relación tuvo con Franco? ¿Dónde vivía y por qué? ¿Cuándo fue a vivir a España y por qué? ¿Qué ocurrió con el príncipe Juan Carlos cuando Franco murió? Investiga.

3   ¿Qué sabes sobre los últimos meses de la vida de Franco? ¿Cuándo murió? ¿Dónde fue enterrado? Investiga.

4   ¿Cómo se sintieron los españoles cuando murió Franco y terminó su régimen militar de cuarenta años? ¿Eran los sentimientos de todos los españoles similares o había diferencias entre ellos? ¿Seguía habiendo división entre los españoles al morir Franco?

5   Un terrible temor de muchos españoles a la muerte de Franco era la posibilidad de una segunda guerra civil, que por fortuna nunca ocurrió. ¿Por qué crees que muchos españoles tenían este temor? Reflexiona y explícalo.

II. ANÁLISIS

A. Palabras clave

Examina el siguiente vocabulario perteneciente a la canción "Libre". Después, imagina sobre qué crees que puede tratar.

- ❑ veinte años
- ❑ cansado
- ❑ soñar
- ❑ tras
- ❑ frontera
- ❑ hogar
- ❑ alambrada
- ❑ volar
- ❑ verdad

B. Imagina

Teniendo en cuenta los temas tratados en esta parte del capítulo y la lista de palabras clave que acabas de estudiar, escribe aquí tus ideas preliminares sobre el tema o temas de la canción "Libre". ¿Sobre qué trata? ¿Es una canción a favor o en contra de algo? ¿Es una canción de tono triste o alegre? Explica tus ideas.

_____

_____

_____

_____

_____

_____
_____
_____
_____
_____
_____

C. Antes de escuchar

Hagan una lluvia de ideas sobre las notas de la actividad anterior.

D. Escuchar

Escuchen la canción "Libre" (Nino Bravo, 1972).

E. Después de escuchar

Respondan a las preguntas sobre la canción.

1 Analicen la letra de cada estrofa. ¿Qué significado tiene cada una?
2 ¿Qué significa "frontera" en este contexto?
3 ¿Cómo consigue el protagonista de la canción la libertad?
4 ¿Qué significa la metáfora "flores carmesí"?
5 ¿Cómo creen que esta canción se relaciona con los sentimientos de muchos españoles en aquella época? ¿Por qué? Explíquenlo.

F. Conclusiones

Escriban las ideas principales a las que ha llegado cada grupo. Estas ideas pueden ser útiles más tarde para el ensayo del final del capítulo.

_____
_____
_____
_____
_____
_____
_____
_____

 **ACTIVIDAD 5**

Ensayo

Usando todas la información recogida a lo largo del capítulo, tus reflexiones, investigaciones, conversaciones, las obras analizadas y todas tus notas de cada actividad, escribe un ensayo bien desarrollado sobre uno de estos dos temas: "La guerra civil española, sus causas y sus consecuencias políticas, económicas y sociales" y "La posguerra española y el franquismo". Debes dividir tu ensayo en introducción, desarrollo y conclusiones (1.500-2.000 palabras).

PREGUNTAS DE REFLEXIÓN

Para desarrollar tu ensayo ten en cuenta las siguientes preguntas. ¿Cuáles son los temas principales que se han analizado en este capítulo? ¿En cuáles de las obras (canción, películas o texto) que hemos analizado aparecen estos temas? ¿Cuál es el hilo conductor entre los temas estudiados? ¿Cuál es el hilo conductor entre las obras originales que has analizado? ¿Cuáles fueron las diferentes causas que contribuyeron a la guerra civil española? ¿Cuáles fueron los hechos más significativos que ocurrieron durante la guerra civil española, los dos bandos que se enfrentaron, los motivos que contribuyeron a que se enfrentaran, y sus aliados nacionales e internacionales? ¿Cuáles fueron las múltiples consecuencias de la guerra civil española (sociales, económicas, políticas y territoriales)? ¿Cómo trascurrieron los años de la posguerra española y su contraste con los años de la posguerra en Europa tras la Segunda Guerra Mundial? ¿Cómo evolucionó España durante las cuatro décadas del régimen militar del general Francisco Franco (1939-1975)? ¿Cuál fue el desarrollo social, político y económico del país? ¿Cómo fueron las relaciones de España con el exterior durante estos años? ¿Cómo se desarrolló el final del franquismo y qué preparativos realizó Franco para su propia sucesión?

- **10 pautas para redactar un ensayo argumentativo.** Sigue estos pasos para redactar un ensayo mejor. En el Sitio Web del Estudiante puedes encontrar más información sobre la redacción de ensayos argumentativos que te puede ser de utilidad.
  1 Elige el **tema** sobre el que quieres investigar más a fondo. No debes elegir el más fácil, sino el que más te interese, para que tu texto sea mejor.
  2 **Investiga a fondo sobre el tema que has elegido**. Es importante buscar información en fuentes académicas y fidedignas con la que respaldar cada argumento. Es recomendable dar prioridad a libros, bases de datos y organismos oficiales. Vuelve a leer las preguntas de las secciones de "Investigación preliminar" de cada actividad. Además, lee todas las notas que has reunido a lo largo del capítulo. Lee los párrafos que tu grupo redactó para las conclusiones de cada actividad.

Toma notas sobre cómo vas a estructurar tu ensayo y sobre los distintos argumentos que vas a exponer en tu discurso. Es importante que cada argumento o idea que expongas esté respaldado por fuentes fidedignas.

3   Escribe la **introducción**, con la **tesis** de tu ensayo. La introducción debe ser clara, contundente y cuidada. Tu ensayo se desarrollará a partir de esta tesis.

4   El **cuerpo** del ensayo deberá dividirse según los argumentos que expongamos. Así, si vas a plantear tres argumentos, puedes desarrollar tres párrafos distintos, etcétera, aunque no tienen que ser igual de largos; la extensión dependerá del tema de cada argumento. Es importante que cada párrafo esté bien desarrollado y que los párrafos estén bien hilados.

5   Finalmente, debes escribir tu párrafo de **conclusión**. En él, repasa los argumentos de manera muy concisa y añade tu opinión personal, ya que es tu ensayo.

6   Incluye una página con las **fuentes o referencias** que has utilizado, asegurándote de que aparecen conforme al estilo requerido por tu profesor.

7   Incluye una **página de presentación** conforme a las especificaciones que te haya dado tu profesor.

8   Una vez fijado el contenido del ensayo, léelo tantas veces como necesites para repasar el **uso gramatical** y realizar los cambios necesarios.

9   Hecho eso, vuélvelo a leer cuantas veces sea necesario para corregir cualquier falta de **ortografía y puntuación**, pues estas nunca deben aparecer en un ensayo académico.

10 Por último, asegúrate de que tu ensayo está redactado conforme al **estilo** requerido por tu profesor, igual que las fuentes. Realiza los cambios que sean necesarios.

CAPÍTULO 7

La nueva España contemporánea (de 1975 al presente)

I DESCRIPCIÓN

Este capítulo, titulado "La nueva España contemporánea", continúa explorando la historia y la cultura españolas durante el último cuarto del siglo XX y la primera parte del siglo XXI. A través de la literatura, el cine y la música vas a explorar, analizar y reflexionar sobre el proceso histórico de la Transición española a un sistema democrático parlamentario, y sobre la evolución política, económica y social del país desde la muerte del general Franco hasta nuestros días.

II OBJETIVOS CULTURALES

Al final de este capítulo podrás:

1   Demostrar tu comprensión de algunos de los grandes cambios sociopolíticos y momentos históricos decisivos mundiales, como son la Transición española y la nueva España democrática de los años ochenta, noventa y principios del siglo xxi. Para lograrlo, investigarás, analizarás y examinarás:

    a   La Transición española como proceso histórico a través del cual España dejó atrás cuarenta años de dictadura militar y aislamiento económico y social, y se estableció como una nación democrática con una Monarquía Parlamentaria.

    b   El reinado de Juan Carlos I de Borbón como Jefe de Estado durante cuarenta años, sus contribuciones al Estado y a la democracia de España, su abdicación y el comienzo del reinado de su hijo, Felipe VI.

    c   La evolución de los diferentes gobiernos democráticos que se han sucedido a lo largo de los años desde la Transición hasta nuestros días.

    d   "La Movida" como movimiento social con gran impacto en la juventud de los años ochenta.

    e   El proceso y la evolución de la liberación de la mujer española y sus consecuencias en la sociedad.

    f   La apertura de las fronteras del país y la entrada de diferentes grupos migratorios que han ido cambiando la composición, la imagen y las costumbres.

    g   La incorporación de España a la Comunidad Económica Europea, a la Unión Europea y a la Zona Euro.

    h   Las duras consecuencias de la crisis económica mundial de 2008 en la economía y en la sociedad españolas.

    i   El "Movimiento 15-M" o "Indignados" y su impacto político-social.

    j   El género musical de los cantautores españoles y sus contribuciones a la cultura española.

    k   La literatura feminista de la Transición a cargo de la escritora Rosa Montero.

    l   El cine de impacto de Pedro Almodóvar, con sus temas contemporáneos y extremos de trascendencia internacional.

2   Demostrar tu comprensión de la conexión entre las perspectivas políticas, económicas y sociales de los últimos cuarenta años en España y cómo todo ello se refleja en la producción literaria, cinematográfica y musical. Para ello vas a investigar, analizar y conversar sobre las siguientes producciones originales:

    a   Película: *Todo sobre mi madre* (Pedro Almodóvar, 2000)

    b   Música: "Desde mi libertad" (Ana Belén, 1979); "Llegaremos a tiempo" (Rosana, 2011)

    c   Texto literario: fragmento de *Crónicas del desamor* (Rosa Montero, 1979)

III OBJETIVOS LINGÜÍSTICOS

Al final de este capítulo podrás:

1   Progresar en el desarrollo de la habilidad narrativa oral y escrita a nivel avanzado.
2   Desarrollar habilidades de lectura a nivel avanzado en temas relacionados con la Transición española, la democracia, el terrorismo, los movimientos sociales pacifistas, el movimiento feminista y la crisis económica del siglo XXI.
3   Aprender y reconocer el vocabulario relacionado con la democracia, la evolución de la economía internacional y los nuevos movimientos sociales.

INTRODUCCIÓN

Al morir el general Francisco Franco el 20 de noviembre de 1975 terminaba una larga dictadura de casi cuatro décadas (1939-1975) en España, y empezaba un difícil proceso de cambio político-social. Este proceso de transición es reconocido hoy día internacionalmente como uno de los mayores éxitos del paso de una larga dictadura a un Estado democrático. Para muchos españoles era un momento de felicidad y esperanza por el cambio, y para otros muchos de tristeza, miedo e incertidumbre. Lo que tanto unos como otros tenían claro es que nadie deseaba otra guerra, y que todos harían lo posible por evitarlo. Tras cuarenta años de dictadura, era necesario llegar a un pacto y un compromiso entre los distintos sectores políticos para construir un nuevo sistema de libertades.

Franco había preparado su sucesión antes de morir. Para seguir sus pasos dejó a Carlos Arias Navarro como presidente del Gobierno, y también al príncipe Juan Carlos de Borbón para restaurar la Monarquía, y así eliminar la posibilidad de una Tercera República. Sin embargo, los planes de Franco no salieron según sus deseos. Juan Carlos I fue coronado rey de España y jefe de Estado el 22 de noviembre, momento en el cual comenzó la llamada Transición española, es decir, el periodo durante el cual se produjo el proceso por el que España dejó de ser una dictadura y pasó a ser una Monarquía Parlamentaria. Existen varias versiones de los límites de la Transición según los historiadores. Unos dicen que finalizó con las primeras elecciones democráticas en junio de 1977; otros lo amplían hasta la aprobación de la nueva Constitución en diciembre de 1978; y otros consideran que la Transición se extendió hasta las primeras elecciones generales bajo la nueva Constitución de 1979; por último, un grupo minoritario mantiene que la Transición llegó hasta el intento de golpe de Estado de 1981. Fue una etapa política y social muy difícil, con constantes manifestaciones, altercados sociales, violencia terrorista y una profunda crisis económica marcada por una inflación sin precedentes.

Pronto surgieron grandes diferencias políticas entre el presidente del Gobierno, Carlos Arias Navarro, y el rey Juan Carlos I. Estaba claro que Arias

Navarro quería continuar con muchos de los planes de gobierno de Franco y el Rey no lo iba a permitir. Al final, Arias Navarro dimitió en 1976 y en su lugar el rey nombró a Adolfo Suárez como presidente del Gobierno. Suárez fue el encargado de moderar las conversaciones entre todos los partidos políticos y liderar la Transición a la democracia. Las primeras elecciones democráticas desde antes de la guerra civil se celebraron en junio de 1977. El partido de Coalición de Centro Democrático encabezado por Suárez ganó las elecciones y se encargó de dirigir el país hacia una nueva era. El Gobierno redactó la nueva Constitución Española, que se aprobó en 1978. Durante estos años se formaron y se legalizaron muchos partidos políticos, tanto de derechas (por ejemplo Fuerza Nueva, Alianza Popular), de izquierdas (Partido Socialista Obrero Español, Partido Comunista de España) y de centro (Centro Democrático y Social). También se formaron algunos partidos nacionalistas como Convergencia Democrática de Cataluña, Partido Socialista Unificado de Cataluña, Partido Nacionalista Vasco y Euskadiko Ezkerra, entre otros. Durante la Transición, ya lejos de la censura dictatorial que había imperado en España durante cuatro décadas, empezaron a establecerse importantes periódicos y radios nacionales, regionales y locales por todo el territorio, entre ellos *El Mundo*, *El País*, *La Vanguardia*, *ABC*, *COPE* y *Cadena SER*. La proliferación de los medios de comunicación era un signo claro de los avances democráticos que estaba experimentando el país: los españoles tenían hambre de noticias y libertad de expresión. Con la abolición de la censura también llegó el fenómeno conocido como "el destape", la legalización de los desnudos y el contenido erótico en películas, fotografías, exposiciones, pinturas, programas de televisión, literatura y en todas las artes en general. La represión sexual existente bajo el régimen franquista produjo una explosión de elementos sexuales y sensuales abiertamente expuestos en los medios de comunicación, no permitidos hasta entonces. Sin embargo, la transición a la democracia española tuvo muchos momentos duros y también trágicos. Los grupos terroristas nacionalistas de extrema izquierda ETA y GRAPO comenzaron una etapa muy violenta, responsable de entre 500 y 700 asesinatos y secuestros, la mayoría de ellos de militares, policías y políticos.

En 1981 Adolfo Suárez dimitió de su cargo como presidente del Gobierno y, cuando se estaba celebrando una votación en el Congreso de los Diputados para nombrar a su sucesor, se produjo un intento fallido de golpe de Estado liderado por el teniente coronel Antonio Tejero. El rey Juan Carlos I se opuso firmemente al golpe y este fracasó. Muchos historiadores, políticos y periodistas afirman que fue el rey quién logró que España consiguiera el camino a la democracia, que una vez consolidada, permitió a España entrar en una fase de alternancia de poder entre los dos partidos políticos principales existentes que se mantienen hasta la actualidad, el Partido Popular (también conocido PP), de derechas, y el Partido Socialista Obrero Español (conocido por las siglas PSOE), de izquierdas. Desde el final de la Transición ha habido cuatro gobiernos en España que se han ido alternando: PSOE (con el presidente Felipe González, de 1982 a 1996), PP (con el presidente José María Aznar, de 1996 a 2004), PSOE (con el presidente José Luis R. Zapatero, de 2004 a 2011), y otra vez PP (con el presidente Mariano Rajoy, de 2011 a 2015).

Durante los años democráticos de la nueva España, hemos asistido a una apertura de las fronteras que han delineado una sociedad también nueva. Ahora conviven diferentes razas, grupos étnicos y religiones procedentes de la inmigración, en su mayoría procedentes del norte de África, Europa del Este y Sudamérica. Durante los años de la Transición y la nueva democracia, el papel de la mujer en la familia y en sociedad española fue uno de los que más evolucionó. La mujer pasó de ser hija, esposa y madre primordialmente a tener su propia voz y voto, sus cuentas bancarias, así como el poder de tomar sus propias decisiones, como en la planificación familiar, la educación y el trabajo. El divorcio y el aborto se legalizaron por primera vez en la historia de España en 1981 y 1985 respectivamente, lo cual supuso un inmenso paso hacia adelante para la mujer española, que hoy día trabaja fuera de casa tanto como el hombre. Un ejemplo de la integración de la mujer en el mercado laboral es la división igualitaria entre hombres y mujeres en el Congreso y en el Senado españoles.

Durante las cuatro décadas de sistema democrático, España ha pasado por importantes y cruciales etapas políticas, sociales, económicas y culturales, que han contribuido a afianzar su lugar de liderazgo en el mapa internacional. España pasó a ser miembro de la Organización del Tratado del Atlántico Norte (OTAN) en 1982, de la Comunidad Económica Europea en 1986, de la Unión Europea en 1996 y de la Zona Euro (los países europeos que utilizan el euro como moneda común) en 2002. En 2005 España pasó a ser el tercer país del mundo (detrás de Bélgica y los Países Bajos) en legalizar el matrimonio entre personas del mismo sexo. El plano deportivo y cultural también se reforzó en España con la organización de eventos internacionales como el Mundial de Fútbol en 1982, los Juegos Olímpicos de 1992 y la Exposición Internacional de 1992.

Sin embargo, el momento que sin duda más ha marcado el corazón de los españoles en las últimas décadas se produjo el 11 de marzo de 2004, cuando España sufrió el mayor ataque terrorista de su historia, esta vez a manos del grupo Al-Qaeda. Varias potentes bombas explotaron en diferentes trenes y en la estación de Atocha en Madrid, dejando 191 muertos, miles de heridos y una sociedad tremendamente conmocionada.

La economía española ha recorrido un largo camino desde los años setenta del siglo xx. Tras un periodo muy difícil debido a la gran inflación y la alta tasa de desempleo en los años setenta y ochenta, la economía española disfrutó de un rápido y continuado crecimiento durante la década de los noventa y principios del siglo xxi, colocándose como la séptima economía mundial. El nuevo dinero empezó a circular, creando una escalada de construcción inmobiliaria sin precedentes. Sin embargo, al estallar la crisis económica mundial de 2008, la "burbuja inmobiliaria" española también estalló, dando lugar a consecuencias devastadoras en la economía y en la sociedad del país. Hoy día España tiene casi un 30% de desempleo y un 50% de desempleo en jóvenes menores de 30 años. La falta de empleo y la pérdida de confianza en el Gobierno han dado lugar a fuertes movimientos revolucionarios de protesta pacífica por todo el país y en las redes sociales tales como el "Movimiento 15-M" o "Indignados", quienes reivindican cambios profundos en el modelo democrático vigente.

Tras casi cuarenta años como jefe de Estado y habiendo realizado una labor intensa al servicio de la democracia del país, el rey Juan Carlos I de Borbón abdicó del trono pasándoselo a su hijo, el príncipe Felipe. Este se convirtió en el rey Felipe VI de Borbón el 19 de junio de 2014. Felipe VI tiene ante sí una sociedad española moderna, luchadora y diversa, una España con focos nacionalistas que luchan por la separación del país, una economía débil que empieza a tener signos de querer recuperarse y una generación de jóvenes sin trabajo. Se abre una nueva etapa en la historia española.

 A. COMPRENSIÓN DE LA LECTURA I

Escoge las respuestas correctas de acuerdo con la lectura que acabas de leer.

1 La Transición española es…
  a el periodo histórico que transcurrió entre la dictadura de Franco y el nuevo sistema democrático.
  b los últimos años de la dictadura de Franco.
  c el proceso histórico del cambio de moneda de la peseta al euro.
  d el paso del rey Juan Carlos I a su hijo Felipe VI.

2 El rey Juan Carlos I de Borbón…
  a fue presidente del Gobierno desde 1982 a 1996.
  b fue elegido por Franco para restablecer la monarquía tras su muerte.
  c fue el jefe de Estado español durante dos décadas.
  d todos los anteriores.

3 Adolfo Suárez…
  a fue el primer presidente elegido por voto popular de la nueva España democrática.
  b dimitió de su cargo tras cinco años.
  c tuvo un papel primordial en la reconstrucción de la democracia española.
  d todos los anteriores.

4 La nueva España democrática…
  a es una sociedad diversa.
  b es una sociedad reivindicativa y luchadora.
  c ha disfrutado de una economía fuerte en el pasado.
  d todos los anteriores.

5 Al terminar la dictadura de Franco…
  a España se recuperó rápidamente de las heridas económicas y sociales.
  b los diferentes partidos políticos tuvieron que trabajar unidos para conseguir un establecer un nuevo sistema democrático.

    c   el presidente Arias Navarro se encargó de liderar el proceso de la Transición hasta 1981.

    d   todos los españoles tenían sentimientos similares en cuanto al pasado, presente y futuro del país.

 # B COMPRENSIÓN DE LA LECTURA II

Responde a las preguntas sobre la lectura anterior con tus propias palabras y de forma detallada.

1   ¿Qué fue y cuándo se produjo la Transición española?
2   ¿Qué sabes de Adolfo Suárez?
3   ¿Cómo ha cambiado el papel de la mujer española en los últimos cuarenta años? Piénsalo y explícalo.
4   ¿Cómo ha evolucionado la economía española desde el año 1975?
5   ¿Con qué retos crees que se enfrenta el rey Felipe VI de cara al futuro de su país?

 # ACTIVIDAD 1

Música. "Desde mi libertad" (Ana Belén, 1979)

Ana Belén, cuyo nombre real es María del Pilar Cuesta Acosta (Madrid, 1951), es una cantante, actriz y directora española de éxito internacional. Está casada con el también cantautor Víctor Manuel, con quien comparte escenario frecuentemente. Tienen un hijo y una hija. Ana Belén posee una larga carrera artística, con más de 40 películas, más de 20 obras de teatro, series de televisión y 35 discos. Ha colaborado con numerosos artistas nacionales y extranjeros, como Joaquín Sabina, Miguel Bosé, Joan Manuel Serrat, Chavela Vargas, Fito Páez y Juan Luis Guerra, entre muchos otros. Ana Belén ha recibido numerosos premios de reconocimiento a su carrera artística, entre los que destacan dos nominaciones al Grammy Latino en 2001 y 2007, la Medalla de Oro de la Academia de las Artes y las Ciencias Cinematográficas de España (1995), la Medalla de Oro al Mérito en las Bellas Artes (2007) o premio a la Mejor Actriz en el Festival de Cine de Montecarlo (2004), entre otros. También recibió el Ondas a la Mejor Dirección Novel por su película *Cómo ser una mujer y no morir en el intento* (1991). Desde pequeña, María del Pilar tuvo una fuerte inclinación musical y dramática. Estudió solfeo y piano, y participó en numerosos concursos musicales infantiles, ganando algunos de ellos. Las emisoras de radio en los años sesenta la catalogaban como niña prodigio por su potente voz. Su primera película fue a los trece años, *Zampo y yo* (1965), y a partir de ese momento adoptó el de Ana Belén como nombre artístico. Entre sus películas más destacadas están *Cosas que hacen que la vida valga la pena* (2004), *Antigua vida mía* (2001), *La pasión turca* (1994) o *Al diablo, con amor* (1973). Su música es igualmente prolífica, con una treintena de discos. Gran parte de su música, aunque no toda, tiene contenido político y sentido de protesta social. Algunas de sus canciones más conocidas internacionalmente son "La muralla" (un poema de Nicolás Guillén), "España, camisa blanca de mi esperanza" (un poema de Blas de Otero), "Sólo le pido a Dios" (un poema de León Gieco) o "Desde mi libertad".

COMPRENSIÓN DEL TEXTO

Indica si las siguientes oraciones son ciertas (C) o falsas (F). Justifica tu elección con tus propias palabras.

1 ____Ana Belén empezó su carrera artística desde niña.
2 ____Ana Belén recibió una nominación a los Grammy Latinos por *Zampo y yo*.
3 ____A través de su larga carrera musical, Ana Belén ha colaborado con numerosos artistas nacionales y extranjeros.
4 ____Ana Belén es también actriz.
5 ____La canción "La muralla" es una canción del cantautor Nicolás Guillén.

I. INVESTIGACIÓN PRELIMINAR

Investiga, reflexiona y responde a las siguientes preguntas. Toma notas detalladas, ya que estas te servirán más tarde para desarrollar un ensayo al final del capítulo. Puedes encontrar información en la biblioteca, en Internet, en la bibliografía al final del libro y en Sitio Web del Estudiante.

Contexto histórico y sociopolítico

1 ¿Qué recuerdas sobre los años de la dictadura de Francisco Franco? ¿Cuál fue la evolución durante esas cuatro décadas? ¿Cómo era la sociedad española entonces? ¿Cómo era la relación de España con otros países durante esos años? ¿Había libertad de expresión? Explica bien todo lo que recuerdes y vuelve a leer tus notas del capítulo anterior si es necesario.
2 ¿Cómo se sintieron los españoles al morir Franco? ¿Eran los sentimientos de todos ellos similares o diferentes? ¿Por qué? Explícalo con tus propias palabras.
3 ¿Qué sabes sobre la Transición española? ¿Cuándo empezó y cuándo terminó? ¿Quiénes fueron los personajes principales de la Transición? ¿Fue un periodo fácil o difícil? ¿Por qué?
4 ¿Por qué muchos españoles volvieron del exilio durante la Transición? Investiga sobre algunos de los exiliados famosos que retornaron y toma notas.

5 Investiga sobre la figura del rey Juan Carlos I de Borbón y su familia. ¿Qué sabes de él y de la reina Sofía? ¿Y de sus hijos? Toma notas y explícalo con tus propias palabras. ¿Cuál fue el papel del rey en el establecimiento de un Estado democrático parlamentario? ¿Quién fue don Juan de Borbón? ¿Por qué don Juan de Borbón nunca llegó a ser rey? Investiga.

Los cantautores y la música comprometida

1 ¿Cómo y cuándo surgió en España el movimiento de los cantautores? ¿Cuáles son los propósitos de sus canciones? ¿En qué parte de España surgieron los primeros cantautores? ¿En qué época entraron los cantautores españoles en crisis y por qué? ¿Cuándo resurgieron con fuerza y por qué? Investiga.
2 Nombra al menos cinco cantautores españoles contemporáneos.
3 Nombra al menos cinco cantautores de otros países (pueden ser de tu país).
4 ¿Qué tiene en común la música de los cantautores españoles y extranjeros?
5 Investiga más sobre Ana Belén y Víctor Manuel. Toma notas y prepárate para compartirlas en clase.

👥 II. ANÁLISIS

A. Palabras clave

Lee el siguiente vocabulario que pertenece a la canción "Desde mi libertad".

- ❑ libertad
- ❑ tren
- ❑ ayer
- ❑ sombra
- ❑ identidad
- ❑ corazón
- ❑ fuerte
- ❑ volar

B. Imagina

En relación con el tema de la Transición española y con la lista de palabras clave que acabas de estudiar, escribe aquí tus ideas preliminares sobre el tema o temas de la canción "Desde mi libertad". ¿Sobre qué trata? ¿Es una canción a favor o en contra de algo? ¿Es una canción de tono triste o alegre? Explica tus ideas preliminares en al menos dos párrafos.

_____

_____

_____
_____
_____
_____
_____
_____
_____
_____
_____
_____
_____
_____

C. Antes de escuchar

Elaboren una lluvia de ideas sobre la información anotada en la actividad anterior.

D. Escuchar

Escuchen la canción "Desde mi libertad" (Ana Belén, 1979)

E. Después de escuchar

Respondan a las preguntas sobre la canción y tomen notas.

1 Analicen la letra de cada estrofa. ¿Qué significado tiene cada una?
2 ¿Qué quiere decir la metáfora "viejo tren"?
3 Estrofa 2. Analicen bien el significado. ¿Qué mensaje creen que quiere transmitir en ella la autora?
4 Estrofa 4. ¿Qué significa "no llevaré ninguna imagen de aquí, me iré desnuda igual que nací"?
5 Estrofa 5. ¿Qué significa "nunca me enseñaron a volar"? ¿A quién se refiere?

F. Conclusiones

Escriban las ideas principales a las que ha llegado cada grupo. Estas ideas pueden ser útiles más tarde para redactar el ensayo al final del capítulo.

_____
_____
_____
_____
_____

_____

_____

_____

_____

_____

 ACTIVIDAD 2

Texto literario. Fragmento de *Crónicas del desamor* (Rosa Montero, 1979)

Rosa Montero (Madrid, 1951) es una periodista y escritora española de gran trayectoria profesional. De niña tuvo tuberculosis, y por ello debió permanecer en casa durante cuatro años sin poder ir al colegio y sin jugar con sus amigos. Entonces fue cuando empezó su gusto por la lectura y la escritura. De joven colaboró con grupos de teatro independiente y publicó en algunos medios informativos como *Fotogramas* y *Pueblo*. Desde 1976 trabaja para el periódico *El País*, uno de los diarios principales de España. Fue redactora jefa del suplemento dominical durante 1980-1981. Su primera novela, *Crónica del desamor* (1979) tuvo gran acogida, generando múltiples ediciones y traducciones. Después publicó numerosas novelas, relatos cortos y libros para niños. Entre los títulos más destacados están *La función Delta* (1981), *Te trataré como a una reina* (1983), *La hija del caníbal* (1997), *Instrucciones para salvar el mundo* (2008), y *La ridícula idea de no volver a verte* (2013). *La hija del caníbal* fue llevada al cine por el director mexicano Antonio Serrano. Montero ha recibido varios premios nacionales y extranjeros periodísticos y también literarios, como el Premio Nacional de Periodismo (1980), el Premio Primavera (1997) o el Premio de la Asociación de la Prensa (2005).

 COMPRENSIÓN DEL TEXTO

Indica si las siguientes oraciones son ciertas (C) o falsas (F). Justifica la elección con tus propias palabras.

1 _____Rosa Montero escribe primordialmente novelas.
2 _____Alguna de las novelas de Montero se ha convertido en película.
3 _____Montero desarrolló el gusto por la lectura cuando llegó a la universidad.
4 _____Su primer trabajo importante como periodista fue en *El País*.
5 _____*Crónica del desamor* tuvo mucho éxito cuando se publicó.

I. INVESTIGACIÓN PRELIMINAR

Vuelve a leer tus notas anteriores e investiga más sobre la autora, la novela y el trasfondo histórico. Puedes encontrar información en la biblioteca, en Internet, en la bibliografía al final del libro y en Sitio Web del Estudiante.

Detalles sobre la autora

1   ¿Qué más sabes sobre la escritora Rosa Montero?
2   ¿Sobre qué temas escribe?
3   ¿Por qué se la considera una de las grandes escritoras de la nueva España posfranquista?
4   ¿Cómo ha evolucionado su obra?

Detalles sobre *Crónicas del desamor*

1   Investiga a fondo sobre la novela *Crónicas del desamor*. ¿Qué tipo de novela es? ¿Por qué tuvo tanto éxito cuando se publicó?
2   ¿Qué temas aparecen en la novela? Identifícalos y explícalos.
3   ¿Cuántas ediciones ha tenido esta novela?
4   ¿A qué idiomas se ha traducido?

Detalles sobre el trasfondo histórico y político de los años setenta y ochenta en España

1   ¿Qué fue la censura durante la época de la dictadura de Franco? ¿Siguió la censura con la nueva democracia española?
2   ¿Qué periódicos y otros medios de comunicación aparecieron durante la Transición española? Nombra algunos de ellos.
3   ¿Qué papel tenía la mujer durante la época franquista? ¿Cómo empezó a cambiar el papel de la mujer española durante la Transición y la democracia? Investiga y da ejemplos concretos.

II. ANÁLISIS

A. Palabras clave

Lee el siguiente vocabulario sacado de las primeras cinco páginas de *Crónicas del desamor* y piensa sobre qué puede tratar este capítulo. Para ello, usa la información que has obtenido en la primera parte de esta actividad.

❑ Anita
❑ periódico
❑ pies de fotos

- ❏ la redacción
- ❏ día de cierre
- ❏ madre soltera
- ❏ "chatilla"
- ❏ casa fría y sola
- ❏ niño
- ❏ "alguien" vive de ti

B. Imagina

En relación con los temas que estás estudiando y en la lista de palabras clave anterior, escribe aquí tus ideas preliminares sobre el tema o los temas del extracto que vas a leer. ¿Sobre qué crees que trata? ¿Cuáles son algunos de los temas que se te vienen a la mente? Explica tus ideas en al menos un párrafo completo.

_____
_____
_____
_____
_____
_____
_____

 ## C. Antes de leer

Hagan una lluvia de ideas sobre la investigación previa y las impresiones preliminares sobre el texto literario.

 ## D. Lectura

Lean la primera parte del capítulo 1 de *Crónicas del desamor* (Rosa Montero, 1979). Tomen notas mientras lo leen para poder contestar las preguntas de la actividad siguiente.

 ## E. Después de leer

En grupos, respondan a las siguientes preguntas de forma detallada.

1   ¿Qué temas encuentran en estos párrafos? Explíquenlos.
2   ¿Quién es Ana? ¿Qué saben de ella? ¿Dónde trabaja? ¿Con quién vive? ¿Quién es Curro? ¿Qué tipo de mujer es Ana? ¿Es una mujer fuerte o débil? ¿Es una mujer complaciente o no? ¿Por qué? Explíquenlo.

3   ¿Por qué creen que su jefe la llama "chatilla" y "Anita"? ¿Cuál es su propósito al usar estos apelativos? ¿Creen que a Ana le gusta o le importa que su jefe la llame así? Explíquenlo.

4   Ana escribe un pie de foto en una fotografía de Manuel Fraga. ¿Quién es Manuel Fraga? Investiguen.

5   ¿Cómo describe Ana su casa? ¿Por qué creen que la describe así? Piensen.

6   ¿Qué sabemos del padre de Curro? ¿Creen que es fácil para Ana ser madre soltera en Madrid durante la Transición? ¿Por qué? Explíquenlo.

7   ¿Creen que Ana tiene una vida fácil o difícil según el contexto de su época y el lugar donde vive? ¿Por qué? ¿Creen que en la actualidad sería diferente? ¿Por qué? Reflexionen.

 F. Conclusiones

En grupos escriban las ideas principales a las que han llegado. Estas ideas serán útiles más tarde para redactar el ensayo al final del capítulo. Escriban al menos dos párrafos.

_____
_____
_____
_____
_____
_____
_____
_____
_____
_____
_____
_____

ACTIVIDAD 3

Película. *Todo sobre mi madre* (Pedro Almodóvar, 1999)

Pedro Almodóvar (Calzada de Calatrava, Ciudad Real, 1949) es uno de los directores de cine, guionistas y productores españoles más reconocidos a nivel nacional e internacional. En sus comienzos, apareció en algunas películas como actor secundario. Desde los años ochenta ha cosechado numerosos éxitos y premios por sus películas, entre ellos cuatro candidaturas y dos premios Óscar, dos premios en el Festival Internacional de Cine de Cannes, numerosas candidaturas y premios Goya, varios Globos de Oro, la condición de Caballero de la Orden de la Legión de Honor francesa, la Medalla de Oro al Mérito en las Bellas Artes y el título de Doctor Honoris Causa por la Universidad de Harvard. Desde finales de los años setenta ha dirigido 25 películas y producido otras muchas. Algunas de sus películas son *Pepi, Luci, Bom y otras chicas del montón* (1980), *¿Qué he hecho yo para merecer esto?* (1984), *La ley del deseo* (1987), *Mujeres al borde de un ataque de nervios* (1988), *Kika* (1993), *Todo sobre mi madre* (1999), *Hable con ella* (2002), *La mala educación* (2004), *Volver* (2006), *Los abrazos rotos* (2009), *La piel que habito* (2011) y *Los amantes pasajeros* (2013). El trabajo de Pedro Almodóvar ha pasado por diferentes etapas: 1. Etapa punk y cómica, 2. Etapa con influencia de Federico Fellini, 3. Etapa con influencia taurina, 4. Etapa autobiográfica, 5. Etapa melodramática, y 6. Etapa post pop. Su niñez estuvo marcada por las mujeres de su familia, por lo que la figura de la mujer es siempre un símbolo muy importante en sus películas. Almodóvar, junto con su hermano, es dueño de la productora cinematográfica El Deseo. Algunas de las actrices con las que suele trabajar son Penélope Cruz, Carmen Maura, Cecilia Roth, Marisa Paredes y Chus Lampreave. El cine de Almodóvar genera con frecuencia controversia. No es cine para gusto de todos: la mayoría del público adora sus películas o las detesta. Por su gran originalidad y el extremo atrevimiento de sus temas, podemos decir que hay muy pocos a los que deja indiferentes.

COMPRENSIÓN DEL TEXTO

Indica si las siguientes afirmaciones son ciertas (C) o falsas (F). Justifica tu elección con tus propias palabras.

1 _____Pedro Almodóvar es conocido internacionalmente tanto por sus películas como por su música.
2 _____Sus películas han recibido muchos premios, entre ellos, cuatro premios Óscar.
3 _____El Deseo es la compañía productora de Almodóvar.
4 _____Las películas de Almodóvar tratan temas extremos y controvertidos.
5 _____La mujer tiene un papel relevante en la vida de Almodóvar y en sus películas.

I. INVESTIGACIÓN PRELIMINAR

Investiga, reflexiona, toma notas y responde a las siguientes preguntas. Puedes encontrar información en la biblioteca, en Internet, en la bibliografía al final del libro y en Sitio Web del Estudiante.

Contexto histórico y social de la década de los ochenta en España

1   ¿Qué fue "La Movida" en España? ¿Dónde y cuándo comenzó? ¿Por dónde se extendió? ¿Qué tipo de música se producía durante la época de "La Movida"? ¿Cómo puedes relacionarlo a la situación político-social de la época? ¿Cuáles eran algunos de los grupos musicales de "La Movida"? ¿Por qué crees que este fenómeno surgió en la España de los ochenta?

2   ¿Qué partido estaba al frente del Gobierno en España durante la década de los ochenta? ¿Qué ideología tenía?

3   ¿Cómo era la economía española durante los ochenta? ¿Cómo afectaba este tipo de economía a la sociedad? ¿Cómo era la juventud en esta época?

4   ¿Cuáles eran los sentimientos y convicciones religiosas de los españoles durante los ochenta?

5   En general, la nueva sociedad española posfranquista ¿es pacifista o militarista? ¿Suele apoyar las guerras o preferir alternativas pacifistas?

Los años noventa y el nuevo siglo XXI

1   ¿Cómo evolucionó la música durante los años noventa y el nuevo siglo en España? ¿Cómo se puede describir este tipo de música? ¿Es parecida a la de los años ochenta o diferente? ¿Por qué? Nombra a algunos de los músicos y grupos musicales de esta época.

2   ¿Cómo era la economía en España durante los años noventa y principios del siglo XXI? ¿Cómo se refleja este tipo de economía en la sociedad?

3   ¿Cuáles son algunos signos importantes de que España estaba evolucionando hacia una sociedad más progresista, tolerante y diversa que en el pasado? Da ejemplos concretos.

4   ¿Cómo era la juventud de esta época? ¿Cómo se puede ver que ha cambiado con respecto a la de los años ochenta?

II. ANÁLISIS

A. Palabras clave

Lee el siguiente vocabulario relacionado con la película que vas a ver.

- ❑ Madrid y Barcelona
- ❑ trasplante de órganos
- ❑ transexual, travesti o travestido
- ❑ monja
- ❑ madre e hijo
- ❑ VIH / SIDA
- ❑ prostituta, prostitución

- ❑ inmigración, inmigrante
- ❑ búsqueda, viaje, retorno

B. Imagina

En relación con los temas de esta parte del capítulo, la España de los ochenta, noventa y el nuevo siglo, y tus impresiones acerca de lo que puede ser el contenido de la película que vas a ver, responde a estas preguntas. ¿Qué ideas te vienen a la mente sobre posibles situaciones de la película? ¿Adivinas de qué puede tratar? ¿Quiénes son los personajes? ¿Qué hacen? ¿Dónde crees que están? Explica tus ideas preliminares.

_____
_____
_____
_____
_____
_____
_____
_____
_____
_____
_____
_____

C. Antes de ver

Hagan una lluvia de ideas sobre la investigación previa y sus impresiones preliminares sobre la película.

D. Ver

Vean (en casa o en clase) _Todo sobre mi madre_ (Pedro Almodóvar, 2000). Mientras ven la película, tomen notas para poder responder a las preguntas de la sección siguiente.

E. Después de ver

Analicen la película y respondan a las siguientes preguntas en grupos.

1 ¿Cuáles son los temas principales de la película? Identifiquen y expliquen al menos cinco.

2 ¿Cuáles son los personajes principales de la película?

3 ¿Cómo se desarrolla la figura de la mujer en esta película?

4 ¿Qué paralelismos encuentran entre Madrid y Barcelona? ¿Qué imagen proporciona la película de estas dos ciudades?

5 ¿Cómo evoluciona el personaje de Manuela? Explíquenlo.

6 ¿Cómo se ve reflejada la sociedad española en esta película? ¿Creen que es real o se acerca a la realidad? ¿Por qué sí o por qué no? Reflexionen y explíquenlo.

7 ¿Cómo es la música a lo largo de la película? ¿Qué sentimientos o ideas creen que inspira?

8 ¿Qué mensajes creen que quiere transmitir el director con esta película? Explíquenlo detalladamente.

 F. Análisis de una escena

Final. Vuelvan a ver detenidamente la escena final de la película, cuando Manuela regresa a Barcelona (1:30-1:32). Reflexionen y respondan a las siguientes preguntas.

1 ¿Qué ocurre al final de la película? ¿Qué significado tiene este final? ¿Por qué creen que la película tiene este final?

2 ¿Cuáles son los personajes que más han evolucionado?

3 ¿Qué mensajes ofrece la película con este final?

4 ¿Habrían elegido un mensaje diferente? ¿Cuál? ¿Por qué?

 G. Conclusiones

Escriban las ideas principales a las que ha llegado cada grupo. Estas notas serán útiles más tarde para redactar el ensayo final.

_____
_____
_____
_____
_____
_____
_____
_____
_____
_____
_____
_____

 **ACTIVIDAD 4**

Música "Llegaremos a tiempo" (Rosana, 2011)

Rosana Arbelo (1963) es una cantautora española nacida en las Islas Canarias. Su nombre artístico es Rosana. Antes de hacerse famosa con su primer disco, *Lunas rotas* (1996), compuso muchas canciones para otros artistas, hasta que empezó a componer para ella misma. "El talismán", su primer *single*, fue la entrada más fuerte de superventas de un artista nuevo en la historia de España, con más de un millón de copias vendidas en el país en el primer año y otro millón en más de 30 países. El director cinematográfico Quentin Tarantino utilizó "Lunas rotas" y "El talismán" para su película *Curdled*. Rosana se convirtió en la artista española con más ventas en la década de los noventa en España. Desde entonces ha publicado siete álbumes de estudio más: *Luna nueva* (1998), *Rosana* (2001), *Magia* (2005), *A las buenas y a las malas* (2009), *¡Buenos días, mundo!* (2011), y *8 lunas* (2013). Los temas son variados: sociales, románticos y divertidos. Sus álbumes evolucionan en estilos y ritmos, pero en todos ellos mantiene una actitud positiva hacia la vida, aunque con crítica social. Rosana ha colaborado con muchos artistas nacionales e internacionales como Sting, Rubén Blades, María Dolores Pradera, Raimundo Amador o The Harlem Gospel Choir. Ha recibido más de 30 premios nacionales e internacionales en reconocimiento a su trabajo. Entre ellos destacan un Grammy Latino, varios Ondas, varios Premios de la Música, la Medalla de Oro al Mérito en las Bellas Artes y la Llaves de la Ciudad de Miami. Rosana también ha escrito un libro de poemas, *Material sensible: Canciones y poemas* (2003), que ha vendido más de 25.000 ejemplares hasta la fecha.

 COMPRENSIÓN DEL TEXTO

Indica si las siguientes oraciones son ciertas (C) o falsas (F). Justifica tu elección con tus propias palabras.

1 ____Rosana comenzó su vida musical de niña y alcanzó éxito a edad temprana.
2 ____Su primer disco *Lunas rotas* no tuvo mucho éxito, pero el resto si lo tuvieron.
3 ____Rosana realiza colaboraciones musicales frecuentemente.
4 ____Además de hacer música, Rosana escribe poesía y hace películas.
5 ____Los ritmos de la música de Rosana se han mantenido estables a través de los años.

I. INVESTIGACIÓN PRELIMINAR

Investiga, reflexiona y contesta las siguientes preguntas. Toma notas detalladas, ya que estas te servirán para desarrollar tu ensayo al final del capítulo. Puedes encontrar información en la biblioteca, en Internet, en la bibliografía al final del libro y en Sitio Web del Estudiante.

Contexto histórico y sociopolítico de los años 1990 y 2000 en España

1   **La Unión Europea y el Euro**. ¿Cuándo entró España en la Unión Europea? ¿Cuántos países participan en este tratado? ¿Cuáles son los objetivos principales de la Unión Europea? ¿Cómo funciona el gobierno de la Unión Europea? ¿Cuántas veces y cuándo ha tenido España la presidencia de la Unión Europea? ¿Cuándo entró en vigor el euro? ¿Fue un proceso fácil o difícil? ¿Por qué? ¿Es la Unión Europea un sistema político y económico fuerte y estable hoy día? ¿Por qué?

2   **El gobierno central y los gobiernos autonómicos**. ¿Qué partidos políticos han estado al frente del gobierno central en España desde 1990? ¿Cuál es la ideología de cada uno? ¿Cómo ha sido la postura y el apoyo militar de estos gobiernos en el plano internacional? ¿Qué son los gobiernos autonómicos o comunidades autónomas? ¿Cuántos hay? ¿Cómo funcionan? ¿Hay autonomías separatistas en España? ¿Cuáles son y qué reivindican? ¿Por qué?

3   **La economía**. ¿Cómo era la economía española en la década de los noventa? ¿Cómo evolucionó? ¿Cuáles son las industrias más fuertes en España? ¿Cómo afectó la crisis mundial de 2008 a la economía española? ¿Por qué? ¿Cómo ha influido la Unión Europea en la economía española? ¿Cómo es la economía española hoy día? ¿Cuál es la tasa de desempleo actual?

4   **La sociedad y los movimientos sociales**. ¿Qué es el "Movimiento 15-M" o "Indignados"? ¿Quiénes lo integran? ¿Cuándo se formó? ¿Qué reivindican? ¿Piensas que tienen razón en lo que piden y en cómo lo piden? Razona tus ideas.

5   **La monarquía**. ¿Cuál ha sido el papel del rey Juan Carlos I de Borbón en sus casi 40 años como jefe de Estado? Investiga a fondo y toma notas detalladas. ¿Cómo ha cambiado la imagen que muchos españoles tienen del rey y de la monarquía en las últimas décadas? ¿Por qué? ¿Qué sabes del rey Felipe VI de Borbón? ¿En qué se diferencia de su padre? ¿Crees que tiene un trabajo importante? ¿Por qué?

La cultura y la sociedad en las últimas décadas

1   **Los deportes**. ¿Qué deportes son los más populares en España? ¿En cuáles destaca más internacionalmente? ¿Puedes nombrar algunos de los

equipos y deportistas más conocidos? ¿Cuál crees que es la relación entre los deportes y la situación social de los españoles durante los últimos años?

2 **Las artes.** ¿Qué sabes del cine español? ¿Cuáles son algunos de los directores de cine y actores/actrices más conocidos internacionalmente? ¿Cómo ha evolucionado la música en España en las últimas décadas? ¿Cómo son los ritmos? ¿Cuáles son algunos de los músicos y grupos musicales más populares?

II. ANÁLISIS

A. Palabras clave

Lee el siguiente vocabulario que pertenece a la canción "Llegaremos a tiempo".

- ❏ te quitan
- ❏ tragar la pena
- ❏ no estar muerto
- ❏ esperanza
- ❏ el intento
- ❏ libertad
- ❏ alas
- ❏ mañana
- ❏ esperar
- ❏ rendirse

B. Imagina

En relación con el tema los temas de las décadas de 1990 y 2000 en España y en la lista de expresiones y vocabulario que acabas de estudiar, escribe aquí tus ideas preliminares sobre el tema o temas de la canción "Llegaremos a tiempo". ¿Sobre qué crees que trata? ¿Es una canción a favor o en contra de algo? ¿Es una canción de tono triste o alegre? Explica tus ideas en al menos dos párrafos.

_____
_____
_____
_____
_____
_____
_____
_____
_____
_____

C. Antes de escuchar

Hagan una lluvia de ideas sobre la información anotada en la actividad anterior.

 D. Escuchar

Escuchen la canción "Llegaremos a tiempo" (Rosana, 2011)

 E. Después de escuchar

Respondan a las preguntas sobre la canción.

1   Analicen la letra de cada estrofa. ¿Qué significado general tiene cada párrafo?
2   Busquen todas las metáforas que encuentren y expliquen su significado.
3   ¿Qué significa "la vida son dos trazos y un borrón"? ¿Qué quiere decir la autora con esta expresión?
4   ¿Qué quiere decir la autora con "llegaremos a tiempo"? ¿Cuál es el propósito de esta expresión? ¿Es una expresión con tono positivo o negativo? ¿Por qué?
5   Vuelvan a escuchar y leer la canción una vez más. ¿Cuál es el propósito de la autora con esta canción? ¿A quién creen que va dirigida? ¿Tiene un mensaje positivo o negativo? ¿Creen que son mensajes que afectan solo a la sociedad española o pueden traspasar fronteras?

F. Conclusiones

Escriban las ideas principales a las que ha llegado cada grupo. Estas ideas pueden ser útiles más tarde para redactar el ensayo al final del capítulo.

_____

_____

_____

_____

_____

_____

_____

_____

_____

_____

 **ACTIVIDAD 5**

Ensayo

Usando todas la información recogida a lo largo del capítulo, tus reflexiones, investigaciones, conversaciones, las producciones originales analizadas y todas tus notas de cada actividad, escribe un ensayo bien desarrollado sobre uno de estos dos temas que elijas: "La Transición española" o "La nueva España contemporánea". Debes dividir tu ensayo en introducción, desarrollo y conclusiones (1.500-2.000 palabras).

PAUTAS

Para desarrollar tu ensayo considera las siguientes preguntas. ¿Cuáles son los temas principales que se han abordado en este capítulo? ¿En qué producciones originales (canción, películas o literatura) de los que hemos analizado aparecen estos temas? ¿Cuál es el hilo conector entre estos temas estudiados? ¿Cuál es el hilo conector entre las producciones originales analizadas? ¿Cuáles son las diferentes causas que contribuyeron a la Transición española? ¿Quiénes fueron los personajes principales de este capítulo de la historia española? ¿Cuáles son los hechos más significativos que ocurrieron durante la Transición española? ¿Cómo contribuyeron el Gobierno y la sociedad española a que la Transición tuviera éxito? ¿Cuál fue el papel del rey Juan Carlos I en el desarrollo del nuevo Estado democrático? ¿Cómo ha cambiado el papel de la mujer española en las últimas décadas? ¿Cómo ha evolucionado la economía española durante las últimas décadas? ¿Por qué etapas históricas y cronológicas importantes ha pasado España en las últimas décadas? ¿Qué movimientos sociales han surgido en las últimas décadas y por qué?

- **10 pautas para redactar un ensayo argumentativo**. Sigue estos pasos para redactar un mejor ensayo. En el "Sitio Web del Estudiante" puedes encontrar más información sobre la redacción de ensayos argumentativos que te puede ser de utilidad.
  1 Elige el **tema** sobre el que quieres investigar más a fondo, el que más te interesa. No debes elegir el más fácil, sino el que más te interese, para que tu texto sea mejor.
  2 **Investiga a fondo sobre el tema que has elegido**. Es importante buscar información en fuentes académicas y fidedignas. Es recomendable dar prioridad a libros, bases de datos y organismos oficiales. Vuelve a leer las preguntas de las secciones de "Investigación preliminar" de cada actividad. Además, lee todas las notas que has reunido a lo largo del capítulo. Lee los párrafos que tu grupo redactó para las conclusiones de cada actividad. Toma notas sobre cómo vas a estructurar tu ensayo y sobre los distintos argumentos que vas a

presentar en tu discurso. Es importante que cada argumento o idea que expongas esté respaldado por fuentes fidedignas.

3   Escribe la **introducción**, con la **tesis** de tu ensayo. La introducción debe ser clara, contundente y cuidada. Tu ensayo se desarrollará a partir de esta tesis.

4   El **cuerpo** del ensayo deberá dividirse según los argumentos que expongamos. Así, si vas a plantear tres argumentos, puedes desarrollar tres párrafos distintos, etcétera, aunque los párrafos no tienen que ser igual de largos; la extensión dependerá del tema de cada argumento. Es importante que cada párrafo esté bien desarrollado y que los párrafos estén bien hilados.

5   Finalmente, debes escribir tu párrafo de **conclusión**. En él, repasa los argumentos de manera muy concisa y añade tu opinión personal, ya que es tu ensayo.

6   Incluye una página con las **fuentes o referencias** que has utilizado, asegurándote de que estas aparecen conforme al estilo requerido por tu profesor.

7   Incluye una **página de presentación** conforme a las especificaciones que te haya dado tu profesor.

8   Una vez fijado el contenido del ensayo, léelo tantas veces como necesites para repasar el **uso gramatical** y realizar los cambios necesarios.

9   Hecho eso, vuélvelo a leer cuantas veces sea necesario para corregir cualquier falta de **ortografía y puntuación**, pues estas nunca deben aparecer en un ensayo académico.

10 Por último, asegúrate de que tu ensayo está redactado conforme al **estilo** requerido por tu profesor, igual que las fuentes. Haz los cambios que sean necesarios.

CAPÍTULO 8

Los latinos en Estados Unidos

I DESCRIPCIÓN

Este capítulo, titulado "Los latinos en Estados Unidos", es parte de la sección dedicada a "Grandes acontecimientos históricos". A través del cine, la música y la literatura vas a aprender sobre la historia, las contribuciones, la identidad y la transformación de la comunidad latina en Estados Unidos.

II OBJETIVOS CULTURALES

Al final de este capítulo podrás:

1 Demostrar tu comprensión de los hechos y desafíos que han marcado la historia e identidad de la comunidad latina dentro de Estados Unidos. Para lograr este resultado, vas a investigar, analizar, reflexionar y comentar sobre:

a El origen de los latinos en Estados Unidos.
b La historia de los mexicano-estadounidenses y su lucha por preservar su identidad y su legado histórico y cultural.
c El origen y la importancia del movimiento chicano, su lucha social, política y cultural.
d Los procesos migratorios latinos, sus causas y características.
e El sistema migratorio de Estados Unidos y su impacto a nivel familiar, social, económico y diplomático.
f Los desafíos políticos, socioeconómicos y culturales que afronta la comunidad latina actualmente.
g Las contribuciones y la creciente influencia de los latinos a Estados Unidos.
h La posición histórica del español en Estados Unidos y su contribución al legado multicultural estadounidense.

2 Demostrar tu comprensión de la conexión entre las perspectivas históricas y filosóficas de la población latina y la siguiente producción cultural en literatura, cine, y música:

a Texto literario: "Nuevo México nuestro" (Sabine R. Ulibarrí, 1995)
b Película: *La misma luna* (Patricia Riggen, 2007)
c Música: "Huelga en general" (Los Lobos, 1976), "Preciosa" (Marc Anthony, 1999)

III OBJETIVOS LINGÜÍSTICOS

Al final de este capítulo podrás:

1 Interpretar y analizar adecuadamente las ideas principales y secundarias de textos orales y escritos producidos en Estados Unidos por la comunidad latina.
2 Narrar con claridad y fluidez los hechos relacionados con la evolución histórica y sociocultural latina en Estados Unidos.
3 Usar apropiadamente el vocabulario general y específico relacionado con producciones culturales creadas por latinos en Estados Unidos.
4 Resumir, describir y comentar de manera clara y estructurada textos históricos, políticos y socioculturales de nivel avanzado.
5 Escribir textos de nivel avanzado sobre hechos socioculturales y políticos relacionados con los acontecimientos analizados.

INTRODUCCIÓN

La comunidad latina dentro y fuera de Estados Unidos tiene una larga historia estrechamente ligada a la historia estadounidense. Los primeros pobladores europeos de este país fueron españoles que llegaron con Ponce de León en 1513, época del Imperio Español. Con energía extraordinaria establecieron miles de ciudades y misiones, incluida San Agustín (1565), la ciudad más antigua del país. Dejaron así mismo su sangre, su lengua, su religión y su cultura expandidas principalmente por el oeste hasta Oregón. México heredó todo este territorio a raíz de su independencia de España, para luego perderlo en 1848 durante el movimiento expansionista estadounidense de esa época.

Nació así la frontera moderna entre México y Estados Unidos, de profundo significado y efecto no sólo político y socioeconómico, sino histórico, emocional y cultural para México e Hispanoamérica. Como muchos mexicanos declaran con frecuencia, ellos nunca cruzaron la frontera: la frontera los cruzó a ellos, partiendo en dos el país, sus comunidades, su ciudadanía y la continuidad cultural construida por siglos en las Américas hasta la Patagonia. Surgirían además dos puntos de vista sobre el significado de esa frontera. Mientras que para el estadounidense es un símbolo de poder y una puerta que se abre y se cierra según sus propias necesidades, para muchos mexicanos es simplemente un paso al norte de su tierra para buscar una vida mejor, para reunirse con sus familiares, para encontrarse con una parte importante de su historia. Con el tiempo, se desarrollaría así mismo la cultura de la frontera, con sus peligros y sus innumerables víctimas, sus barreras cada vez más sofisticadas pero no siempre infranqueables. Existirían de ahora en adelante dos poblaciones mexicanas en contraposición, los mexicano-estadounidenses, orgullosos de su ciudadanía estadounidense y los *aliens*, tanto legales como ilegales, pero todos sujetos con frecuencia al racismo, el desprecio, la segregación y la discriminación con todas sus consecuencias de injusticia, persecución y pobreza.

De hombres libres y líderes de sus territorios, los mexicanos de Estados Unidos pasaron a ser extranjeros en su tierra y ciudadanos de segunda clase. De repente, perdieron sus propiedades, el derecho a usar su lengua, a dirigir sus destinos, a mantener su cultura y su identidad. Los indocumentados, grupo engrosado significativamente por otros hispanoamericanos, han llegado a convertirse en un problema humanitario sin precedentes, agravado en los últimos tiempos por la entrada de miles de niños que llegan sin la compañía de adultos. Su situación ilegal no solo los enfrenta a la separación de sus familias, al abuso y la falta de protección laboral, sino a un creciente número de procesos penales y de encarcelación, de alto costo humano y económico. A esto se agrega una imagen negativa, muchas veces sin fundamento real, que opaca su importante contribución al país.

Debido a la labor del Movimiento Chicano, los años sesenta y setenta significaron un cambio político y social importante, tanto para la nación como para los mexicano-estadounidenses o chicanos y para la cultura latina en general. Fue este un movimiento juvenil nacionalista consciente de sus derechos ciudadanos, nacido del descontento por la situación extrema de invisibilidad a que había llegado su comunidad y fortalecido por el Movimiento de Derechos Civiles que ocurría en el país. Con orgullo, autodeterminación y actitud combativa, se lanzaron a construir una infraestructura política, económica, social y cultural capaz de recuperar su verdadera identidad, desbancar los mecanismos de opresión existentes y reclamar una posición equitativa en la sociedad estadounidense. De allí surgieron líderes influyentes como César Chávez, Dolores Huerta y Rodolfo "Corky" González, e instituciones tales como el partido político de La Raza Unida, La Alianza Federal de Mercedes, Cruzada por la Justicia, La Asociación Nacional de Trabajadores del Campo o la organización de estudiantes mexicano-estadounidenses UMAS. En el plano cultural y educativo nacional, se crearon numerosos departamentos de estudios chicanos en las universidades y se rescató la larga tradición literaria estadounidense escrita en español. Así mismo, se produjo un renacimiento filosófico, artístico y literario que apoyaba las luchas del Movimiento. Este fue el caso del Teatro Campesino fundado por Luis Valdéz en 1965, que junto con su desempeño artístico y cultural sirvió de instrumento de concientización y de acción. Es necesario también destacar la contribución y dedicación de líderes femeninas como Dolores Huerta. Aún hoy, desde la fundación que lleva su nombre, Dolores continúa promoviendo la organización y el liderazgo de la comunidad, y participando activamente en causas tales como el ejercicio del voto y la reforma migratoria estadounidense. (Huerta)

Los cubanos y los puertorriqueños son los otros dos grandes grupos de latinos en Estados Unidos. Como en el caso mexicano, su relación con Estados Unidos comenzó como consecuencia de una guerra expansionista de este país, la Guerra de Cuba en 1898 contra España. Cuba consiguió su independencia en 1902 y Puerto Rico se convirtió en territorio estadounidense. A raíz de la Revolución cubana, las leyes de inmigración para los cubanos han tenido condiciones especiales con beneficios del gobierno federal. Los puertorriqueños, por ser ciudadanos estadounidenses desde 1917, tienen total libertad de establecerse en cualquier parte del país. A estos grupos se han sumado con los años ciudadanos centroamericanos, suramericanos y un gran número de dominicanos, muchos de ellos desposeídos de sus tierras y perseguidos por sus gobiernos o afectados por los cambios recientes del mercado libre. Por otra parte, la crisis económica de 2008 ha sido un factor determinante de la hoy creciente inmigración de ciudadanos españoles.

Hispanoamérica no es sólo la mayor fuente de inmigrantes que tiene Estados Unidos: es también la mayor fuente de petróleo y el socio comercial de más crecimiento. Por otra parte, los latinos constituyen el mayor grupo minoritario y de mayor crecimiento del país. Según las proyecciones estadounidenses para el periodo 2012–2060, la población latina pasará de 53,3 a 128,8 millones. Esto significa que al final del periodo constituirá cerca de la tercera parte de la población total (420,3 millones) del país. En el terreno económico, según el censo del año 2010, entre 2002 y 2007 el número de negocios de latinos subió a 2,3 millones (43,7%), más del doble del porcentaje nacional (18%). Hay además una creciente influencia latina y del español en los medios de comunicación oral y escrita, en el arte, la literatura, el espectáculo, la política, el mundo académico y la investigación del país. Todo esto no sólo fortalece hoy más que nunca los lazos históricos entre la población latina y Estados Unidos, sino que demanda una participación equitativa en los estamentos de poder y en las decisiones del país, particularmente en asuntos que afectan profundamente a su comunidad como la educación, la salud y las leyes migratorias. Consciente de la importancia de este último asunto, el presidente Obama ha autorizado en los últimos años los programas temporales de Acción Diferida para Llegados en la Infancia (DACA, 2012) y de Acción Diferida para Padres de Estadounidenses (DAPA, 2014). Se calcula que estos programas protegerán de la deportación y darán privilegios legales (permiso de trabajo y número de seguridad social, etcétera) a más de 6 millones de personas. Mientras tanto, la comunidad latina sigue en espera de una reforma definitiva que tenga en cuenta su estrecha relación con Estados Unidos y las condiciones económicas y políticas del presente siglo.

COMPRENSIÓN DE LA LECTURA

Responde a las siguientes preguntas de acuerdo con el texto que acabas de leer.

1   ¿De dónde y cuándo vinieron los primeros habitantes europeos de Estados Unidos? ¿Qué dejaron?
2   ¿Qué pasó en 1848? ¿Qué significaron estos hechos para los países involucrados?
3   ¿Qué significa la frontera moderna entre Estados Unidos y México? ¿Qué efecto ha tenido para los mexicano-estadounidenses y para sus compatriotas del lado mexicano?
4   ¿En qué situación se hallan los inmigrantes indocumentados?
5   ¿Qué motivó el Movimiento Chicano? ¿En qué consistió y cuáles fueron sus líderes y su legado?
6   ¿Cuál es la historia de los cubanos y los puertorriqueños en Estados Unidos?
7   ¿Cómo se explica la actual importancia de los latinos para Estados Unidos y cómo esperan ellos que se refleje su importancia en la sociedad y en el gobierno estadounidense?
8   ¿Qué nuevos programas protegen a un buen número de inmigrantes indocumentados?

ACTIVIDAD 1

Texto literario. "Nuevo México nuestro" (Sabine R. Ulibarrí, 1995)

Sabine Reyes Ulibarrí (1919-2003) fue un renombrado escritor, catedrático y estadista estadounidense de raíz cultural española. Su amor a la literatura le fue inculcado desde niño por sus padres, quienes le leían libros en inglés y en español, incluyendo obras clásicas. Su vida se distinguió por la excelencia en todos los ámbitos donde se desempeñó: la Fuerza Aérea de Estados Unidos durante la Segunda Guerra Mundial; la Universidad de California en Los Ángeles (UCLA), donde recibió su doctorado en 1958; y la Universidad de Nuevo México, donde fue jefe de departamento y profesor distinguido de literatura española e hispanoamericana. Fue además un promotor incansable del español, no solo como patrimonio y expresión de identidad de la población latina, sino como una afirmación de la diversidad como fundamento de los principios democráticos. Para él, la democracia verdadera no puede ser vista como una producción en masa de ciudadanos que actúan, piensan y hablan igual, sino como una ciudadanía diversa que busca los mismos objetivos de acuerdo con su propia idiosincrasia.

Ulibarrí nació en Tierra Amarilla, Nuevo México, cuna de sus antepasados desde el siglo XIX. Aunque salió de allí siendo bastante joven, su creación literaria ofrece un vivo testimonio de la vida, la lengua y las costumbres de tradición hispánica que nutrieron su niñez. Sus experiencias tempranas no solo influyeron en los temas de sus escritos, su lenguaje y su estilo poético, sino en un agudo sentido del humor y en una gran habilidad para contar historias de profundo sentido humano. Escribió ensayos, poesía y cuentos. Su repertorio más conocido incluye *Tierra Amarilla: Cuentos de Nuevo México* (Ecuador, 1964) y las ediciones bilingües de *Mi abuela fumaba puros y otros cuentos de Tierra Amarilla* (1977), *Primeros encuentros* (1982), *Gobernador Glu Glu y otros cuentos* (1988), *El Cóndor, and Other Stories* (1989) y *Corre el río* (1992).

Aunque Ulibarrí apoyó el Movimiento Chicano desde sus inicios en los años sesenta, él no se consideraba un escritor chicano y tampoco sus escritos reflejan la agenda política y social que connota el término *chicano*. Sin embargo, el hecho de que su primera publicación en Estados Unidos fuera bilingüe y que estuviera dedicada "A mi Raza", demostró un reclamo consciente de la libertad de expresión de su identidad, su cultura y su lengua en el panorama estadounidense.

 COMPRENSIÓN DEL TEXTO

Escoge la respuesta correcta de acuerdo con el texto previo.

1   Sabine Ulibarrí...
  a   era originario de Estados Unidos.
  b   trabajó desde 1958 en varias universidades.

c   hizo carrera militar en la Fuerza Aérea.

d   fue todo lo anterior.

2   Sabine Ulibarrí…

a   sobresalió en todo lo que emprendió.

b   fue piloto de guerra en los años cuarenta.

c   asociaba la democracia con la diversidad.

d   se caracterizó por todo lo anterior.

3   La obra de Ulibarrí…

a   comprende poesía y prosa.

b   se publicó generalmente en español e inglés.

c   se asocia con la causa chicana por su adhesión cultural y lingüística.

d   es todo lo anterior.

I. INVESTIGACIÓN PRELIMINAR

En esta sección vas a investigar y aprender sobre el origen, la evolución y el perfil de la comunidad latina en Estados Unidos, su población y sus patrones de distribución en el país. Puedes encontrar información en la biblioteca, en Internet, en la bibliografía al final del libro y en Sitio Web del Estudiante. Toma notas y prepárate para hacer tus comentarios en clase.

Tu percepción y experiencia sobre los latinos en Estados Unidos

1   ¿Qué sabes sobre los latinos en Estados Unidos? ¿Los asocias con un país, con una clase social o con un trabajo específico? ¿Has compartido la escuela o el trabajo con algún grupo en especial?

2   ¿Sabes cuántos latinos hay en tu comunidad, de dónde vienen y a qué se dedican? ¿Son todos inmigrantes?

Datos demográficos sobre la población latina

1   ¿En qué regiones de tu país hay mayor concentración de latinos y cuál es el porcentaje? ¿Cuál es la distribución por país de procedencia en cada región? ¿Son comunidades recientes?

2   Investiga el perfil de la población de raíz española de Nuevo México. ¿A qué generación pertenece la mayoría, qué ocupaciones tienen y qué lenguas dominan?

3   Compara la población latina con la anglo-estadounidense en cuanto a edad, estado civil y composición del hogar. ¿Qué domina en cada una?

Hechos históricos

1   ¿Quién fue el padre Antonio José Martínez de Taos? ¿Qué nos dice su actividad de la sociedad de su tiempo?
2   ¿Qué territorio perdió México ante Estados Unidos y qué tratado se firmó? ¿Se cumplió el tratado?
3   ¿En qué consistió la Guerra de Cuba? ¿Qué territorios perdió España ante Estados Unidos?

Hechos culturales

1   ¿Quiénes son Charles Carrillo y Gustavo Víctor Goler? ¿Qué tipo de arte desarrollan? ¿Qué nos dice este arte de la tradición de la región?
2   Sabine Ulibarrí escribió sobre Tierra Amarilla. ¿Qué características tiene esa región y por qué se la conoce? Investiga sobre la vida del líder chicano Reies López Tijerina. ¿En qué consistió su lucha y por qué fue importante?

👥 II. ANÁLISIS

A. Palabras clave

Estudia el siguiente vocabulario del poema "Nuevo México nuestro" y determina su significado según el contexto en el que aparece.

☑ seno	en el seno de la montaña
☑ regazo	en el regazo del llano
☑ piñón	pino, piñón y pozole
☑ chicharrón	chile, chicharrón y atole
☑ urracas	urracas, chinchontes, flores
☑ susurro	hay susurros y murmullos
☑ suspiro	suspiros indecisos
☑ entregar	ni te entregues
☑ doblar	no te dobles
☐ atreverse	atrévete y manda

make sentences for a few of these on final

B. Imagina

En relación con tu investigación preliminar y el vocabulario anterior, escribe en unas cinco líneas tus ideas sobre el posible contenido del poema "Nuevo México nuestro". Usa las siguientes preguntas como guía. ¿De qué trata? ¿Qué busca comunicar Ulibarrí? ¿Es un poema meramente descriptivo? ¿Es sentimental?

_____

_____

_____

_____

_____

_____

_____

_____

_____

_____

_____

C. Antes de leer

Elaboren una lluvia de ideas sobre su investigación previa y su interpretación preliminar del contenido del poema "Nuevo México nuestro". Tomen notas para poder incorporar sus ideas al análisis del poema.

D. Lectura

Lean el poema "Nuevo México nuestro" de Sabine R. Ulibarrí.

 ## E. Después de leer 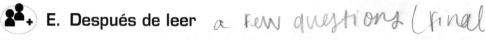 *a few questions (final)*

En relación con los conocimientos adquiridos hasta el momento, comenten el contenido del poema y respondan a las siguientes preguntas de análisis. Tomen notas de los puntos tratados para escribir un resumen sobre el tema.

1 ¿Se refiere el poema a una región específica o a un concepto? ¿Es la descripción el objetivo o solamente un camino? ¿Qué busca realmente el autor? Explíquenlo.
2 Analicen la descripción del lugar. ¿Qué significa y qué evoca ese lugar para Ulibarrí? ¿Qué figuras literarias usa el autor? Explíquenlo.
3 ¿Pueden imaginar cómo es Tierra Amarilla? ¿Qué se siente allí y qué sonidos, colores, olores se perciben? ¿Es un lugar apacible o convulso?
4 En la cuarta estrofa, ¿qué idea o concepto quiere afirmar Ulibarrí? ¿Por qué creen que esto es importante para él?
5 ¿Qué mensaje nos da la séptima estrofa? ¿Es un grito de desesperanza o de lucha?
6 ¿Cómo expresa el poeta la idea de tradición, propiedad y continuidad de la cultura en las estrofas 8 y 9?
7 ¿A quién y a qué invita el poeta en las dos últimas estrofas? ¿Cómo conecta esto con lo que has aprendido sobre la población mexicano-estadounidense?

F. Conclusiones

Escriban un resumen de dos o tres párrafos sobre "Los latinos en Estados Unidos, su origen, su perfil y el impacto de una nueva cultura y nacionalidad". Usen sus notas y las siguientes preguntas para organizar sus ideas. ¿Cuál es el origen de la población latina en Estados Unidos y qué características tiene? ¿Es una población homogénea? ¿Qué desafíos ha afrontado en Estados Unidos? ¿Cómo se ha transformado en su nueva vida?

_____
_____
_____
_____
_____
_____
_____
_____
_____
_____
_____
_____

 ACTIVIDAD 2

Música. "Huelga en general" (Los Lobos, 1976)

Los Lobos es un grupo musical mexicano-estadounidense que se formó en 1973 en Los Ángeles, California. En sus 40 años de existencia han establecido un sonido único producido por una mezcla de géneros tales como *rock*, pop, *blues*, música mexicana, R&B y *country*. El grupo se formó durante el renacimiento cultural chicano, cuya fuerza y energía los atrajo hacia la música en español. De esta tendencia salió su álbum *Los Lobos del Este de los Ángeles*, lanzado en 1978 y que contiene canciones tradicionales hispanoamericanas como "Cielito lindo", "El Cuchipe" y "Guantanamera". Movidos por el ambiente de Los Ángeles y por su atracción hacia nuevos sonidos musicales, pronto comenzaron a desarrollar el sonido original que los identifica hoy y que les ha ganado el respeto de la crítica y el apoyo de sus fieles seguidores.

Han grabado 20 álbumes, entre ellos *La pistola y el corazón* (1988), muestra de sus raíces culturales; *Kiko* (1992), obra maestra de gran complejidad; *Papa's Dream* (1995), álbum infantil; y *Disconnected in New York City* (2013), reflejo de su larga vida artística. Además de numerosas presentaciones y extensas giras musicales mundiales, Los Lobos han hecho varias pistas musicales para películas como *La Bamba* y *Desperado*. El sencillo de "La Bamba" (1987) encabezó las listas de éxitos musicales y la canción "Mariachi suite" (1995) recibió el Premio Grammy a la Mejor Interpretación Instrumental, el tercero de su carrera. Los otros dos premios fueron en 1983 y 1989 a la Mejor Actuación Mexicano-Estadounidense.

La canción que analizamos aquí, "Huelga en general", es parte del primer álbum de Los Lobos, *Sí se puede (*1976), producido por Art Brambila con ritmos tradicionales mexicanos y grabado en apoyo a la lucha social campesina de César Chávez en California.

 ## COMPRENSIÓN DEL TEXTO

Escoge la respuesta correcta de acuerdo con el texto anterior.

1 Los Lobos son...
   a   inmigrantes mexicanos que viven en Los Ángeles.
   b   un grupo de música tradicional mexicana.
   c   conocidos por un sonido resultante de varias influencias.
   d   todo lo anterior.
2 Los Lobos han...
   a   hecho largas giras por todo el mundo.
   b   grabado tanto en inglés como en español.
   c   recibido premios por sus interpretaciones.
   d   logrado todo lo anterior.
3 *Sí se puede...*
   a   es el primer álbum con fines comerciales.
   b   demuestra el estilo ecléctico de Los Lobos.
   c   fue una producción de César Chávez.
   d   fue el debut discográfico de Los Lobos.

 ## I. INVESTIGACIÓN PRELIMINAR

En esta sección vas a investigar y aprender sobre el Movimiento Chicano. Puedes encontrar información en la biblioteca, en Internet, en la bibliografía al final del libro y en Sitio Web del Estudiante. Toma notas y prepárate para hacer tus comentarios en clase.

Historia del Movimiento Chicano

1 ¿De dónde viene el término *chicano*?
2 ¿Cuándo surgió y qué fue el Movimiento Chicano, llamado también La Causa? ¿Qué influencia recibió del Movimiento de Derechos Civiles estadounidense?

3   ¿Qué vivencias empujaron a los jóvenes chicanos a la acción? ¿Cuáles eran sus tácticas y objetivos?

4   ¿Qué causas impulsó y qué organizaciones creó el Movimiento Chicano? ¿Cuál fue su legado?

5   Investiga la vida y el legado de Dolores Huerta, César Chávez y José Ángel Gutiérrez.

Elementos culturales

1   ¿De cuándo datan los primeros trabajos literarios latinos en Estados Unidos? ¿Por qué no se dieron a conocer antes de los años sesenta y qué características tienen?

2   ¿De qué trata la novela *Pocho* de José Antonio Villarreal y cómo es su personaje? ¿Qué aprendemos sobre la identidad mexicano-estadounidense?

3   ¿De qué trata *I am Joaquín* de Rodolfo "Corky" González? ¿Qué influencia tuvo en la formación del nacionalismo cultural chicano, su autodeterminación y actitud combativa?

4   ¿Por qué se dice que el Movimiento Chicano fue un renacimiento o florecimiento cultural y filosófico? ¿Qué papel tuvieron las artes y la literatura en el activismo del movimiento?

5   Busca información sobre el "Teatro Campesino": su fundador, su conexión con el movimiento de César Chávez y su valor transformativo.

II. ANÁLISIS

A. Palabras clave

Examina el siguiente vocabulario de la canción "Huelga en general" y determina su significado según el contexto en el que aparece.

☐ engreídos   los rancheros y engreídos
☐ acabar   acababan con la gente
☐ cumplir   y juntos vamos cumpliendo
☐ causa   viva la Causa en la historia
☐ patroncito   nos dicen los patroncitos
☐ esquiroles   con bastantes esquiroles
☐ fajarse   se fajan y no se rajan
☐ pasa   mientras la uva se hace pasa
☐ sueldos   más sueldos necesitamos
☐ contratista   ¡abajo los contratistas!

B. Imagina

Teniendo en cuenta tu investigación y la lista que acabas de estudiar, escribe en unas cinco líneas tus ideas sobre el posible tema de la canción "Huelga en general". Usa las preguntas siguientes como guía. ¿De qué huelga trata la canción? ¿Quiénes son las partes en conflicto? ¿Qué critican y qué buscan los huelguistas?

_____
_____
_____
_____
_____
_____
_____
_____
_____

 ## C. Antes de escuchar

Elaboren una lluvia de ideas sobre la información encontrada y su interpretación preliminar del contenido de la canción "Huelga en general". Tomen notas para incorporar sus ideas al análisis siguiente.

 ## D. Escuchar

Escuchen "Huelga en general" interpretada por Los Lobos.

 ## E. Después de escuchar

Comenten el contenido de la canción y respondan a las siguientes preguntas de análisis. Usen los conocimientos adquirido hasta el momento. Tomen notas de los puntos tratados para escribir una composición sobre el tema.

1 ¿De qué trata la primera estrofa? ¿Quiénes son hermanos? ¿Qué significa "acababan los rancheros con la gente"?
2 ¿En qué consistió la revolución? ¿Puede una revolución ser pacífica?
3 ¿Quiénes participaron en la batalla? ¿Fue en realidad una batalla? ¿Contra quién? ¿Cuál era el objetivo?
4 ¿Cómo sabotean los rancheros las huelgas? ¿Quiénes son los muertos de hambre y quiénes los sinvergüenzas? ¿Reciben de verdad frijoles?
5 ¿Qué quiere decir "se fajan y no se rajan" y "Mientras la uva se hace pasa"?

6   ¿Qué buscan los contratistas y cómo responden los huelguistas? ¿Hay decisión o inseguridad?

7   ¿Qué significa "La Causa"? ¿A qué se refiere "la raza"?

 F. Conclusiones

Escriban una composición de uno o dos párrafos sobre "El Movimiento Chicano, sus líderes, sus objetivos y sus logros". Usen sus notas y las siguientes preguntas para organizar sus ideas. ¿Cuándo surgió el Movimiento Chicano y qué lo motivó? ¿Quiénes lo componían y qué buscaban? ¿Qué caracterizó su activismo? ¿Qué construyeron?

_____
_____
_____
_____
_____
_____
_____
_____
_____
_____
_____
_____
_____

la sirvienta=maid
humanizar

 ACTIVIDAD 3

Película. *La misma luna* (Patricia Riggen, 2007)

Patricia Riggen (1970) es una joven directora, guionista y productora de cine nacida en Guadalajara, México. Hizo sus estudios de pregrado en México y tiene una maestría de la Universidad de Columbia en dirección cinematográfica y escritura de guiones. Actualmente trabaja como directora de cine en Hollywood, California.

Patricia comenzó su carrera cinematográfica en México. Allí trabajó como escritora de documentales para televisión y como vicepresidente de producción del Instituto Mexicano de Cinematografía, IMCINE. Consciente de la dificultad de avanzar en su carrera en un medio cinematográfico como el mexicano, dominado por los hombres, decidió viajar a Estados Unidos y estudiar en la Universidad de Columbia. Allí descubrió no solo su talento para la dirección cinematográfica, sino la manera de desarrollarlo. Sus primeros trabajos en esta área fueron el

Me↓us bc men

documental *Family Portrait*, sobre la dura vida de los afro-estadounidenses en Harlem, y el cortometraje *La milpa*, sobre el amor durante la Revolución mexicana. Los dos fueron muy bien recibidos por el público y la crítica.

Sus últimas películas incluyen el drama *La misma luna* (2007), el cortometraje *Lindo y querido* (2010), la producción musical del Canal Disney de televisión *Lemonade Mouth* (2011), la comedia *Girl in Progress* (2012) y su mayor desafío, *The 33* (2015). Esta película, coproducida por Chile y Estados Unidos y rodada en minas reales de Colombia y Chile, muestra el drama de 69 días vivido por los mineros chilenos en el año 2010.

La misma luna, primer largometraje de Riggen, es una película independiente protagonizada por actores mexicanos de primera fila como Kate del Castillo, Eugenio Derbez y Adrian Alonso. Fue estrenada simultáneamente en 266 salas de cine estadounidenses, cifra récord para una película en español. Es también la tercera película mexicana más taquillera en Estados Unidos.

COMPRENSIÓN DEL TEXTO

Escoge la respuesta correcta de acuerdo con el texto anterior.

1   Patricia Riggen…
    a   ha dirigido películas Estados Unidos.
    b   ha estudiado cinematografía en México y Estados Unidos.
    c   cree que es difícil para una mujer dirigir películas en México.
    d   se identifica por todo lo anterior.
2   Las películas más recientes de Riggen…
    a   son documentales y cortometrajes.
    b   son para el consumo interno mexicano.
    c   pertenecen a diversos géneros cinematográficos.
    d   se identifican por todo lo anterior.
3   *La misma luna*…
    a   es un drama con actores de habla española.
    b   tuvo impacto de taquilla en Estados Unidos.
    c   se estrenó en más teatros que otras películas en español.
    d   se identifica con todo lo anterior

I. INVESTIGACIÓN PRELIMINAR

En esta sección vas a investigar y aprender sobre los procesos migratorios a Estados Unidos y las experiencias que los acompañan. Puedes encontrar información en la biblioteca, en Internet, en la bibliografía al final del libro y en Sitio Web del Estudiante. Toma notas y prepárate para hacer tus comentarios en clase.

El fenómeno migratorio latino

1   ¿Cuántos latinos entran anualmente en Estados Unidos y por qué razones lo hacen? ¿Cuántos entran legalmente y qué oficios o profesiones desempeñan?

2   ¿Cuántos latinos indocumentados hay actualmente en tierra estadounidense y qué perfil tienen? ¿Qué porcentaje muere en el camino? ¿Crees que vale la pena el riesgo?

3   ¿Cuántos niños latinos indocumentados han sido arrestados al cruzar solos la frontera en los tres últimos años? ¿En qué año ha entrado el mayor número? ¿De dónde vienen generalmente y entre qué edades oscilan?

4   ¿Es la entrada ilegal al país un delito grave según la ley estadounidense? ¿Crees que el discurso político y las medidas legales aplicadas a los infractores son proporcionadas al delito cometido?

Asuntos fronterizos entre México y Estados Unidos

1   ¿Qué características tiene la frontera entre México y Estados Unidos? ¿Qué violaciones de derechos humanos ocurren allí?

2   ¿Cuánto ha aumentado el presupuesto de patrullaje entre 1993 y 2013 y cómo opera ese patrullaje? ¿A qué crees que se debe?

3   ¿Cuáles son las leyes migratorias, qué cambios se proponen y qué costo tendrán? ¿Tienen en cuenta esos cambios las necesidades de mano de obra del país?

4   ¿Contemplan las leyes migratorias la integridad de los inmigrantes y sus familias?

5   México es el tercer socio económico de Estados Unidos. ¿Crees que la construcción de un muro en la frontera afectará a las relaciones comerciales entre los dos países?

El inmigrante en Estados Unidos

1   ¿De qué se acusa a los inmigrantes y trabajadores latinos en Estados Unidos? ¿Qué acusaciones crees que son fundadas y por qué?

2   ¿Qué trabajos hacen los indocumentados en Estados Unidos? ¿Qué crees que ganaría o perdería el país si no existiera su contribución laboral?

II. ANÁLISIS

A. Palabras clave

Interpreta el significado de los siguientes diálogos de la película *La misma luna* y responde a las preguntas relacionadas con cada uno.

1 Carlitos, el protagonista de la película, está en un coche con un joven estadounidense. ¿Cómo interpretas esta escena y cuántos años crees que tiene Carlitos?

> ESTADOUNIDENSE.–Don't move.
> CARLITOS.–¡Suéltame! *(let go of me)*
> LOLA.–¿Qué estás haciendo, güero?
> ESTADOUNIDENSE.–I don't know you, woman.
> LOLA.–Pero yo sí te conozco a ti … desgraciado. *(nasty, bad)*

2 Rosario, la mamá de Carlitos, habla con la señora Mackenzie. ¿Dónde están? ¿Qué relación existe entre las dos mujeres? ¿Qué aprendemos sobre Rosario?

desigualdad en los EEUU, la manera en que gente trata a los inmigrantes

> ROSARIO.–Ms. Mackenzie, see you tomorrow.
> SEÑORA MACKENZIE.–… I'm going to let you go.
> ROSARIO.–I need to get paid for the last couple of days.
> SEÑORA MACKENZIE.–I don't think so.
> ROSARIO.–… You can't do this.
> SEÑORA MACKENZIE.–What are you gonna do? … Ah! I've just remembered. You are an illegal, aren't you?

3 Carlitos está en casa de Lola. ¿Quién es Lola y qué hace? ¿Puedes adivinar el país y la zona donde está el pueblo? ¿Está Lola de acuerdo con los planes de Carlitos?

she saved Carlos from drogadicto ella no está de acuerdo

> CARLITOS.–¿Entonces, me vas a llevar al camión?
> LOLA.–De ninguna manera. ¿Después de lo que te pasó esta tarde? Estás muy chiquito para viajar solo.
> CARLITOS.–Es que tengo que llegar antes del domingo en la mañana.
> UN HOMBRE.–¡Lolita!
> OTRO HOMBRE.–Buenas tardes señora Reina.
> CARLITOS.–¿Quiénes son?
> LOLA.–Ilegales como tú.

4 Carlitos habla con Hernando. ¿Dónde trabajan y qué hacen? ¿Es un trabajo seguro? ¿De dónde es el jefe?

No es seguro. Trabajan en una finca de tomates

> ESTADOUNIDENSE.–Escucha todos. *Pona* gorras. … Entonces, ¡a trabajar!
> HERNANDO.–¿Qué haces aquí?
> CARLITOS.–Quiero trabajar.
> HERNANDO.–Le cortas aquí al ras, ¿eh? … Cuidado con tallarte la cara, paisanito. Mucho cuidado con eso.
> UN HOMBRE.–¡Ay! ¡Ay! ¡Ay!
> AGENTE DE INMIGRACIÓN.–The Green Card. Show me your identification.
> UN HOMBRE.–¡La migra!
> HERNANDO.–¡Córrale paisanito!

5   ¿De qué hablan Enrique y Carlitos? ¿Está contento Enrique con el chico? ¿Qué aprendemos sobre el viaje de Carlitos?

CARLITOS.–¿Qué vamos a hacer?
ENRIQUE.–¿Vamos? ¿Qué vas a hacer tú, güey? Yo viajo solo.
MÚSICOS EN UNA CAMIONETA.–Hola. ¿Y el niño, dónde está? ¿No venía contigo?
ENRIQUE.–No. Yo no lo conozco.
CARLITOS.–¡Mero me dejas!
MÚSICOS.–Y ¿de dónde vienes tan sucio, hijo?
CARLITOS.–Casi nos agarra la migra. … Pero eso no fue nada. Cuando crucé la frontera, eso fue lo más difícil. Pero, qué importa, vale la pena. Yo haría lo que fuera por mi mamá.

[anotación al margen: nrique no gusta dejar con niños / nos quiere bajar para encontrar a la madre]

6   Carlitos habla con Enrique en la calle. ¿Qué relación hay entre ellos? ¿Qué cambios notas en Enrique a medida que se desarrolla el diálogo? ¿Cómo es Carlitos?

CARLITOS.–¿Adónde vamos?"
ENRIQUE.–Ya no, iya … al carajo! Ya pareces perrito, ¿no? ¡Espéreme mijo! ¡Espéreme! que no viene solo. ¿Adónde crees que vas, eh?
CARLITOS.–Tengo que llegar a Los Ángeles antes del domingo en la mañana. Voy a pedir aventón.
ENRIQUE.–¿Aventón? ¿Estás tonto? ¿Qué tienes? No te puedes ir de aventón hasta allá. … Mira, yo que tú, iba a la policía. Ellos te mandan de regreso a México.
CARLITOS.–¡No me voy a regresar!
ENRIQUE.–Yo no puedo hacerme responsable de un chamaco, ¿O.K.? Bastante bronca tengo yo solito como para andar cargando con un niñito.

[anotación al margen: Enrique: corre up a end ♥]

7   Rosario habla con su amiga en una lavandería. ¿Qué pasa con Rosario? ¿Qué es irónico acerca de su vida en Los Ángeles?

ROSARIO.–Estuve todo el día buscando trabajo y nada. Yo creo que me voy a regresar a México, Licha.
LICHA.–No puedes.
ROSARIO.–Pero ¿por qué no? … Y ¿qué tiene de maravilloso nuestra vida, a ver? Todo el tiempo corriendo de la migra, viviendo en una cochera. … Mi hijo me necesita. … Tú sabes que yo estoy aquí por amor a él, ¿no? Y eso es justamente lo que estoy sacrificando. ¡Por fin entendí!

[anotación al margen: a quiere resar a exico que no puede contrar bajo para jar dinero, a está en EEUU para obtener dinero para Carlos.]

B. Imagina

En relación con tu investigación y los diálogos que acabas de estudiar, escribe en unas cinco líneas tus ideas sobre el posible tema de la película *La misma luna*. Usa las preguntas siguientes como guía. ¿Cuál es el mensaje principal?

[anotación al margen: Tierne tunidad lo w]

¿Cómo describirías las experiencias de Carlitos y Rosario? ¿Crees que son reales? ¿Qué papeles tienen los norteamericanos en la película?

_____
_____
_____
_____
_____
_____
_____
_____
_____
_____
_____
_____

 C. Antes de ver

Elaboren una lluvia de ideas sobre su investigación previa y su interpretación preliminar del contenido de la película *La misma luna*. Tomen notas para incorporar sus ideas al análisis siguiente.

 D. Ver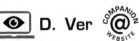

Vean (en clase o en casa) la película *La misma luna* de Patricia Riggen.

 E. Después de ver

Comenten el contenido de la película y respondan a las siguientes preguntas de análisis. Usen los conocimientos adquiridos hasta el momento. Tomen notas de los puntos tratados para escribir una composición sobre el tema.

1   ¿Cuál creen que es el objetivo de la película?
2   ¿Cómo es Carlitos y por qué decidió viajar a Estados Unidos ilegalmente? ¿A qué tipo de inmigrante representa Carlitos?
3   ¿Cómo es Rosario y por qué decidió viajar a Estados Unidos? ¿Por qué creen que viajó ilegalmente? ¿A qué tipo de inmigrante representa Rosario?
4   ¿Qué tipo de personas son Hernando y Enrique? ¿A qué tipo de inmigrante representan? ¿Crees que habrían podido entrar legalmente?

5   ¿Qué situaciones viven los personajes de la película? ¿Creen que la película muestra claramente la magnitud del riesgo al que se enfrentan los inmigrantes ilegales?

6   Carlitos dice a los músicos que vale la pena lo que está haciendo ¿Qué hace que valga la pena para él emigrar en condiciones altamente desfavorables?

7   ¿Qué papeles tienen los ciudadanos estadounidenses de la película? ¿Por qué creen que se relacionan con los indocumentados o les dan trabajo?

8   ¿Creen que las personas que dan trabajo a los indocumentados reflejan una necesidad laboral o contribuyen al problema del desempleo del país?

 ## F. Conclusiones

Escriban una composición de dos o tres párrafos sobre uno de los siguientes temas: "Los inmigrantes latinos y sus características", "Es necesario imponer un control más estricto de la frontera estadounidense" o "Causas y efectos de la ayuda de la población estadounidense a los indocumentados". Usen sus notas y las siguientes preguntas para organizar su composición. ¿Cuál es el perfil de los inmigrantes latinos? ¿Es beneficioso o costoso recibir inmigrantes? ¿Cómo es el sistema migratorio actual? ¿Hay conflicto entre las leyes de inmigración por un lado y el trabajo y la ayuda que da la sociedad a los indocumentados por otro? ¿Qué problemas trae el exceso de inmigrantes a una nación?

_____
_____
_____
_____
_____
_____
_____
_____
_____
_____
_____
_____
_____

 ## ACTIVIDAD 4

Música. "Preciosa" (Marc Anthony, 1999)

Marco Antonio Muñiz (1968) o Marc Anthony, es un cantante, compositor, actor y hombre de negocios neoyorquino de padres puertorriqueños. Se ha casado tres veces y tiene cinco hijos. Comenzó trabajando como acompañante de grupos como *Menudo*, pero su talento pronto lo llevó al estrellato. Criado entre dos culturas, ha hecho incursiones con facilidad y éxito en la salsa y el bolero, al igual que en el pop y la balada en inglés. Su música ha cruzado barreras culturales en Estados Unidos y en el mundo.

Su primer álbum en español fue *Otra nota* (1993), el cual no solo tuvo gran éxito, sino que le permitió identificarse con su sangre latina. Como él mismo ha afirmado, nació en Estados Unidos pero "la sangre te llama". Otros álbumes incluyen *Contra la corriente* (1997), premio Grammy al Mejor Álbum Latino; *Mended* (2002); *Amar sin mentiras* (2004), premio Grammy al Mejor Álbum de Pop Latino; *Iconos* (2010); *3.0* (2013). Ha ganado cuatro premios Grammy Latinos por "Dímelo", Canción del Año; "Valió la pena" y *El cantante*, Mejor Álbum de Salsa; y "Vivir mi vida", Mejor Grabación del Año. A estos se han sumado más de una veintena de premios Billboard y Lo Nuestro.

Marc Anthony se ha presentado en varios escenarios latinoamericanos ante miles de espectadores, como el prestigioso Festival de la Canción de Viña del Mar en Chile (2009 y 2012), el Festival de Verano Manacacías (2012) en Colombia y el estadio Charrúa (2012) en Uruguay. Como actor, ha aparecido en varias producciones como el musical *The Capeman* (1998) con Rubén Blades, *In the Time of the Butterflies* (2001) con Salma Hayek, *Man on Fire* (2004) con Denzel Washington y *El cantante* (2007) con Jennifer López.

La canción "Preciosa", que analizamos aquí, fue compuesta por Rafael Hernández Marín, uno de los más importantes compositores puertorriqueños de todos los tiempos.

 ## COMPRENSIÓN DEL TEXTO

Escoge la respuesta correcta de acuerdo con el texto que acabas de leer.

1 Marc Anthony…
   a   es de ascendencia puertorriqueña.
   b   trabaja como acompañante del grupo *Menudo*.
   c   gusta de mezclar diferentes géneros musicales.
   d   ha recibido algunos premios.
2 Marc Anthony…
   a   tiene éxito sólo con el público latino.
   b   se identifica plenamente con su cultura latina.
   c   necesita darse a conocer en el mundo.
   d   ha participado en películas latinas solamente.
3 Su repertorio artístico…
   a   incluye experiencias variadas.
   b   demuestra su talento multifacético.
   c   es bilingüe.
   d   es todo lo anterior.

I INVESTIGACIÓN PRELIMINAR

En esta sección vas a investigar y aprender sobre la influencia y las contribuciones de la comunidad latina de Estados Unidos. Puedes encontrar información en la biblioteca, en Internet, en la bibliografía al final del libro y en Sitio Web del Estudiante. Toma notas y prepárate para hacer tus comentarios en clase.

Influencia económica

1   ¿A cuánto dinero asciende el intercambio comercial anual entre México y Estados Unidos? ¿Entre Hispanoamérica y Estados Unidos? ¿Cuántos puestos de trabajo crees que genera este intercambio?
2   ¿A cuánto dinero asciende la contribución económica de los latinos que viven en Estados Unidos?
3   ¿Cuántos negocios son propiedad de latinos y cuál es su nivel de crecimiento? ¿Cómo se compara con el índice de crecimiento de los negocios de otras minorías y del país en general?
4   ¿Qué nivel de crecimiento tiene el mercado latino comparado con los otros grupos étnicos estadounidenses?

Influencia cultural

1   ¿Cuántos hablantes de español nativos y no nativos hay en Estados Unidos? ¿En cuántos hogares es el español la lengua dominante?
2   ¿Cuántos programas universitarios de español existen en Estados Unidos y qué número de estudiantes tienen estos programas?
3   ¿Cuántas cadenas de televisión y emisoras de radio ofrecen programación en español? ¿Qué teleaudiencia y audiencia tienen? ¿Se escucha el español en las grandes cadenas de habla inglesa?
4   ¿Cuántas revistas y periódicos en español se publican en Estados Unidos y qué tiraje tienen? ¿Has visto propaganda dirigida a latinos en los periódicos de habla inglesa?

Personajes sobresalientes

1   Busca información sobre la vida y obra de dos de estos autores latinoamericanos: Juan Alborna Salado, Isabel Allende e Ariel Dorfman. ¿Dónde residen y en qué lengua escriben?
2   Menciona al menos tres artistas latinos famosos. ¿De dónde son y qué hacen?
3   Busca información sobre un par de personajes latinos importantes del gobierno estadounidense. ¿En qué rama del gobierno trabajan?

♟♟♟ II. ANÁLISIS

A. Palabras clave

Estudia el siguiente vocabulario de la canción "Preciosa" y determina su significado dentro del contexto en el que aparece.

❑ Borinquen   Borinquen hermosa
❑ hembras   sus hembras trigueñas
❑ olas   preciosa te llaman las olas
❑ edén   por ser un edén
❑ hidalguía   y tienes la noble hidalguía
❑ bravío   canto del indio bravío
❑ bardos   preciosa te llaman los bardos
❑ tirano   no importa el tirano te trate
❑ lauros   sin lauros, sin gloria
❑ volcar   se vuelca mi amor

B. Imagina

En relación con el tema de esta sección y el vocabulario anterior, escribe en unas cinco líneas tus ideas sobre el posible contenido de la canción "Preciosa". Usa las siguientes preguntas como guía. ¿De qué trata? ¿Es una canción dedicada a una mujer? ¿A una esclava? ¿A un lugar? ¿Es melancólica o romántica?

_____
_____
_____
_____
_____
_____
_____
_____
_____

♟♟₊ C. Antes de escuchar

Elaboren una lluvia de ideas sobre la información encontrada y su interpretación preliminar del contenido de la canción "Preciosa". Tomen notas para poder incorporar sus ideas al análisis siguiente.

D. Escuchar

Escuchen la canción "Preciosa" interpretada por Marc Anthony.

 E. Después de escuchar

Comenten el contenido de la canción y respondan a las siguientes preguntas de análisis. Usen los conocimientos adquiridos hasta el momento. Tomen notas de los puntos tratados para escribir una composición sobre el tema.

1   ¿Qué tipo de canción es y qué ritmo tiene? ¿Creen que Marc Anthony se identifica con ella?
2   Analicen la primera estrofa. ¿Qué es Borinquen y qué cualidades tiene? ¿Dónde queda?
3   ¿A qué se refiere la segunda estrofa: a la geografía, a su historia, a su raza?
4   ¿A qué historia y características se refieren las estrofas tercera y cuarta? ¿Quiénes son los hijos de la libertad?
5   Comparen la declaración de Marc Anthony en la introducción de esta sección con el texto de las estrofas quinta y sexta. ¿Qué poder tiene la herencia cultural en las personas?
6   ¿A quiénes está dedicada la canción? ¿Qué sentimiento se expresa en esa dedicatoria?

 F. Conclusiones

Escriban una composición de dos o tres párrafos sobre uno de estos temas: "La importancia de las contribuciones latinas a Estados Unidos" o "No hay contradicción en preservar tu herencia y ser un buen estadounidense". Usen sus notas y las siguientes preguntas para organizar sus ideas. ¿Cómo contribuyen los latinos a la riqueza de Estados Unidos? ¿Es su contribución notoria? ¿Es posible ser un buen estadounidense y preservar al mismo tiempo la identidad de la cultura nativa? ¿Es valioso o negativo para Estados Unidos el que los latinos o inmigrantes preserven su identidad?

_____

_____

_____

_____

_____

_____

_____

_____

_____
_____
_____
_____
_____
_____
_____
_____
_____
_____
_____

 ACTIVIDAD 5

La semblanza biográfica

En esta sección vas a escribir una semblanza biográfica de los latinos en Estados Unidos. Para desarrollar este trabajo vas a seguir los siguientes pasos.

* Paso 1. **Características**. Lee a continuación las características principales de una semblanza biográfica.

   A diferencia de una biografía completa, cuya característica es hacer un retrato detallado de la historia de un personaje y un estudio casi exhaustivo de su carácter y motivaciones, la semblanza resalta únicamente los hechos más reveladores de la vida y el carácter del personaje. La semblanza, igual que la biografía, exige una recopilación previa de datos y documentos sobre el tema. Una semblanza completa debe constar de introducción, cuerpo y conclusión. Para despertar el interés de lector, es recomendable comenzar con un dato curioso del personaje o una anécdota. Es indispensable que la semblanza sea un retrato exacto, objetivo sincero y desprovisto de comentarios o juicios sobre el personaje.
* Paso 2. **Análisis**. Busca una biografía o semblanza biográfica en Internet o en una publicación impresa. Analízala de acuerdo con la explicación anterior.
* Paso 3. **Práctica**. En este capítulo te has empapado de la vida, experiencias y empoderamiento de los latinos en Estados Unidos. Imagina que has aceptado escribir una semblanza biográfica de este grupo para una revista estadounidense escrita en español. Tu semblanza no debe ser menor de cuatro párrafos, debe demostrar tu conocimiento sobre el tema y aplicar los requisitos básicos de una semblanza biográfica.

La globalizacion en el
mundo hispanohablante

CAPÍTULO 9

La inmigración y la emigración en el mundo hispanohablante: las nuevas realidades sociales

I DESCRIPCIÓN

Este capítulo, titulado "La inmigración y la emigración en el mundo hispanohablante: las nuevas realidades sociales", es el primero de cuatro capítulos que exploran temas de importancia y relieve relacionados con la globalización en el mundo de habla hispana. A través del cine, la música y la literatura vas a explorar, analizar y reflexionar sobre la influencia de los diferentes movimientos migratorios en la historia, las tradiciones, las religiones, las culturas, las economías, las políticas y los comportamientos en Latinoamérica, España y Estados Unidos.

II OBJETIVOS CULTURALES

Al final de este capítulo podrás:

1 Demostrar tu comprensión de la relación entre la vertiente cultural del proceso de globalización y los movimientos migratorios, sus causas y sus

consecuencias, en el mundo hispanohablante. Para lograr este objetivo, investigarás, analizarás y examinarás:

a   Los movimientos migratorios de finales del siglo xx y principios del siglo xxi en Latinoamérica y España.
b   Los comportamientos de los emigrantes y de los inmigrantes.
c   Las diferentes causas por las que las personas deciden emigrar a otro país.
d   Las consecuencias principales de la inmigración en los diferentes países hispanohablantes.
e   Los sentimientos del emigrante.
f   Los sentimientos generales de la sociedad hacia el emigrante.
g   Las conclusiones sobre las causas y las consecuencias de la inmigración en el mundo hispanohablante.
h   El cuento corto como género literario.

2   Demostrar tu comprensión de la conexión entre las vertientes políticas, económicas y sociales del proceso de globalización y la inmigración como una de sus principales consecuencias por un lado, y la producción cultural en literatura, cine y música por otro. Para lograr este objetivo, analizarás las siguientes producciones originales relacionadas con la inmigración, sus causas y consecuencias en el mundo hispanohablante:

a   Película: *Herencia*, 2001 (Paula Hernández, 2001)
b   Canciones: "Clandestino" (Manu Chao, 1998); "Pobre Juan" (Maná, 2002)
c   Texto Literario: "Ausencia" (Daniel Alarcón, 2005)

III OBJETIVOS LINGÜÍSTICOS

Al final de este capítulo podrás:

1   Desarrollar la competencia narrativa oral y escrita a nivel avanzado.
2   Perfeccionar el uso de los tiempos pasados simples y compuestos en la narración.
3   Enriquecer el vocabulario referente a la globalización y la inmigración.
4   Perfeccionar la comprensión de textos hablados y escritos complejos.
5   Desarrollar la habilidad de definir, resumir y exponer ideas.
6   Desarrollar la habilidad de opinar y argumentar.

INTRODUCCIÓN

La globalización, también conocida como "mundialización", es un gran proceso económico, político, social y cultural que ha dado lugar a la comunicación e interdependencia entre la gran mayoría de los países del mundo. El Diccionario de la Real Academia Española la define como la "tendencia de los mercados y de las empresas a extenderse, alcanzando una dimensión mundial que sobrepasa las fronteras nacionales" (DRAE 2006, 23ª edición). Este proceso dinámico ha ayudado a unificar mercados, sociedades y culturas. La globalización está impulsada principalmente por países regidos por el capitalismo democrático y por la revolución tecnológica; se originó en el mundo occidental y se extendió al resto del mundo en la segunda mitad del siglo xx, con la caída del bloque comunista y el fin de la Guerra Fría. La principal característica de la globalización es la integración de las economías locales en una economía de mercado mundial donde la producción y el movimiento de capitales se comprenden también a nivel mundial, con empresas multinacionales, libre circulación de capitales, acuerdos de libre comercio entre países y el asentamiento generalizado de una sociedad de consumo. En cuanto a la cultura, la globalización se caracteriza por un proceso de integración de culturas locales con otras externas, creando en muchos casos culturas nuevas. La globalización depende íntegramente de los avances de la tecnología, los transportes y las telecomunicaciones. En cuanto a las sociedades, la globalización ha impulsado el desarrollo de movimientos migratorios acusados entre regiones, países y continentes. Estos grandes y constantes flujos de personas han ido cambiando sociedades, culturas, tradiciones y líneas de pensamiento en todo el mundo.

La globalización es un fenómeno positivo para muchos, mientras que es negativo para otros. En sí misma, es un proceso continuo y dinámico, que desafía las leyes locales de regulación de empresas y desarrollo económico, por lo que muchas empresas han trasladado sus fábricas a países con costes de producción más bajos, creando en ellos puestos de trabajo más baratos y a la vez destruyéndolos en los países de origen. El argumento más frecuente a favor de la globalización es que los países desarrollados y muchos en vías de desarrollo han experimentado un crecimiento sostenido de sus economías por haber permitido la incorporación de cientos de millones de habitantes a las economías modernas, por haber ayudado a casi doblar la esperanza de vida en la mayoría de los países, y por haber incrementado los derechos de la mujer y de otros grupos minoritarios. Pero, como hemos dicho anteriormente, la globalización tiene fervientes detractores en todo el mundo. Sus opositores ven la globalización como un fenómeno que beneficia principalmente a los países occidentales y utiliza a los países en vías de desarrollo para beneficio de los desarrollados. Además, la consideran una amenaza a la nación-Estado y a la identidad nacional, así como una rápida e innecesaria sobreexplotación de los recursos naturales y del medio ambiente.

Una de las consecuencias más extendidas del mundo globalizado que vamos a analizar en este capítulo es el aumento en la migración, es decir, la movilidad de personas dentro y fuera de sus países de origen. La migración siempre ha existido como tal, pero lo que destaca hoy es la magnitud que ha alcanzado en casi todos los puntos del planeta. Las razones por las que las personas deciden emigrar son muchas, pero sobresalen las económicas (para buscar mejores oportunidades de trabajo), las políticas (por ejemplo para buscar asilo político o escapar de zonas violentas o inmersas en un conflicto bélico), las causadas por desastres naturales (al escapar de zonas arrasadas por sequías, inundaciones, terremotos, huracanes, tifones, maremotos, etcétera) y las educativas (para buscar formación académica alternativa). En el pasado, por falta de acceso a la información las sociedades más pobres no eran necesariamente las que más emigraban, pero ahora existe un constante flujo de información que permite tener una visión más global de las oportunidades que se ofrecen en diferentes puntos del planeta, dentro y fuera de los países de origen.

La migración ilegal en el mundo globalizado de hoy es un asunto que afecta a la mayor parte del planeta, tanto a los países emisores de migrantes como a los receptores. Este tipo de migración se ha incrementado mucho en las últimas décadas y tiene importantes consecuencias sociopolíticas y económicas en los países receptores y exportadores de mano de obra. Mientras que los primeros se aprovechan de la llegada de abundante mano de obra más barata, los países emisores pierden población activa (jóvenes en la edad más productiva para trabajar y reproducirse), dando lugar a un desequilibrio social con comunidades con mayor número de mujeres, niños y personas mayores que de hombres jóvenes. Aunque la inmigración ilegal normalmente se produce empujada por la desesperación de los emigrantes y sus familias, esta puede acarrear numerosos y graves problemas a corto y largo plazo para ellos mismos, como la falta de derechos básicos civiles y laborales en el país de acogida, la dificultad en el proceso de aculturación, la barrera del idioma y la desestructuración de familias que quedan separadas muchas veces para siempre.

En este capítulo vas a estudiar el fenómeno de la globalización desde el punto de vista de una de sus consecuencias más directas: la inmigración. Vas a escuchar y analizar dos canciones: "Clandestino" (Manu Chao, 1998) y "Pobre Juan" (Maná, 2002); leer un cuento corto: *Ausencia* (Daniel Alarcón, 2005); y ver una película: *Herencia* (Paula Hernández, 2001). Estas cuatro producciones originales materiales muestran una diversidad de causas y consecuencias de la inmigración en los países hispanohablantes como parte íntegra del proceso de globalización. A través de cada actividad irás utilizando tus habilidades críticas e investigadoras (individuales y en grupo) para ir formando tus ideas sobre los temas que se abordan. Terminarás el capítulo desarrollando un ensayo sobre las causas y las consecuencias de la inmigración en el mundo hispanohablante, en el que incorporarás las ideas extraídas a lo largo del capítulo. Además, en el Sitio Web del Estudiante, tendrás la oportunidad de crear y escribir tu propio cuento corto usando el tema de la inmigración en el mundo hispanohablante.

 ## COMPRENSIÓN DE LA LECTURA

Escoge las respuestas correctas de acuerdo con el texto que acabas de leer.

1 La globalización es…
   a un proceso.
   b un resultado.
   c un proceso y un resultado.
2 La globalización afecta a…
   a el mundo occidental principalmente.
   b los países en vías de desarrollo principalmente.
   c a la mayoría del mundo.
3 La Guerra Fría fue…
   a el principio de la globalización.
   b el fin de la globalización.
   c una etapa histórica que contribuyó a la expansión de la globalización.
4 El proceso de globalización es…
   a económico.
   b político.
   c social.
   d cultural.
   e todos los anteriores.
5 Se entiende el proceso de globalización como…
   a una situación positiva para todos.
   b una situación negativa para todos.
   c una situación positiva para algunos y negativa para otros.

 **ACTIVIDAD 1**

Música. "Clandestino" (Manu Chao, 1998)

Manu Chao (París, 1961) es un cantante y compositor hispano-francés, ex líder del grupo musical Mano Negra y cuyo estilo sintetiza músicas de todo el mundo. También se le conoce por su trabajo a favor de los movimientos antiglobalización, lo cual expresa a través de su música. Sus padres eran inmigrantes españoles que se exiliaron a Francia bajo el régimen de Francisco Franco. Creció jugando al fútbol y escuchando música *rock* y también revolucionaria española. Su madre era física de profesión; a su padre, que era periodista en París de la revista *Triunfo*, Manu Chao le ayudaba ya desde adolescente sacando algunas fotos para sus reportajes periodísticos. En 1987 formó el grupo multirracial Mano Negra, que combinaba estilos de música variados tales como el *rock*, la rumba, el hip-hop, la salsa y el punk. Además, las canciones se cantaban en español, inglés, francés y árabe. Con su primer disco, *Patchanka*, el grupo consiguió gran éxito dentro y fuera de Europa, y pronto se convirtieron en una de las bandas más importantes del continente. Tras la disolución del grupo y tras hacer algunos otros trabajos en colaboración con otros artistas, Manu Chao lanzó su primer disco en solitario: *Clandestino* (1998). Otros de sus discos son … *próxima estación... Esperanza* (2001), *Radio Bemba Sound System* (2002), *Sibérie m'était contée* (2004), *La Radiolina* (2007) y *Baionarena* (2009).

COMPRENSIÓN DEL TEXTO

Indica si las siguientes afirmaciones son ciertas (C) o falsas (F). Justifica tu elección con tus propias palabras.

1 _____Manu Chao nació en España y se mudó a París con sus padres después de la dictadura de Franco.
2 _____La música de Manu Chao es una música comprometida con asuntos sociales.
3 _____De adolescente ya tenía inquietudes de compromiso social.
4 _____Manu Chao era el vocalista y líder del grupo Mano Negra.
5 _____La música de Manu Chao es tradicional.

I. INVESTIGACIÓN PRELIMINAR

Investiga, reflexiona, toma notas y responde a las siguientes preguntas sobre los procesos migratorios, el contexto cultural y las conexiones entre ambos. Puedes encontrar información en la biblioteca, en Internet, en la bibliografía al final del libro y en Sitio Web del Estudiante.

Conexiones

1 ¿Qué sabes sobre la inmigración, la emigración y sus consecuencias en las sociedades del mundo? Investiga.
2 ¿Cómo pueden influir la inmigración y la emigración en la globalización? Piensa.
3 ¿Cómo puede influir la globalización en la inmigración y la emigración? Piensa.

Detalles históricos

1 ¿Cuáles son los movimientos migratorios principales en líneas generales? Investiga.
2 ¿Cuáles son las causas principales de la migración? Investiga.
3 ¿Cuáles fueron los primeros grupos migratorios que llegaron a Estados Unidos? ¿Y los últimos? Investiga.
4 ¿Cuáles fueron y son los movimientos migratorios principales en Europa? Investiga.
5 ¿Sabes de qué grupo migratorio viene tu familia? Investiga.

Detalles culturales

1 ¿Existe un flujo de emigración o inmigración en tu comunidad? Explícalo.
2 ¿Cómo afecta este flujo de inmigración o emigración a tu comunidad? Da ejemplos.
3 ¿Conoces a algún emigrante o inmigrante? ¿Cómo es esta persona? ¿Cómo se siente en su estado de inmigrante e emigrante?
4 ¿Cómo son los sentimientos de tu comunidad hacia los inmigrantes? Reflexiona.
5 ¿Sabes qué es la canción protesta? ¿Cuáles son sus características? ¿Para qué sirve? ¿Puedes dar ejemplos?
6 ¿Qué sabes del músico Manu Chao? ¿De dónde es? ¿Qué tipo de música hace? Amplía la información sobre estos puntos.

II. ANÁLISIS

A. Palabras clave

Examina el siguiente vocabulario y determina su significado según el contexto de expresiones presentes en la canción "Clandestino".

- ❑ pena   solo voy con mi pena
- ❑ condena   sola va mi condena
- ❑ ley   para burlar la ley
- ❑ prohibida   mi vida va prohibida
- ❑ papel   por no llevar papel

B. Imagina

En relación con el tema que estamos estudiando y con la lista de vocabulario anterior, escribe aquí tus impresiones sobre el tema de la canción. ¿Sobre qué trata? ¿Es una canción testimonio o protesta? ¿Transmite esperanza o desesperanza? ¿Ofrece una imagen positiva de la inmigración? Explica tus ideas en al menos dos párrafos.

_____
_____
_____
_____
_____
_____
_____
_____
_____

_____
_____
_____
_____

C. Antes de escuchar

Elaboren una lluvia de ideas con la información encontrada sobre los diferentes movimientos migratorios y sus consecuencias en la actividad anterior.

D. Escuchar

Escuchen la canción "Clandestino" (Manu Chao, 1998).

E. Después de escuchar

Respondan a las siguientes preguntas.

1 ¿Cuál es el tema principal de la canción? ¿Qué significa "clandestino"?
2 ¿Cuál es el propósito principal de Manu Chao con esta canción?
3 ¿Por qué creen que el autor está constantemente caminando en este video?
4 ¿Cómo son las expresiones faciales de las personas que aparecen en el video? ¿Creen que esto es una metáfora?
5 Expliquen los siguientes versos:
    Solo voy con mi pena
    Correr es mi destino
    Soy una raya en el mar
    Perdido en el corazón de la grande Babylon

F. Conclusiones

Escriban las ideas principales a las que ha llegado cada grupo. Estas ideas preliminares pueden ser útiles más tarde para redactar un ensayo al final del capítulo.

_____
_____
_____
_____
_____

ACTIVIDAD 2

Texto literario. "Ausencia" (Daniel Alarcón, 2005)

Daniel Alarcón nació en Perú y se mudó con su familia a Birmingham, Alabama (Estados Unidos) a la edad de tres años. Allí vivió y creció hasta ir a la universidad. Se le considera uno de los autores jóvenes latinos contemporáneos más importantes (*The New Yorker*). Su primera novela, *Radio Ciudad Perdida*, ganó el Premio de Literatura Internacional en 2009. En 2010, publicó la novela gráfica *Ciudad de payasos*, con la ilustradora Sheila Alvarado. Alarcón ha publicado dos libros de cuentos cortos, *Guerra a la luz de las velas* (2006) y *El rey siempre está por encima del pueblo* (2009). Para esta actividad vas a leer "Ausencia", uno de los cuentos recogidos en *Guerra a la luz de las velas*. Desde 2008, Alarcón trabaja como investigador en el Centro de Estudios Latinoamericanos de la Universidad de California, Berkeley. En 2011 cofundó Radio Ambulante, un podcast de radio en español para contar historias latinoamericanas.

 COMPRENSIÓN DEL TEXTO

Indica si las siguientes oraciones son ciertas (C) o falsas (F). Justifica tu elección con tus propias palabras.

1 _____Alarcón es un latino de primera generación en Estados Unidos.
2 _____Alarcón es un autor con una larga trayectoria profesional.
3 _____A Alarcón también se le conoce por sus ilustraciones.
4 _____Alarcón ha publicado novelas y también cuentos cortos.
5 _____Alarcón es reconocido por ser un importante autor joven contemporáneo.

 I. INVESTIGACIÓN PRELIMINAR

Investiga, reflexiona, toma notas y responde a las siguientes preguntas sobre el contexto cultural, las conexiones y el cuento como género literario. Puedes encontrar información en la biblioteca, en Internet, en la bibliografía al final del libro y en Sitio Web del Estudiante.

1 ¿Qué más sabes sobre el autor Daniel Alarcón?
2 ¿En qué idioma o idiomas escribe?
3 ¿Sobre qué temas escribe?
4 ¿Por qué se le considera uno de los mejores autores jóvenes latinos contemporáneos?
5 ¿Qué sabes sobre el género literario del cuento corto? ¿Qué características tiene?

6   ¿Has leído alguna vez un cuento corto? ¿Cuál o cuáles?

7   ¿Quiénes son algunos autores dentro de este género? Proporciona ejemplos.

🏃 II. ANÁLISIS

A. Palabras clave

Examina el siguiente vocabulario y determina su significado según el contexto de expresiones presentes en el cuento "Ausencia".

❑ deambular	deambulaba de un lado a otro en medio del tráfico
❑ Nueva York	había sido invitado a Nueva York
❑ pasaje	decidió gastar todos sus ahorros en un pasaje de ida y vuelta
❑ visa	en su pasaporte, Wari encontró una visa de turista por un mes
❑ comprender	¿Comprendes cuando hablo? ¿Si hablo despacio?
❑ exposición	¿Le contaste a Fredy de tu exposición?
❑ Partir	partir no es ningún problema
❑ estadía	lo que puede matar a uno es la estadía sin término
❑ enfrentarse	Wari estaba preparado para enfrentarse a todo esto
❑ despedidas	despedidas tentativas, equívocas
❑ volver	tal vez vuelva, les dijo a todos, tal vez no
❑ sentirse mal	los gringos siempre se sienten mal. Van por el mundo cargando esa carga opulenta

B. Imagina

En relación con los asuntos que estamos abordando y con la lista de palabras clave que acabas de estudiar, escribe aquí tus ideas preliminares sobre el tema del cuento. ¿Sobre qué trata? ¿Qué sentimientos transmite sobre la inmigración y la emigración? ¿Transmite esperanza o desesperanza? ¿Son sentimientos combativos o resignados? Explica tus ideas.

_____

_____

_____

_____

_____

_____

_____

_____

_____

_____

_____

C. Antes de leer

Elaboren una lluvia de ideas sobre la investigación previa y las ideas preliminares que tengan sobre el cuento.

 D. Lectura

Lean el cuento corto "Ausencia" (Daniel Alarcón, 2005).

 E. Después de leer

En grupos hagan un análisis del contenido del cuento y respondan a las siguientes preguntas.

1 ¿Cuáles son los temas principales del cuento? Identifíquenlos.
2 ¿Quiénes son los personajes principales? Descríbanlos.
3 ¿Cómo evolucionan los sentimientos de Wari?
4 ¿Qué creen que significa el título del cuento?
5 Imaginen que ustedes son el personaje principal, Wari. ¿Les gustaría dejar su tierra y trasladarse a país extranjero sin saber cuándo van a regresar? ¿Les daría miedo? ¿Lo harían sin dominar el idioma? ¿Se sentirían orgullosos de sí mismos?
6 ¿Por qué creen que Wari decidió cambiar su pasaje de vuelta a Perú y quedarse más tiempo en Nueva York?
7 Inventen un final diferente para "Ausencia". Sean creativos.

 F. Conclusiones

En grupos escriban las ideas principales a las que han llegado. Estas ideas preliminares serán útiles más tarde para redactar un ensayo al final del capítulo.

ACTIVIDAD 3

Película. *Herencia* **(Paula Hernández, 2001)**

La actriz, guionista y directora de cine Paula Hernández nació en Buenos Aires (Argentina) en 1969. Entre sus películas destacan *Un amor* (2011), *Malasangre* (2010), *Lluvia* (2008), *Familia Lugones* (2007), *Herencia* (2001), y los cortometrajes *Kilómetro 22* (1995) y *Rojo* (1992). En esta actividad vas a ver la película *Herencia*, la cual está repleta de increíbles y bonitas historias sobre inmigrantes y emigrantes. Olinda (Rita Cortese) es una inmigrante italiana que llegó a Argentina después de la Segunda Guerra Mundial en busca de un gran amor al que no logró encontrar, pero decidió quedarse allí y abrir un restaurante. Muchos años después llegó un joven alemán llamado Peter (Adrian Witzke), también en busca de su gran amor. El destino hará que Olinda y Peter se encuentren y empiecen una gran relación de verdadera amistad y compasión.

 COMPRENSIÓN DEL TEXTO

Indica si las siguientes oraciones son ciertas (C) o falsas (F). Justifica tu elección con tus propias palabras.

1 _____La directora de *Herencia* es argentina.
2 _____*Herencia* es su primera película.
3 _____*Herencia* trata de la Segunda Guerra Mundial.
4 _____La protagonista de *Herencia*, Olinda, es una emigrante en Italia.
5 _____Olinda y Peter, los protagonistas, tienen historias similares.

 I. INVESTIGACIÓN PRELIMINAR

Investiga, reflexiona, toma notas y responde a las siguientes preguntas sobre el contexto histórico y las conexiones. Puedes encontrar información en la biblioteca, en Internet, en la bibliografía al final del libro y en Sitio Web del Estudiante. También puedes repasar tus notas del capítulo 6.

Contexto histórico

1 ¿Qué recuerdas sobre la Segunda Guerra Mundial? ¿Qué países participaron?
2 ¿Cuáles fueron algunas de sus consecuencias?

Conexiones e impresiones

1   ¿Conoces a alguien que emigrara a otro país durante o después de la Segunda Guerra Mundial? ¿Qué sabes de esta o estas personas?
2   ¿Cómo crees que cambiaron sus vidas al cambiar de país, tradiciones y quizás idioma?
3   Si tienes acceso a una de estas personas, contacta con ella y pídele que te cuente detalles de su proceso de emigración y qué impacto tuvo en su vida.
4   ¿Has viajado alguna vez a otro lugar en busca de una persona sin saber dónde encontrarla? ¿Conoces a alguien que lo haya hecho? ¿Qué pasó? Toma notas para hablar con tus compañeros después en clase.

II. ANÁLISIS

A. Palabras clave

Lee la siguiente escena de *Herencia* centrándote en el vocabulario y las expresiones en negrita.

Herencia. Olinda y Peter hablan en el restaurante (minuto 35:10-39:00). La escena se desarrolla en el restaurante de Olinda por la noche, cuando el restaurante está cerrado. Peter ha estado buscando a su amada desde por la mañana por todo Buenos Aires, sin resultados. Ahora está tumbado, mirando al techo y pensativo. Olinda está en la cocina y lo observa.

> OLINDA.–**Vos** necesitás comer algo, **vení**, vení aquí que hay comida recién hecha.
> (Peter se acerca a la cocina y empieza a comer.)
> OLINDA.–¿Y **encontraste** muchos García?
> PETER.–Todos, Garcías todos.
> OLINDA.–Bueno, no te pongás así. ¿Sabés qué pasa? Que al principio **Buenos Aires** parece que te come vivo, pero luego te **acostumbrás** y es más fácil. Lo que no tienes que perder es la fe.
> PETER.–Ahora piensa que mi padre en **Alemania** tiene razón. Es loco, dice, de viajar sin saber en tanto tiempo, con, **sin dinero**.
> OLINDA.–¿Por qué, cuánto hace que no la ves?
> PETER.–Un año y más, más o menos.
> OLINDA.–Los padres siempre dicen que uno está loco cuando se es joven.
> PETER.– (Mirando hacia una **fotografía** en blanco y negro en la pared de una chica joven) ¿Tiene una hija?
> OLINDA.– (Mirando hacia la fotografía) No, esa no es mi hija. Pero ¿qué edad creés que tengo yo? (ríe). Esa es una **italiana** que llegó igual que vos, **sin un centavo**, con una valija, **un nombre** y una dirección, y también vino a **buscar a alguien**.
> PETER.–¿**Un hombre**?

OLINDA.–Sí.

PETER.–¿Y cuando viene, entonces encontró?

OLINDA.–Sí, **se encontraron** después de, de un tiempo largo, de unos años, en un cine.

PETER.–Pero, el hombre que busca, ¿espera a ella?

OLINDA.–Sí, sí. Es que antes no era como es ahora. Era después de la **Guerra**, había pocos teléfonos, las cartas no llegaban o se perdían. Era como la gente ¿no? **La gente también se perdía**. Y fijate qué ironía, ¿no? Él le escribía a ella a un **pueblito desierto de Italia** y ella lo buscaba como loca en Buenos Aires.

PETER.–Y ¿qué pasó?

OLINDA.–Nada, eso, que, que **a veces las cosas no salen como una quiere**. Y ella **se quedó en Buenos Aires** porque su papá también le decía que estaba loca.

PETER.–(Mira hacia la fotografía) Es bonita antes.

OLINDA.–Sí, antes era bonita. Y ¿sabés una cosa? **Me fue bien**. Porque cuando era joven **nunca perdía la esperanza**.

PETER.–¿Esperanza?

OLINDA.–**Esperanza de ser feliz**.

B. Imagina

En relación con el tema de esta sección y la escena de la película *Herencia* que acabas de leer, escribe tus impresiones acerca de lo que puede ser el contenido de la película que vas a ver.

   ¿Qué ideas te vienen a la mente sobre el posible mensaje y las posibles situaciones de la película? ¿Puedes adivinar de qué trata? ¿Cómo es Olinda? ¿Cómo es Peter? ¿Es una película a favor o en contra de la inmigración? Explica tus ideas.

_____
_____
_____
_____
_____
_____
_____
_____
_____
_____
_____
_____

C. Antes de ver

Elaboren una lluvia de ideas sobre los datos recabados en Internet y sus impresiones preliminares sobre la película.

 D. Ver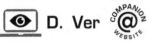

Película *Herencia* (Paula Hernández, 2001). Vean la película (en clase o en casa). Mientras la ven tomen notas para poder responder a las preguntas de la siguiente actividad.

 E. Después de ver

Analicen la película y respondan a las siguientes preguntas:

1   ¿Cuáles son los personajes principales en *Herencia*? Identifíquenlos y describan cada uno de ellos.
2   ¿Cuáles son los temas principales que aparecen en esta película? Explíquenlos.
3   ¿Qué sentimientos trasmite la película?
4   Si fueran uno de los personajes, ¿cuál les gustaría ser? ¿Por qué?
5   ¿Les gusta la película? ¿Por qué?
6   ¿Cuál es el significado del título? Piensen.
7   Inventen un final diferente. Sean creativos.

 F. Conclusiones

Escriban las ideas principales a las que ha llegado cada grupo. Estas ideas les pueden servir más tarde para redactar el ensayo del final del capítulo.

_____
_____
_____
_____
_____
_____
_____
_____
_____
_____

 **ACTIVIDAD 4**

Música. "Pobre Juan" (Maná, 2002)

El grupo mexicano Maná es uno de los grupos latinoamericanos más reconocidos y populares internacionalmente por su estilo *rock*-pop latino. Surgió en los años setenta con el nombre de Sombrero Verde, y fue uno de los primeros grupos que empezó a escribir su propia música *rock* en español en esa época. En 1981 publicaron su primer disco, *Sombrero verde*. Varios miembros del grupo fueron cambiados desde entonces y hasta mediados de los ochenta, cuando el grupo decidió cambiar de nombre a Maná (que significa "energía positiva" en polinesio) y fusionar el *rock*, el pop y los ritmos latinos. Los integrantes originales de Maná eran Fernando Olvera (vocalista), Ulises Calleros (guitarra), Juan Calleros (bajo) y Álex González (batería), pero actualmente los miembros del cuarteto son Fernando Olvera (vocalista, guitarra y armónica), Juan Calleros (bajo), Sergio Vallín (guitarra, coros) y Álex González (batería, voz, coros, percusiones). Maná ha publicado dieciocho álbumes hasta la fecha, entre los que destacan *Falta amor* (1990), *¿Dónde jugarán los niños?* (1992), *Cuando los ángeles lloran* (1995), *Sueños líquidos* (1997), *Revolución de amor* (2002), *Amar es combatir* (2006) y *Drama y luz* (2011). En 1995 la banda fundó la Fundación Selva Negra para financiar y apoyar proyectos destinados a proteger el medio ambiente. Esta fundación fue reconocida como "Campeón de Salud" por la Organización Panamericana de la Salud en 2008. Para esta actividad vas a escuchar el tema "Pobre Juan" del álbum *Revolución de amor* (2002). Maná recibió su cuarto premio Grammy por este álbum.

 ## COMPRENSIÓN DEL TEXTO

Indica si las siguientes oraciones son ciertas (C) o falsas (F). Justifica tu elección con tus propias palabras.

1 ____"Sombrero Verde" fue el nombre original de Maná.
2 ____Maná fusiona música pop, *rock* y ritmos latinos.
3 ____Maná es un quinteto.
4 ____Los actuales miembros de Maná son los mismos desde el comienzo del grupo.
5 ____Maná fundó la Organización Panamericana de la Salud en 2008.

 ## I. INVESTIGACIÓN PRELIMINAR

Investiga, reflexiona y responde a las siguientes preguntas. Toma notas detalladas, ya que estas te servirán para desarrollar tu ensayo al final del capítulo. Puedes encontrar información en la biblioteca, en Internet, en la bibliografía al final del libro y en Sitio Web del Estudiante.

Contexto histórico y geográfico

1   ¿Qué sabes sobre los movimientos migratorios de Latinoamérica a Estados Unidos? Investiga.
2   ¿Y de las migraciones de Latinoamérica, África y Europa del Este a España? Investiga.
3   ¿Cuál es el mayor grupo de inmigrantes en Estados Unidos?
4   ¿De qué países o regiones llegan la mayoría de los inmigrantes latinos a Estados Unidos?
5   ¿De qué países o regiones llegan la mayoría de los inmigrantes a España?
6   ¿Cómo viajan los inmigrantes? ¿Viajan todos de igual forma? ¿Por dónde entran muchos inmigrantes? ¿Cuánto les cuesta? Investiga a fondo.

Contexto sociopolítico

1   ¿Qué sabes sobre las leyes de inmigración en tu país o en tu estado? Investígalo.
2   ¿Conoces a algún inmigrante que viva en tu comunidad? ¿Tienes amigos o conocidos inmigrantes? ¿Sabes las causas que les llevaron a emigrar? ¿Sabes cómo fue su viaje y su entrada el país al que emigraron?
3   ¿Cómo son los sentimientos de estas personas hacia el nuevo país? ¿Se adaptaron a la nueva cultura y al idioma? Habla con una de estas personas y averigua información que te ayude a reflexionar con vistas a tu ensayo final.

II. ANÁLISIS

A. Palabras clave

Examina el siguiente vocabulario y determina su significado según el contexto de las expresiones presentes en la canción "Pobre Juan".

❑ marcharse   se lanzó marchándose al norte
❑ digna   en busca de una vida digna
❑ frontera   y a la frontera él llegó
❑ coyote   conectó con el mero mayor de los coyotes
❑ precio   qué precio le pago
❑ regresar   Juan ya nunca regresó
❑ quedarse   en la línea se quedó
❑ traicionar   el coyote a Juan lo traicionó

B. Imagina

En relación con el tema y en la lista que acabas de estudiar, escribe aquí tus impresiones sobre el tema de la canción ¿Sobre qué trata? ¿Transmite esperanza o desesperanza?

_____

_____

_____

_____

_____

_____

_____

_____

_____

_____

_____

_____

C. Antes de escuchar

Elaboren una lluvia de ideas sobre la información anotada en la actividad anterior.

D. Escuchar @

Escuchen la canción "Pobre Juan" (Maná, 2002).

E. Después de escuchar I

Completen los huecos de la canción.

Juan _____marchándose al norte
_____ en busca de una vida digna
cruzando México
por valles y por montes
_____Juan lleno de fe.

La historia es que Juan se iba a _____
con María _____
pero él no tenía ni un _____
ni un clavo que _____.

Pero este Juan iba muy _____
y a la frontera él llegó con todo el filo.
Se conectó con el mero mayor de los coyotes
y la historia le contó:
Mire usted que yo quiero _____ ya
a San Diego o Chicago,
_____ usted lo que hago,
qué precio le pago.

Juan ya nunca regresó,
en la línea se quedó,
pobre Juan
o la _____ lo mató
o el _____ lo enterró,
pobre Juan.

Oh, oh, oh, oh,

Juan le _____ al coyote
una foto de María
con la cual se _____,
le prometió que él _____
para formar todo un hogar.

Pero el coyote a Juan lo traicionó
_____ al olvido,
de tres _____ se tronaron a Juan,
pobre Juan,
no _____
no, oh.

Juan ya nunca_____,
en la línea se_____,
pobre Juan
o la _____ lo mató
o el _____ lo enterró,
pobre Juan
y María lo fue a buscar
y ella nunca lo encontró,

_____,
oh…

F. Después de escuchar II

Respondan a las siguientes preguntas sobre la canción.

1   ¿Cuáles son los temas principales?
2   ¿Por qué creen que Juan decidió ir al norte y dejar a María?
3   ¿Qué creen que le ocurrió a María?
4   ¿Cuál creen que es la intención de Maná con esta canción?
5   Si fueras Juan o María, ¿actuarían igual o de manera diferente? ¿Por qué?

G. Conclusiones

Escriban las ideas principales a las que ha llegado cada grupo. Estas ideas pueden ser útiles más tarde para redactar el ensayo al final del capítulo.

_____

_____

_____

_____

_____

_____

_____

ACTIVIDAD 5

Ensayo

Usando todas la información recogida a lo largo del capítulo, tus reflexiones, investigaciones, conversaciones, las producciones originales analizadas y todas tus notas de cada actividad, escribe un ensayo bien desarrollado sobre uno de estos dos temas que elijas: "Las causas de la emigración en el mundo hispanohablante como parte de un mundo globalizado" o "Las consecuencias de la inmigración y de la emigración en el mundo hispanohablante: Las nuevas realidades sociales".

Debes dividir tu ensayo en introducción, desarrollo y conclusiones (1.500-2.000 palabras).

PREGUNTAS DE REFLEXIÓN

Para desarrollar tu ensayo considera las siguientes preguntas. ¿Cuáles son los temas principales que se han discutido en este capítulo? ¿En qué producciones originales (canción, películas o literatura) de los que hemos analizado aparecen estos temas? ¿Cuál es el hilo conector entre estos temas estudiados? ¿Cuál es el hilo conector entre las producciones originales analizadas? ¿Qué es la globalización y qué implica? ¿Cómo se refleja la globalización en los movimientos migratorios recientes? ¿Es un resultado positivo o negativo por igual? ¿Cómo pueden impactar la inmigración y la emigración en la globalización? ¿Cómo puede impactar la globalización en la inmigración y emigración?

- **10 pautas para redactar un ensayo argumentativo.** Sigue estos pasos para redactar un ensayo mejor. En el Sitio Web del Estudiante encontrarás más información sobre la redacción de ensayos argumentativos que te puede ser de utilidad.
  1 Elige el **tema** sobre el que quieres investigar más a fondo, el que más te interesa. No debes elegir el más fácil, sino el que más te interese, para que tu texto sea mejor.
  2 **Investiga a fondo sobre el tema que has elegido**. Es importante buscar información en fuentes académicas y fidedignas. Es recomendable dar prioridad a libros, bases de datos y organismos oficiales. Vuelve a leer las preguntas de las secciones de "Investigación preliminar" de cada actividad. Además, lee todas las notas que has reunido a lo largo del capítulo. Lee los párrafos que tu grupo redactó para las conclusiones de cada actividad. Toma notas sobre cómo vas a estructurar tu ensayo y sobre los distintos argumentos que vas a exponer en tu discurso. Es importante que cada argumento o idea que expongas esté respaldado por fuentes fidedignas.
  3 Escribe tu **introducción**, con la **tesis** de tu ensayo. La introducción debe ser clara, contundente y cuidada. Tu ensayo se desarrollará a partir de esta tesis.
  4 El **cuerpo** del ensayo deberá dividirse según los argumentos que expongamos. Así, si vas a plantear tres argumentos, puedes desarrollar tres párrafos distintos, etcétera, aunque no tienen que ser igual de largos; la extensión dependerá del tema de cada argumento. Es importante que cada párrafo esté bien desarrollado y que los párrafos estén bien hilados.
  5 Finalmente, debes escribir tu párrafo de **conclusión**. En él, repasa los argumentos de manera muy concisa y añade tu opinión personal, ya que es tu ensayo.
  6 Incluye una página con las **fuentes o referencias** que has utilizado, asegurándote de que estas aparecen conforme al estilo requerido por tu profesor.
  7 Incluye una **página de presentación** conforme a las especificaciones que te haya dado tu profesor.
  8 Una vez fijado el contenido del ensayo, léelo tantas veces como necesites para repasar el **uso gramatical** y realizar los cambios necesarios.

9   Hecho eso, vuélvelo a leer cuantas veces sea necesario para corregir cualquier falta de **ortografía y puntuación**, pues estas nunca deben aparecer en un ensayo académico.

10 Por último, asegúrate de que tu ensayo está redactado conforme al **estilo** requerido por tu profesor, igual que las fuentes. Haz los cambios que sean necesarios.

CAPÍTULO 10

Los tratados de libre comercio en los países hispanohablantes y sus consecuencias socioculturales

I DESCRIPCIÓN

Este capítulo, titulado "Los tratados de libre comercio en los países hispanohablantes y sus consecuencias socioculturales", continúa ahondando en el tema de la globalización desde el punto de vista de los tratados de libre comercio (TLC) que afectan a los países hispanohablantes. A través de la literatura, el cine y la música vas a explorar, analizar y reflexionar sobre cómo los tratados de libre comercio principales en Latinoamérica (Mercosur, TLCAN, ALCA, TPP, entre otros) y Europa (la Unión Europea) han influido en las economías, las sociedades, las culturas y los comportamientos de los países hispanohablantes a ambos lados del Atlántico.

II OBJETIVOS CULTURALES

Al final de este capítulo podrás:

1   Demostrar tu comprensión de la relación que existe entre las perspectivas culturales del proceso de globalización y los tratados de libre comercio, así como las causas que llevan a los gobiernos a establecerlos entre diferentes países y regiones, y las consecuencias socioculturales que estos tratados tienen en el mundo hispanohablante. Para lograr este resultado, investigarás, analizarás y reflexionarás sobre:

    a   Los diferentes TLC en los que participan países hispanohablantes.
    b   La relación entre estos TLC y el proceso de globalización.
    c   Las causas que llevan al establecimiento de TLC específicos.
    d   Las consecuencias económicas de los TLC.
    e   Las consecuencias políticas de los TLC, como el neoliberalismo.
    f   Las consecuencias socioculturales de los TLC, sus ventajas y desventajas.
    g   La poesía en Versificación Virtual.

2   Demostrar tu comprensión de la conexión entre las perspectivas políticas, económicas y sociales del proceso de globalización y su relación directa con los TLC, y a su vez con los procesos migratorios, cómo todo ello se refleja en la producción literaria, cinematográfica y musical. Para lograr este objetivo, analizarás y compartirás tus ideas sobre las siguientes producciones originales relacionadas con los TLC, sus causas y consecuencias en el mundo hispanohablante:

    a   Película: *Biutiful* (Alejandro González Iñárritu, 2010)
    b   Música: "En lo puro no hay futuro" (Jarabedepalo, 2005), "No al TTP" (Ana Tijoux, 2013)
    c   Texto Literario: "Neoliberalismo" (Alfonso Ramos Alva, Jessica Ramos-Harthun, 2011)

III OBJETIVOS LINGÜÍSTICOS

Al final de este capítulo podrás:

1   Desarrollar la habilidad narrativa a nivel avanzado.
2   Enriquecer el vocabulario referente a la globalización, los tratados de libre comercio y la inmigración.
3   Perfeccionar la comprensión de textos hablados y escritos complejos.
4   Desarrollar la habilidad de definir, resumir, exponer ideas.
5   Desarrollar la habilidad de opinar y argumentar.
6   Desarrollar la habilidad de crear poesía en Versificación Virtual.

INTRODUCCIÓN

Un ejemplo claro de globalización son los TLC que han proliferado rápidamente entre países de todo el mundo en las últimas décadas. Los TLC son acuerdos comerciales entre dos o más países de una misma región o varias regiones para ampliar el mercado y los servicios entre ellos. Para conseguir este mercado libre, se eliminan o disminuyen los aranceles para el intercambio de bienes, y se establecen acuerdos específicos para los servicios. Los TLC se rigen por las leyes de la Organización Mundial del Comercio (OMC) o por acuerdos entre los países. Aunque los TLC han proliferado a finales del siglo xx y principios del xxi, se considera el primero el Tratado Franco-Británico de Libre Comercio (llamado también Tratado de Cobden-Chevalier) de 1860.

Algunos de los principales TLC, como es el caso de la Unión Europea, La Comunidad Andina, Mercosur y la Comunidad Sudamericana de Naciones, implican integración económica, social y política de los países integrantes. Sin embargo, la mayoría de los TLC no tienen estas implicaciones y más bien se crearon principalmente para facilitar el intercambio comercial. Algunos de los TLC en los que participan países de habla hispana son la Unión Europea, Mercosur, Alianza del Pacífico, Alianza de Libre Comercio de las Américas (ALCA), Tratado del Libre Comercio de América del Norte (TLCAN), Tratado de Libre Comercio entre Chile y Estados Unidos, Tratado de Libre Comercio entre Colombia y Estados Unidos, Tratado de Libre Comercio entre Estados Unidos, Centroamérica y República Dominicana, Tratado de Libre Comercio entre México y Japón, Tratado de Libre Comercio entre Perú y Estados Unidos, y Acuerdo Estratégico Trans-Pacífico de Cooperación Económica (TPP), este último aún en fase de negociaciones. Algunos de los tratados más importantes que vamos a estudiar en este capítulo son la Unión Europea (UE), el Tratado de Libre Comercio de América del Norte (TLCAN), Mercosur, y el controvertido Acuerdo Estratégico Trans-Pacífico de Cooperación Económica (TPP). El más grande y complejo es la Unión Europea (UE), que es la comunidad política de derecho constituida en régimen de organización internacional nacida en 1993 para integrar y gobernar en común a los estados de Europa. Se fundó a partir de tres tratados europeos preexistentes: la Comunidad Económica Europea, la Comunidad Europea del Carbón y del Acero y La Comunidad Europea de la Energía Atómica. Hoy día, la UE está compuesta por 28 países, con un sistema de unidad monetaria común −el euro− para muchos de ellos. La Unión Europea se rige por un sistema interno con siete instituciones que la dirigen: el Parlamento Europeo, el Consejo Europeo, el Consejo, la Comisión Europea, el Tribunal Superior de Justicia de la Unión Europea, el Tribunal de Cuentas y el Banco Central Europeo. En 2012 la Unión Europea ganó el Premio Nobel de la Paz por su contribución al avance de la paz, la reconciliación, la democracia y los derechos humanos de Europa.

En general los objetivos fundamentales de los TLC son: (1) eliminar barreras que afecten negativamente el comercio; (2) promover las condiciones para una competencia justa; (3) incrementar las oportunidades de inversión económica; (4) proporcionar protección para el derecho de propiedad intelectual; (5) establecer procesos para estimular la producción nacional; y (6) fomentar la cooperación entre países amigos. Los TLC en principio se diseñaron para beneficiar a todos los países participantes, pero sin embargo y como veremos en este capítulo, a menudo la realidad es muy diferente, resultando un beneficio desigual, incluso a veces, contraproducente.

Para sus defensores, los TLC son importantes herramientas que garantizan el acceso de productos a los mercados externos más fácil y rápidamente. Además, éstos permiten que aumente la comercialización de productos nacionales, se genere más empleo en el país, se modernice la industria, se mejore el bienestar de la sociedad y se promueva la creación de nuevas empresas por parte de inversionistas. Finalmente, los TLC se establecen para abaratar los productos que se importan. Para los detractores de los TLC, estos pueden enriquecer al más rico y empobrecer al más pobre, acrecentando la desigualdad económica y social de los países y de sus grupos sociales. A pesar de que están diseñados para disminuir el costo de los productos, generalmente es necesario establecer comités y grupos de trabajo para investigar, debatir, acordar y redactar los acuerdos, lo cual puede llegar a ser muy caro para los países que se están asociando, especialmente para los que tienen desventaja económica, que en ocasiones consumen muchos recursos. Otro problema es la posibilidad de crear una competencia de mercados insostenible: al eliminar las barreras de intercambio, algunos mercados internacionales no están en el mismo nivel que la industria nacional y pueden producir productos por debajo del costo. Finalmente, el libre comercio también puede aumentar la inestabilidad económica interna, ya que los mercados locales se vuelven dependientes de las importaciones. Además, con el incremento de importaciones y exportaciones, se pueden incrementar la contaminación y otros problemas ambientales, generando otra línea de graves problemas para los países más pobres y sus poblaciones. En general, tanto los TLC como otras organizaciones internacionales similares tienen siempre ventajas y desventajas, y aunque pueden ser muy positivos para los gobiernos y los estados en general, y para las grandes empresas multinacionales, pueden afectar negativamente al ciudadano más pobre, sobre todo en los países en vías de desarrollo. En cualquier caso, los TLC generan polémica entre sus defensores y detractores.

En este capítulo vas a estudiar el fenómeno de la globalización desde el punto de vista de los TLC entre países y regiones de habla hispana. Vas a escuchar y analizar dos canciones "En lo puro no hay futuro" (Jarabedepalo, 2005) y "No al TPP" (Ana Tijoux, 2013); leer un poema, "Neoliberalismo" (Alfonso Ramos Alva, 2011); y ver una película, *Biutiful* (Alejandro González Iñárritu, 2010). A través de cada actividad irás usando tus habilidades críticas e investigadoras (individuales y en grupo) para formarte un criterio sobre los temas que se abordan. Terminarás el capítulo desarrollando un ensayo sobre los TLC en los países de habla hispana y sus consecuencias sociales. En él incorporarás las ideas extraídas a lo largo del capítulo. Además, tendrás la oportunidad de experimentar con la creación de tu propio poema usando el tema que nos ocupa.

COMPRENSIÓN DE LA LECTURA I

Escoge las respuestas correctas de acuerdo con el texto que acabas de leer.

1 Los TLC son...
   a un ejemplo de globalización.
   b un ejemplo de nacionalización.
   c un ejemplo de separación.
   d ninguno de los anteriores.
2 Los TLC...
   a tienen más ventajas que desventajas.
   b tienen más desventajas que ventajas.
   c tienen ventajas y desventajas.
   d ninguno de los anteriores.
3 Los TLC se rigen por...
   a la Organización Mundial del Comercio.
   b un mutuo acuerdo entre los países participantes.
   c ninguno de los anteriores.
   d los dos anteriores.
4 El primer TLC fue...
   a la Unión Europea.
   b la Comunidad Económica Europea.
   c el Tratado de Libre Comercio de América del Norte.
   d el Tratado Franco-Británico de Libre Comercio.
5 Algunos de los objetivos de los TLC son...
   a eliminar barreras comerciales entre países participantes.
   b generar una competencia de mercados justa.
   c incrementar las oportunidades de inversión económica para los países participantes.
   d establecer procesos para estimular la producción nacional.
   e todos los anteriores.

COMPRENSIÓN DE LA LECTURA II

Responde a las preguntas sobre la lectura anterior con tus propias palabras.

1 ¿Qué son los TLC y para qué se originan?
2 ¿Cuáles son algunas de las ventajas de los TLC?

3   ¿Los TLC pueden tener desventajas? Explícalo.

4   ¿Cuáles son algunos ejemplos de TLC en los que participen países de habla hispana?

5   ¿Por qué la Unión Europea es diferente a otros TLC?

6   ¿Sabes en qué TLC participa tu país? Investiga, analiza y explícalo.

 **ACTIVIDAD 1**

Música. "En lo puro no hay futuro" (Jarabedepalo, 2005)

Jarabedepalo es un grupo musical español afincado en Barcelona. Su líder es Pau Donés, quién comenzó a los quince años junto con su hermano Marc con un grupo llamado J. & Co. Band, y después con otro llamado Dentaduras Postizas. Durante los años noventa Donés viajó a Cuba y esta experiencia le marcó para siempre. Así se inspiró para componer el tema "La Flaca", que dio título a su primer disco del mismo nombre en 1996. Este disco fue de los primeros lanzados en España que mezclaban ritmos latinos y *rock*. El tema se hizo muy popular gracias a un anuncio de publicidad en la televisión y el disco vendió millones de copias en España y Latinoamérica. Otros álbumes posteriores fueron *Depende* (1998), *De vuelta y vuelta* (2001), *Bonito* (2003), *1m2* (2004), *Adelantando* (2007), *A Glonendo* (2010), *¿Y ahora qué hacemos?* (2011) y *Somos* (2014). En todos sus trabajos, Jarabedepalo colabora con importantes músicos nacionales e internacionales como Jorge Drexler, Chrissie Hynde, Alanis Morissette, Luciano Pavarotti, Carlos Tarque, Lucrecia, Joaquín Sabina, Alejandro Sanz, Shakira o Antonio Orozco. En 2008 Jarabedepalo estableció su propia discográfica, Tronco Records. Su música ha recibido numerosos premios y nominaciones nacionales e internacionales, entre ellos varios Grammy Latino y Ondas.

 COMPRENSIÓN DEL TEXTO

Indica si las siguientes oraciones son ciertas (C) o falsas (F). Justifica tu elección con tus propias palabras.

1   ____Jarabedepalo es el primer grupo musical de Pau Donés.

2   ____Marc Donés es el líder de Jarabedepalo.

3   ____"La Flaca" fue la canción que llevó a Jarabedepalo al éxito internacional.

4   ____Los ritmos de la música de Jarabedepalo mezclan el *rock* con sonidos latinos.

5   ____Jarabedepalo tiene su propia compañía discográfica.

I. INVESTIGACIÓN PRELIMINAR

Investiga, reflexiona y responde a las preguntas siguientes. Toma notas detalladas, ya que estas te servirán más tarde para desarrollar un ensayo al final del capítulo. Puedes encontrar información en la biblioteca, en Internet, en la bibliografía al final del libro y en Sitio Web del Estudiante.

Conexiones

1 ¿Qué recuerdas sobre los movimientos migratorios que estudiaste en el capítulo anterior? Lee tus notas.
2 ¿Qué recuerdas sobre las consecuencias de la inmigración en las diferentes sociedades? Lee tus notas.
3 ¿Cómo crees que ha evolucionado tu comunidad a través de los siglos y las últimas décadas como consecuencia de la inmigración?

Detalles históricos

1 ¿Qué son los TLC?
2 ¿Cuáles son algunos de ellos en Latinoamérica y en Europa?
3 ¿Cuáles son algunos de los principales TLC en los que tu país participa?
4 ¿Cuáles son algunas de las razones por las cuales se forman tratados de libre comercio?
5 Investiga los detalles sobre algunos de los tratados de libre comercio más importantes entre los países hispanohablantes.

Detalles culturales

1 ¿Existe un flujo de emigración o inmigración en tu comunidad? Explícalo.
2 ¿Sabes algo sobre las leyes de inmigración en tu país? Investiga sobre el tema.
3 ¿Sabes algo sobre las leyes de inmigración en tu comunidad? Investiga sobre el tema.
4 ¿Sabes cuáles son los TLC en los que participa tu país? ¿Qué beneficios crees que tienen para tu país? ¿Y para tu sociedad?
5 ¿Sabes qué es la canción protesta? ¿Cuáles son sus características? ¿Para qué sirve? ¿Puedes dar ejemplos?
6 ¿Qué más sabes del grupo de música Jarabedepalo? ¿De dónde es? ¿Qué tipo de música hace? Busca información.

 **II. ANÁLISIS**

A. Palabras clave

Examina el siguiente vocabulario y determina su significado según el contexto de las expresiones presentes en la canción "En lo puro no hay futuro".

- ❑ puro   en lo puro no hay futuro
- ❑ goleta   en una goleta
- ❑ abarrotada   abarrotada de esclavos
- ❑ mezcla   la pureza está en la mezcla
- ❑ gitano   se casó con un gitano
- ❑ bananero   era un rubio bananero

B. Imagina

En relación con el tema que estamos estudiando y con la lista de vocabulario anterior, escribe aquí tus ideas preliminares sobre el tema de la canción ¿Sobre qué puede tratar? ¿Transmite esperanza o desesperanza? ¿Ofrece una imagen positiva de la inmigración? Explica tus ideas en al menos dos párrafos.

_____

_____

_____

_____

_____

_____

_____

_____

_____

_____

 C. Antes de escuchar

Elaboren una lluvia de ideas de la información encontrada sobre los diferentes movimientos migratorios y sus consecuencias, y sobre los TLC entre los países hispanohablantes.

 D. Escuchar

Escuchen la canción "En lo puro no hay futuro" (Jarabedepalo, 2005).

E. Después de escuchar

Respondan a las siguientes preguntas.

1   ¿Cuál es el tema principal?
2   ¿Qué quiere decir el título?
3   ¿Cuál es el propósito principal de Jarabedepalo con esta canción?
4   Expliquen los siguientes versos:
     "La pureza está en la mezcla"
     "En la mezcla de lo puro"
     "Que antes que puro fue mezcla"

 F. Conclusiones

Escriban las ideas principales a las que ha llegado cada grupo. Estas ideas pueden ser útiles más tarde para redactar el ensayo al final del capítulo.

_____
_____
_____
_____
_____
_____
_____
_____
_____
_____
_____
_____

 ACTIVIDAD 2

Texto literario. "Neoliberalismo" (Alfonso Ramos Alva, Jessica Ramos-Harthun, 2011, p. 339)

El Dr. Alfonso Ramos Alva (Perú, 1936-2006) fue un intelectual, sociólogo, político, profesor y escritor peruano. En la década de los años ochenta fue primer vicepresidente del Senado peruano y senador de la República. Fue miembro de la Asamblea Constituyente (1979) y Secretario General de Ideología y Doctrina del APRA (Alianza Popular Revolucionaria Americana). Se le conocía como "el Ideólogo del APRA" por su dominio de la dialéctica Aprista y por ser el defensor del legado de Víctor Raúl Haya de la Torre, fundador y dirigente del APRA y Partido Aprista Peruano. Una de las obras más conocidas de Ramos Alva es *Siete tesis equivocadas del marxismo-leninismo sobre Indoamérica* (1986), obra magistral en las aulas universitarias de la época. Como homenaje y recuerdo a los diez años de la muerte del más ilustre pensador político peruano, Ramos Alva publicó *Haya de la Torre: creador y visionario* (1990), donde presentaba los diferentes aportes –filosófico, económico, sociológico, ideológico y político– de la vasta obra creadora de Víctor Raúl Haya de la Torre. En *El Estado hemisomo: crítica y alternativa al Estado neoliberal*, su obra mayúscula del 2005, Ramos Alva presenta al Estado desde sus inicios como lo concibieron los romanos e incluso antes, pasando por todas las formas y deformaciones, hasta llegar a este mundo moderno globalizado. Nos señala que podemos definir el Estado hemisomo como la organización política del neoliberalismo (ese que Juan Pablo II llamó "liberalismo salvaje"), con la mitad del cuerpo empequeñecido, débil, fetal, que trata de suplantar, sólo en los países en vías de desarrollo, a las viejas tradiciones del derecho natural que dieron origen al Estado moderno. Como alternativa al Estado neoliberal, Ramos Alva propone el Estado neotérico, que es un Estado humanista que prioriza al hombre antes que a la economía; es un Estado promotor, concertador y de defensa, cuya legitimidad radica en la justicia social sin abdicar de la libertad (*El Estado hemisomo* 103, 233).

Dentro de su obra literaria, Alfonso Ramos Alva nos propone con *Escalinatas y peldaños: VERVIR, Versificación Virtual* (publicada el 7 de julio de 1998 en Lima, Perú) un innovador método de versificación en donde el lenguaje poético no sólo sirve para *comunicar*, sino también para *recrear* y *visualizar*. Estos tres aspectos, incluyendo la métrica y la estética, han permitido a Ramos Alva estructurar lo que denomina Versificación Virtual, Versos Virtuales, VERVIR (Ramos Alva, Ramos Harthun 35). En los Versos Virtuales el lector es llamado a participar activamente, recreando las ideas propuestas por el autor en las múltiples y diferentes lecturas posibles del poema. Ramos Alva expone siete maneras distintas de leer cada poema sin que se pierda la unidad conceptual y poética del mismo. Con una enriquecedora diversidad temática que abarca política, economía, artes, costumbres, historia del Perú, Latinoamérica y mundiales, su libro nos ofrece doscientos poemas en Versificación Virtual. Una edición póstuma del poemario original fue publicada en 2011 con el nombre de *VERVIR: una nueva manera de leer y escribir poesía*. En este capítulo vas a leer uno de sus poemas, titulado "Neoliberalismo". Puedes encontrar más información sobre VERVIR y sobre cómo leer e interpretar estos poemas en el Sitio Web del Estudiante.

 ## COMPRENSIÓN DEL TEXTO

Indica si las siguientes oraciones son ciertas (C) o falsas (F). Justifica tu elección con tus propias palabras.

1 _____Alfonso Ramos Alva se dedicó exclusivamente a la política de su país, Perú.

2 _____Alfonso Ramos Alva fue el fundador del APRA.

3 _____El Estado hemisomo o neoliberal, es un Estado empequeñecido, fetal.

4 _____El Estado neotérico es una propuesta y alternativa al Estado neoliberal.

5 _____VERVIR es una forma innovadora de poesía.

6 _____Los *Versos Virtuales* se pueden leer de varias formas, rompiéndose la unidad conceptual y poética de los mismos.

7 _____En su poemario, Alfonso Ramos Alva presenta 200 poemas virtuales.

 I. INVESTIGACIÓN PRELIMINAR

Investiga, reflexiona y responde a las preguntas siguientes. Toma notas detalladas, ya que estas te servirán más tarde para desarrollar un ensayo al final del capítulo. Puedes encontrar información en la biblioteca, en Internet, en la bibliografía al final del libro y en Sitio Web del Estudiante.

Detalles sobre el autor

1 ¿Qué más sabes sobre Alfonso Ramos Alva?

2 ¿Sobre qué temas escribe?

3 ¿Por qué fue un fiel defensor del legado de Víctor Raúl Haya de la Torre? ¿Qué importancia tiene este señor en la historia política del Perú y Latinoamérica?

4 Ramos Alva era un dirigente Aprista. Investiga la historia del APRA y analiza sus planteamientos ideológicos.

Detalles sobre el género literario

1 ¿Qué sabes sobre los diferentes estilos de poesía? ¿Puedes nombrar algunos de ellos? ¿Qué características tienen?

2 ¿Qué son los versos alejandrinos, octosílabos y hexasílabos? ¿Qué son los pareados?

3 ¿Puedes identificar algún poema que tenga alguno de estos tipos de métrica? Busca ejemplos de poetas conocidos tanto en inglés como en español que escriban poemas en los versos mencionados.

Detalles sobre el trasfondo cultural y político

1 ¿Qué es el neoliberalismo?

2 ¿Cuándo y por qué se empezó a utilizar este término? ¿Cómo ha evolucionado el uso de este término a través del siglo xx y lo que llevamos del xxi?

3 ¿Qué significado se le atribuye al neoliberalismo en la política y economía latinoamericana de hoy en día? Investiga sobre este tema.

 **II. ANÁLISIS**

A. Palabras clave

Examina el siguiente vocabulario sacado del poema "Neoliberalismo" y adivina sobre lo que puede tratar. Para ello, usa la información que has recabado en la primera parte de esta actividad.

❏ capitalismo
❏ opresión
❏ explotador
❏ pobres
❏ mercado
❏ pueblo
❏ voracidad
❏ justicia social

B. Imagina

En relación con el asunto que estamos tratando y con la lista que acabas de estudiar, escribe aquí tus ideas preliminares sobre el tema del poema. ¿Sobre qué trata? ¿Qué sentimientos transmite sobre la economía de mercado y la justicia social? ¿Transmite esperanza o desesperanza? ¿Son sentimientos positivos o negativos? Explica tus ideas.

_____
_____
_____
_____
_____
_____
_____
_____
_____
_____

 C. Antes de leer

Elaboren una lluvia de ideas sobre la investigación previa y las ideas preliminares sobre el poema.

D. Lectura

Lean el poema "Neoliberalismo" (Alfonso Ramos Alva, Jessica Ramos-Harthun, 2011, p. 339).

NEOLIBERALISMO

	Capitalismo salvaje
Neoliberalismo	
	Con su explotador ropaje
	Con voracidad somete
Sin ley y sin nombre	
	A pobres por su billete.
	Adora a su Dios mercado
Es capitalismo	
	Al pueblo tiene ahorcado.
	A trabajadores les va mal
Opresión del hombre	
	Sin tener justicia social.

 ## E. Después de leer

Hagan un análisis del contenido del poema respondiendo a las siguientes preguntas.

Estructura poética

1 Cuenten las sílabas de los versos del cuarteto de la columna izquierda. ¿Cuántas sílabas tiene cada uno? Por su métrica, ¿saben cómo se llaman estos versos?

2 Cuenten las sílabas de los versos pareados de la columna derecha. ¿Cuántas sílabas tiene cada uno? Por su métrica, ¿sabes cómo se llaman estos versos?

3 Fíjense en la rima del cuarteto (columna izquierda). ¿Cómo es la rima? Por ejemplo: aa, bb, aa, bb, etcétera.

4 Fíjense en la rima de los pareados (columna derecha). ¿Cómo es la rima? Por ejemplo: aa, bb, aa, bb, etcétera.

Recreación y contenido del poema

1 Busquen todas las formas de leer el poema (para ello pueden remitirse a la sección metodológica del Sitio Web del Estudiante). Léanlas todas en voz alta.
2 Vuelvan a las palabras que han estudiado en la Actividad A, y analícenlas en el contexto del poema.
3 Expliquen los diferentes mensajes que el autor quiere ofrecer con este poema.

👥₊ F. Conclusiones

En grupos escriban las ideas principales a las que han llegado. Estas ideas pueden ser útiles más tarde para desarrollar el ensayo del final del capítulo.

_____
_____
_____
_____
_____
_____
_____
_____
_____
_____
_____
_____

🎬 ACTIVIDAD 3

Película. *Biutiful* (Alejandro González Iñárritu, 2010)

Alejandro González Iñárritu (Ciudad de México, 1963) es un aclamado director de cine y compositor de música mexicano. Sus cuatro películas, *Amores perros* (2000), *21 gramos* (2003), *Babel* (2006) y *Biutiful* (2010) –que analizaremos en este capítulo– han sido reconocidas por la crítica a nivel mundial y han recibido diez nominaciones al Óscar de la Academia. De adolescente trabajó en un barco de carga limpiando y engrasando máquinas, y luego vivió en Europa y África con muy poco dinero, experiencias que, años después, le han influido en su trabajo. Estudió Comunicaciones en la Universidad Iberoamericana, trabajó como locutor de radio y llegó a ser el director de la conocida estación mexicana WFM. En los años noventa creó Z Films con otros jóvenes, convirtiéndose en una de las más grandes y fuertes productoras de cine en México. Su última película, *Biutiful*, protagonizada por el actor Javier Bardem, fue premiada en el Festival de Cine de Cannes en 2010 con el premio al Mejor Actor y fue nominada para los Globos de Oro en la categoría de Mejor Película Extranjera. La historia se desarrolla en Barcelona (España) y describe la vida de varias comunidades de inmigrantes y cómo éstos grupos se interrelacionan, sobreviven y se adaptan a una nueva vida.

COMPRENSIÓN DEL TEXTO

Indica si las siguientes oraciones son ciertas (C) o falsas (F). Justifica tu elección con tus propias palabras.

1 _____El director Alejandro González Iñárritu es mexicano.
2 _____Sus películas están influidas por sus vivencias de joven.
3 _____*Biutiful* recibió varias nominaciones a diferentes premios cinematográficos.
4 _____Javier Bardem es el protagonista de *Biutiful*.
5 _____La película se desarrolla en los años noventa.

I. INVESTIGACIÓN PRELIMINAR

Investiga, reflexiona y responde a las preguntas siguientes. Toma notas detalladas, ya que estas te servirán más tarde para desarrollar un ensayo al final del capítulo. Puedes encontrar información en la biblioteca, en Internet, en la bibliografía al final del libro y en Sitio Web del Estudiante.

Contexto histórico

1 ¿Qué recuerdas sobre la inmigración en la España de hoy? ¿De qué partes del mundo llegan más inmigrantes a España? ¿Por qué?
2 ¿A qué partes del mundo emigraron los españoles en el pasado? ¿Cuándo y por qué? Investiga.
3 ¿Qué sabes de la Comunidad Económica Europea? ¿Qué fue y cuándo se formó?
4 ¿Qué sabes de la Unión Europea? ¿Qué es? ¿Cuál es su principal propósito?
5 ¿Cuáles son los países fundadores de la Unión Europea? ¿Cuántos países la forman hoy en día y cuáles son?
6 ¿Cuáles crees que son algunas ventajas de la Unión Europea? ¿Crees que existen algunas desventajas? Investiga y explícalo.

Conexiones e impresiones

1   ¿Qué TLC comparte Estados Unidos con España?
2   ¿Cómo es la inmigración en las grandes ciudades en tu país? ¿Crees que los inmigrantes se integran bien?
3   ¿Qué tipos de trabajos tienen los inmigrantes? ¿Por qué razones vienen los inmigrantes a tu país?
4   ¿Crees que es fácil para ellos dejar sus países? ¿Cómo crees que se sienten? Explícalo.
5   ¿Sabes algo de la fabricación de falsificaciones de productos de marcas conocidas? ¿Puedes nombrar algunos de ellos?
6   ¿Por qué crees que se fabrican estos productos falsificados? ¿Quiénes los fabrican y quiénes los venden? ¿Quiénes los compran? ¿Quiénes se benefician? ¿Por qué crees que estos productos falsificados son populares?
7   Piensa en las posibles ventajas y desventajas de fabricar y comprar productos falsificados de marca. Haz una lista.

II. ANÁLISIS

A. Palabras clave

Lean la siguiente escena de *Biutiful* y céntrense en el vocabulario y las expresiones en negrita.

Biutiful. Ewkane está detenido en la Prisión de la Oficina de Extranjería. Su esposa y su hijo vienen a visitarlo (1:13:30-1:15:01)

La escena se desarrolla en la sala de visitas de las dependencias de Extranjería. Ekwane, un inmigrante senegalés que trabaja vendiendo falsificaciones de productos de marcas conocidas, recibe la visita de su esposa, Ige, y de su hijo, Samuel. Ekwake va a ser deportado por las autoridades. Hablan en su lengua nativa, senegalés.

EKWANE.–Don't be foolish. They are **deporting** me tomorrow. You have to stay here with Samuel.
IGE.– We won't **stay here** without you.
EKWANE.–Samuel is **Spanish**.
IGE.–Samuel is not Spanish. He is like me. We are **going back** with you.
EKWANE.–We have time to get together. We are young and… Stay, stay here with him and keep studying. Go back to the chicken factory. I'll find a way to send you money.
IGE.–Even if I chop off a million chicken heads, we could never have a house here. We don't **belong** here.

EKWANE.–What's the point of you **returning** to Senegal? There isn't any **work** at all.

IGE.–A man came from the police. He told us we are going to be **evicted**. All of us. They've given us until Monday.

EKWANE.–Uxbal will take care of that. I **trust** him. I already talked to him. Let him help us.

B. Imagina

En relación con el tema de esta sección y la adaptación de la escena de *Biutiful* que acabas de leer, escribe tus impresiones acerca de lo que puede ser el contenido de la película que vas a ver.

¿Qué ideas te vienen a la mente sobre el posible mensaje y las situaciones de la película? ¿Adivinas de qué puede tratar? ¿Quién es Uxbal? ¿Cómo es? ¿Crees que es una película a favor o en contra los TLC? ¿Qué relación puede existir? Explica tus ideas.

_____

_____

_____

_____

_____

_____

_____

_____

_____

_____

_____

_____

_____

 ## C. Antes de ver

Elaboren una lluvia de ideas sobre la investigación previa y sus ideas preliminares sobre la película.

 ## D. Ver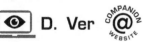

Vean (en clase o en casa) la película *Biutiful* (Alejandro González Iñárritu, 2010). Tomen notas mientras ven la película para poder responder a las preguntas de la actividad siguiente.

E. Después de ver

En grupos analicen la película y respondan a las siguientes preguntas.

1 ¿Cuáles son los personajes principales de *Biutiful*? Identifíquenlos y descríbanlos.
2 Analicen el personaje de Uxbal. ¿Es un personaje sencillo o complicado? ¿Por qué? ¿Tiene similitudes con los otros personajes o no? Explíquenlo.
3 ¿Qué grupos migratorios aparecen en la película?
4 ¿Cuáles son los temas principales que trata esta película? Explíquenlos.
5 ¿Qué sentimientos trasmite la película?
6 Si fueran uno de los personajes, ¿cuál les gustaría ser? ¿Por qué?
7 ¿Les gusta la película? ¿Por qué?
8 ¿Cuál es el significado del título?
9 Inventen un final diferente. Sean creativos.

 # F Análisis de la escena

Mira detenidamente la escena entre el policía compinche de Uxbal, Álex, y Uxbal, el protagonista de la película (1:15:09-1:17:36). La escena se desarrolla tras la redada en las calles del centro de Barcelona de la policía a los inmigrantes africanos. Uxbal está en un bar de barrio sentado en una mesa. El policía joven entra y se sienta en la mesa de Uxbal. Tras ver la escena todas las veces que consideres necesarias, responde a las preguntas siguientes:

1 ¿Qué quiere Uxbal?
2 ¿Qué responde el policía?
3 ¿De qué se acusan el uno al otro?
4 ¿Por qué no se ponen de acuerdo?
5 ¿En qué se parecen y en qué son diferentes estos dos personajes?
6 ¿Qué significa la historia del tigre en este contexto?
7 ¿Por qué le dice Álex a Uxbal que "no eres la Madre Teresa de Calcuta"?
8 ¿Qué significa aquí la metáfora de las Naciones Unidas a la que se refiere el policía?
9 ¿Qué quiere decir el policía con la última oración de la escena en referencia al jamón de jabugo y al arroz? ¿Qué significa esta metáfora?
10 Busca otras metáforas en esta escena y trata de encontrarles posibles significados.

 # G. Conclusiones

Escriban las ideas principales a las que ha llegado cada grupo. Estas notas pueden ser útiles más tarde para redactar el ensayo del final del capítulo.

_____

_____

_____

_____

_____

_____

_____

_____

_____

_____

_____

 ACTIVIDAD 4

Música. "No al TPP" (Ana Tijoux, 2013)

La cantante de rap, pop y hip-hop franco-chilena Ana Tijoux nació en Francia en 1977. Sus padres emigraron de Chile a Francia durante el régimen militar del general Augusto Pinochet. Se hizo famosa con el grupo Makiza durante finales de los noventa y es conocida por explorar temas sensibles y comprometidos con la sociedad en la que vivimos en sus canciones. Su segundo álbum en solitario, *1977*, le ha traído reconocimiento mundial. En 2007 había lanzado el primero, *Kaos*, que incluía la canción "Despabílate". *La Bala* es el tercero. Ha sido elegida como la mejor MC femenina por la cadena norteamericana MTV. El premio le ha sido otorgado por haber ampliado las barreras del hip-hop, integrando instrumentos y sonidos nuevos en este género. Su último *single*, "No al TPP", que vas a escuchar en este capítulo, es una canción de estilo bossa nova en contra del Tratado Transpacífico de Asociación Económica (TPP por sus siglas en inglés). Con esta canción, Tijoux vuelve a tratar temáticas sociales que afectan a su país. Hoy día, Ana Tijoux es al cantante chilena más internacional.

 COMPRENSIÓN DEL TEXTO

Indica si las siguientes oraciones son ciertas (C) o falsas (F). Justifica tu elección con tus propias palabras.

1 ____Ana Tijoux nació en Chile en 1977.
2 ____Los padres de Tijoux trabajaron en el gobierno de Augusto Pinochet.
3 ____Ana Tijoux es una reconocida rapera internacionalmente.
4 ____"No al TPP" es su primer *single* en solitario.
5 ____Ana Tijoux produce música bastante tradicional.

I. INVESTIGACIÓN PRELIMINAR

Investiga, reflexiona y responde a las preguntas siguientes. Toma notas detalladas, ya que estas te servirán más tarde para desarrollar un ensayo al final del capítulo. Puedes encontrar información en la biblioteca, en Internet, en la bibliografía al final del libro y en Sitio Web del Estudiante.

Contexto histórico

1 ¿Qué recuerdas del régimen militar de Augusto Pinochet en Chile? ¿Cuándo ocurrió? ¿Qué ocurrió durante esos años? ¿Cuáles fueron algunas de las consecuencias que este régimen tuvo? Puedes volver a tus notas del capítulo de Suramérica.
2 ¿Sabes qué TLC existen entre los propios países del Cono Sur? ¿Qué TLC hay entre los países del Cono Sur con países de otras regiones?
3 ¿Sabes con qué países tiene Chile TLC? Investiga.
4 ¿Sabes con qué países tiene Estados Unidos tratados de libre comercio? Investiga.

Contexto sociopolítico

1 ¿Qué es el TPP o el Tratado Transpacífico de Asociación Económica? Investígalo.
2 ¿Qué ventajas crees que este tratado puede ofrecer?
3 ¿Crees que puede tener alguna desventaja? ¿Para quién o quiénes?

 ## II. ANÁLISIS

A. Palabras clave

Examina el siguiente vocabulario y determina su significado según el contexto de expresiones presentes en la canción "No al TPP".

☐ a puerta cerrada   a puerta cerrada se decide nuestro porvenir
☐ muro   habrá que botar el muro
☐ libertad   que brote libertad
☐ humanidad   llaves de la humanidad
☐ ladrón   ¿Quién es el ladrón?
☐ democrático   un tratado no es democrático
☐ a escondidas   si se hace a escondidas

B. Imagina

En relación con el tema de este capítulo y con la lista que acabas de estudiar, escribe aquí tus ideas preliminares sobre el tema de la canción. ¿Sobre qué trata? ¿Es una canción a favor o en contra de algo?

_____
_____
_____
_____
_____
_____
_____
_____
_____
_____
_____
_____

C. Antes de escuchar

Elaboren una lluvia de ideas sobre la información anotada en la actividad anterior.

D. Escuchar @

Escuchen la canción "No al TPP" (Ana Tijoux, 2013).

E. Después de escuchar I

Completa los huecos de la canción.

A puerta cerrada se decide nuestro _____
Y en cuatro paredes van dictando lo que llaman devenir, devenir, devenir
Bajo cuatro _____ van firmando nuestro _____
Y en cuatro paredes _____ lo que llaman buen vivir, buen vivir, buen vivir

Habrá que botar el _____ y que brote libertad
Y crear las puertas con las _____ de la humanidad
Habrá que romper el muro y cantemos _____
_____ la vida con la firme bella _____

Dime, dime quién es el _____
Si tú todo lo robas sin control

Dime, dime quién es el _____
Si tú todo lo robas sin razón

Un tratado no es _____ si se hace de espaldas al pueblo
Y tu acuerdo no es un acuerdo si se hace a escondidas
y _____
Hay que _____ este monstruo sin freno
Por el _____ a levantarse libre
Y nunca más ser _____
¿Quién está detrás en la _____?
¿Y quién se _____?
Las grandes empresas _____ hambrientas de codicia
Todos tenemos el _____
Y todos queremos decidir
El futuro y el presente de nuestros _____
Y de cómo querer vivir

No al TPP y a la _____ que no se ve
Por la libertad y salud de _____ la real _____ de lo
que no se ve
Corre la voz y _____ a tu hermana y a tu vecino
Que se viene un _____ silencioso a decidir nuestro
_____

(bis)

F. Después de escuchar II

Respondan a las preguntas sobre la canción.

1   Analicen la letra de cada estrofa.
2   ¿Cuáles son los temas principales de la canción?
3   ¿Creen que es una canción a favor o en contra de los tratados de libre comercio o de cómo uno de ellos se ha estado elaborando? Explíquenlo.

G. Conclusiones

Escriban las ideas principales a las que ha llegado cada grupo. Estas notas pueden ser útiles más tarde para redactar el ensayo del final del capítulo.

_____
_____
_____
_____

_____

_____

_____

_____

 **ACTIVIDAD 5**

Ensayo

Usando todas la información recogida a lo largo del capítulo, tus reflexiones, investigaciones, conversaciones, las producciones originales analizadas y todas tus notas de cada actividad, escribe un ensayo bien desarrollado sobre uno de estos temas que elijas: "Los tratados de libre comercio en los países hispanohablantes y sus consecuencias económico-sociales", "Los tratados de libre comercio entre Estados Unidos y otros países hispanohablantes, y sus consecuencias", "La participación de España en la Unión Europea, y las consecuencias políticas y socio-económicas" o "Los tratados de libre comercio y el neoliberalismo". Debes dividir tu ensayo en introducción, desarrollo y conclusiones (1.500-2.000 palabras).

PREGUNTAS DE REFLEXIÓN

Para desarrollar tu ensayo considera las siguientes preguntas. ¿Cuáles son los temas principales que se han discutido en este capítulo? ¿En qué materiales auténticos (canción, películas o literatura) de los que hemos analizado aparecen estos temas? ¿Cuál es el hilo conductor entre estos temas que has estudiado? ¿Cuál es el hilo conductor entre las producciones originales que has analizado? ¿Qué son los TLC y para qué se originan? ¿Cuáles son algunas de las ventajas de los TLC? ¿Los TLC pueden tener desventajas? ¿Cuáles son algunos ejemplos de TLC en los que participen países hispanohablantes? ¿Por qué la Unión Europea es diferente a otros TLC? ¿Sabes en qué TLC participa tu país?

*   **10 pautas para redactar un ensayo argumentativo.** Sigue estos pasos para redactar un ensayo mejor. En el Sitio Web del Estudiante encontrarás más información sobre la redacción de ensayos argumentativos que te puede ser de utilidad.
    1   Elige el **tema** sobre el que quieres investigar más a fondo, el que más te interesa. No debes elegir el más fácil, sino el que más te interese, para que tu ensayo sea meyor.
    2   **Investiga a fondo sobre el tema que has elegido**. Es importante buscar información en fuentes académicas y fidedignas con las que respaldar cada argumento. Es recomendable dar prioridad a libros, bases de datos y organismos oficiales. Vuelve a leer las preguntas de

las secciones de "Investigación preliminar" de cada actividad. Además, lee todas las notas que has reunido a lo largo del capítulo. Lee los párrafos que tu grupo redactó para las conclusiones de cada actividad. Toma notas sobre cómo vas a estructurar tu ensayo y sobre los distintos argumentos que vas a exponer en tu discurso. Es importante que cada argumento o idea que expongas esté respaldado por fuentes fidedignas.

3   Escribe tu **introducción**, con la **tesis** de tu ensayo. La introducción debe ser clara, contundente y cuidada. Tu ensayo se desarrollará a partir de esta tesis.

4   El **cuerpo** del ensayo deberá dividirse según los argumentos que expongamos. Así, si vas a plantear tres argumentos, puedes desarrollar tres párrafos distintos, etcétera, aunque no tienen que ser igual de largos; la extensión dependerá del tema de cada argumento. Es importante que cada párrafo esté bien desarrollado y que los párrafos estén bien hilados.

5   Finalmente, debes escribir tu párrafo de **conclusión**. En él, repasa los argumentos de manera muy concisa y añade tu opinión personal, ya que es tu ensayo.

6   Incluye una página con las **fuentes o referencias** que has utilizado, asegurándote de que estas aparecen conforme al estilo requerido por tu profesor.

7   Incluye una **página de presentación** conforme a las especificaciones que te haya dado tu profesor.

8   Una vez fijado el contenido del ensayo, léelo tantas veces como necesites para repasar el **uso gramatical** y realizar los cambios necesarios.

9   Hecho eso, vuélvelo a leer cuantas veces sea necesario para corregir cualquier falta de **ortografía y puntuación**, pues estas nunca deben aparecer en un ensayo académico.

10 Finalmente, asegúrate de que tu ensayo está redactado conforme al **estilo** requerido por tu profesor, igual que las fuentes. Realiza los cambios que sean necesarios.

CAPÍTULO 11

La crisis económica del siglo XXI y sus efectos en los países hispanohablantes

I DESCRIPCIÓN

En este capítulo, titulado "La crisis económica del siglo XXI y sus efectos en los países hispanohablantes", continuamos explorando y analizando una de las consecuencias más dramáticas y a la vez visibles de la globalización, la interdependencia económica generalizada entre países y regiones. A través de la literatura, el cine y la música vas a explorar, analizar y reflexionar sobre las causas que condujeron a la crisis económica de principios del siglo XXI y sus diferentes consecuencias en los países hispanohablantes.

II OBJETIVOS CULTURALES

Al final de este capítulo podrás:

1 Demostrar tu comprensión de la relación que existe entre las perspectivas culturales del proceso de globalización y su relación con la crisis económica mundial del siglo XXI, más específicamente las consecuencias económicas, políticas y socioculturales de esta crisis en el mundo hispanohablante. Para lograr este objetivo, investigarás, analizarás y compartirás tus ideas sobre:

   a Las diferentes causas que contribuyeron a la caída de la economía global que comenzó en 2007.
   b La relación que estas diferentes causas tienen entre ellas.
   c El "efecto dominó" que comenzó en Estados Unidos y arrastró al resto del mundo.
   d El papel que desempeñan los tratados de libre comercio (TLC, estudiados en el capítulo anterior) en la crisis mundial, especialmente en el mundo hispanohablante.
   e Las consecuencias políticas y sociales de la crisis mundial, en particular, el desarrollo de nuevos movimientos sociales y políticos de protesta.
   f Las consecuencias socioculturales de la crisis mundial del SIGLO XXI.
   g Una nueva forma de leer y escribir poesía llamada VERVIR o Versificación Virtual (introducida en el capítulo anterior).

2 Demostrar tu comprensión de la conexión entre las vertientes políticas, económicas y sociales del proceso de globalización y su relación directa con la crisis económica mundial del siglo XXI, más específicamente las consecuencias económicas, políticas y socioculturales de esta crisis en el mundo hispanohablante, y cómo todo ello se refleja en la producción literaria, cinematográfica y musical. Para lograr este objetivo, analizarás y compartirás tus ideas sobre las siguientes producciones originales relacionadas con la crisis económica mundial del siglo XXI, sus causas y sus consecuencias en el mundo hispanohablante:

   a Película: *El método* (Marcelo Piñeyro, 2005)
   b Música: "Crisis" (Joaquín Sabina, 2009); "Revolución" (Amaral, 2005)
   c Texto Literario: "La banca de consumo" (Alfonso Ramos Alva, Jessica Ramos-Harthun, 2011, p. 144)

III OBJETIVOS LINGÜÍSTICOS

Al final de este capítulo podrás:

1 Progresar en el desarrollo de la habilidad narrativa a nivel avanzado.
2 Enriquecer el vocabulario referente a la globalización, la economía y la banca en general, y a los movimientos sociopolíticos de protesta surgidos recientemente como consecuencia directa e indirecta de la crisis económica del siglo XXI.

3 Perfeccionar la comprensión de textos orales y escritos complejos.
4 Desarrollar y perfeccionar la habilidad de definir, resumir y exponer ideas.
5 Desarrollar y perfeccionar la habilidad de opinar y argumentar.
6 Perfeccionar la habilidad de crear un poema en Versificación Virtual.

INTRODUCCIÓN

En el año 2008 comenzó en Estados Unidos una gran crisis económica que afectaría más tarde al resto del mundo. A esta gran crisis económica mundial también se la conoce como la "Gran Recesión". Esta caída estuvo precedida por décadas de esplendor económico generalizado, créditos bancarios abundantes y un boom en la construcción y venta de viviendas. Los expertos señalan que los factores que contribuyeron a la caída de los mercados fueron la desregulación económica, la inflación elevada en muchos países y el aumento sin precedentes del precio de las materias primas, los productos manufacturados, los productos alimenticios y el petróleo. Otros factores importantes fueron la falta de regulación en materia energética y, sobre todo, la crisis bancaria generalizada debida a los problemas causados por abundancia de créditos hipotecarios difícilmente sostenibles. En otras palabras: la "burbuja" estalló, y con ella comenzó un "efecto dominó" que arrastró todo (y a todos) lo que encontró a su paso. En verano de 2008 grandes entidades financieras como Lehman Brothers, Fannie Mae, Freddie Mac y AIG entraron en una inevitable bancarrota, forzando al Gobierno Federal estadounidense a desviar miles de millones de dólares para tratar de salvarlas. Sin embargo, en 2011 la deuda federal era ya tan elevada que condujo al país a la llamada crisis del "techo de deuda", es decir el máximo de deuda permitido legalmente. Tras largas sesiones de debates, el Gobierno consiguió llegar a un acuerdo para incrementar el tope de la deuda federal y así poder solicitar más créditos para financiarse.

Como hemos señalado, la crisis que comenzó en Estados Unidos se extendió con más o menos rapidez por los países desarrollados de todo el mundo. Algunos de los primeros en notar las consecuencias en su economía fueron Japón, Australia, Nueva Zelanda, y otros países líderes en sus regiones como China, India, Argentina, Brasil, México y Sudáfrica. En 2008 la inflación se elevó a niveles sin precedentes en todo el mundo según los datos de Fondo Monetario Internacional (FMI), sobre todo en los países exportadores de petróleo y en otros muchos del mundo desarrollado. Estos países se vieron obligados a bajar los tipos de interés para poder controlar la inflación. Sin embargo, las economías cayeron por su propio peso y en 2009 tanto la Bolsa de Estados Unidos como las europeas cayeron por debajo de los niveles de algunos países emergentes como Brasil y China. En 2009 la Organización Internacional del Trabajo (OIT) anunció que había 205 millones de desempleados en el mundo, la mayor cifra registrada hasta entonces.

La crisis no sólo tuvo consecuencias catastróficas en las economías mundiales, sino que afectó a todos los demás sectores de la sociedad. Un ejemplo de estos efectos secundarios fue el surgimiento de movimientos de protesta masivos en el Norte de África y Oriente Medio, en países como Túnez, Egipto, Libia y Siria. Algunas de estas protestas duraron mucho tiempo e hicieron daño a los gobiernos, derrocando a algunos de ellos que estaban aliados con países occidentales. Para finales de 2009 los bancos árabes habían perdido 4.000 millones de dólares.

Aunque ninguna economía escapó a los efectos de la crisis, algunas los sufrieron más que otras por diferentes motivos. Entre las economías latinoamericanas que más experimentaron las consecuencias se encuentran México y Argentina. México, por su proximidad geográfica con Estados Unidos y por su dependencia en materia de comercio exterior del país vecino (recordemos el tratado TLCAN que estudiamos en el capítulo anterior), sufrió el "efecto dominó" con rapidez. A todo esto hay que sumar los terribles efectos que tuvo la epidemia H1N1, más comúnmente conocida como Gripe A. Un gran porcentaje de los ingresos mexicanos viene de la industria del turismo, la cual se vio brutalmente afectada por esta epidemia. Este ciclón ya era imparable, y la tasa de desempleo en México se multiplicó en 2009. La Comisión Económica para América Latina (CEPAL) pronosticó que sería el país de la región más afectado por la crisis económica con una disminución del 7% en su producto interno bruto (PIB).

Por su parte, Europa también padeció el "efecto dominó" ya mencionado, aunque más tarde por tener economías y bancos más fuertes. La crisis se extendió por la Eurozona de forma desigual. Algunos países se vieron afectados antes que otros y en mayor o menor medida. El Banco Central Europeo impuso medidas de austeridad y contención de gasto público que, para muchos, empeoraron la situación, creando más desempleo y dificultando el acceso a créditos bancarios. La economía europea representa el 30% de la economía mundial, siendo grande el impacto en la recuperación en el resto del mundo.

Más particularmente en España, las consecuencias de la crisis económica mundial han sido nefastas. Durante el último cuarto del siglo xx, España pasó de ser un país pobre a una de las economías más fuertes de Europa y del mundo. Se produjo una explosión en la industria de la construcción y todas las que están relacionadas con ella. Al producirse la crisis, y con ella la caída de los bancos y sus créditos, la llamada "burbuja inmobiliaria" estalló. Una de las consecuencias más notables y a la vez brutales es la cifra de desempleo, que ronda el 30% en 2015, con más del 50% en menores de 30 años.

En este capítulo vas a estudiar el fenómeno de la globalización desde el punto de vista de la interdependencia de las economías a nivel regional y mundial, y cómo la fuerza o la debilidad de ciertas economías puede marcar el paso a las del resto mundo. Vas a escuchar y analizar dos canciones, "Crisis" (Joaquín Sabina, 2009) y "Revolución" (Amaral, 2005); a leer un poema, "La banca de consumo" (Alfonso Ramos Alva, 2011); y a ver una película, *El método* (Marcelo Piñeyro, 2005). Estas cuatro producciones originales muestran una diversidad de causas y consecuencias de la crisis mundial del siglo XXI, en particular en los países hispanohablantes como parte íntegra del proceso de globalización. A través de cada actividad usarás tus habilidades críticas e investigadoras (individuales y en grupo) para ir formando tus ideas sobre los temas que se abordan. Terminarás el capítulo desarrollando un ensayo sobre un tema relacionado con la crisis económica del siglo XXI y sus consecuencias socioculturales en el mundo hispanohablante. En él incorporarás las ideas extraídas a lo largo del capítulo. Además, tendrás la oportunidad de experimentar con la creación de tu propio poema en Versificación Virtual (Ramos Alva, 2011) usando el tema de las consecuencias sociales de la crisis mundial.

 COMPRENSIÓN DE LA LECTURA I

Escoge las respuestas correctas de acuerdo con el texto que acabas de leer.

1   La crisis económica mundial…
   a   comenzó en Estados Unidos y se extendió a otras partes del mundo.
   b   comenzó en Europa y se extendió a Estados Unidos.
   c   comenzó de forma simultánea en todo el mundo.
   d   ninguno de los anteriores.

2   Las causas principales de la crisis económica mundial fueron…
   a   la escasez de petróleo.
   b   la escasez de materias primas.
   c   la escasez de petróleo y materias primas.
   d   ninguno de los anteriores.

3   Durante los primeros años del siglo XXI…
   a   era muy difícil conseguir créditos bancarios.
   b   el petróleo estaba muy caro.
   c   había buenas regulaciones energéticas.
   d   la inflación estaba muy controlada en la mayor parte del mundo.

4   La crisis económica que comenzó en 2008 afectó…
   a   a todos los países, aunque de forma desigual.
   b   a Estados Unidos más que al resto del mundo.
   c   a la Unión Europea más que al resto del mundo.
   d   a Latinoamérica más que al resto del mundo.

5   Debido a la crisis económica…
   a   hubo una epidemia de la llamada gripe A en México.
   b   los bancos argentinos perdieron 4.000 millones de dólares.
   c   comenzaron movimientos de protesta en algunos países de Oriente Medio.
   d   aumentaron los puestos de trabajo en todo el mundo.

COMPRENSIÓN DE LA LECTURA II

Responde a las preguntas sobre la lectura anterior con tus propias palabras.

1   ¿Cuáles fueron algunas de las causas que condujeron a la crisis económica mundial de principios del siglo XXI?
2   ¿Cuáles son algunas de las consecuencias sociales de esta crisis?
3   ¿Qué quiere decir que la crisis económica tuvo un "efecto dominó"?
4   ¿Por qué la crisis económica afectó a México antes que a otros países de Latinoamérica?
5   ¿Por qué España se ha visto seriamente afectada por la crisis económica mundial?

 ACTIVIDAD 1

Música. "Crisis" (Joaquín Sabina, 2009)

Joaquín Sabina (Úbeda, Jaén, 1949) es un cantautor y poeta español con una trayectoria musical larga y prolífica. Comenzó a escribir poemas y canciones cuando era un adolescente influenciado por la música de Elvis Presley, Little Richards o Chuck Berry, por la poesía de Francisco de Quevedo, Nicolás Guillén o Antonio Machado, y por los trabajos de James Joyce o Marcel Proust. Creció preocupado por temas sociales, que son los pilares de su música. Estudió en la Universidad de Granada, donde se relacionó con movimientos estudiantiles de ideologías izquierdistas y comunistas contrarias al régimen de Francisco Franco, quien estuvo al frente del país desde 1939 hasta 1975. Fue por esto que en 1970 Sabina se vio obligado a exiliarse en París y después en Londres, donde vivió hasta poder regresar a España en 1977, dos años después de la muerte del dictador. Entonces se casó con la argentina Lucía Inés Correa Martínez, a quien había conocido en el exilio. A partir de ahí comenzó una carrera prolífica con álbumes entre los que destacan *Inventario* (1978), *Malas compañías* (1980), *Hotel, dulce hotel* (1987), *El hombre del traje gris* (1988), *Mentiras piadosas* (1990), *Física y química* (1992), *Esta boca es mía* (1994), *19 días y 500 noches* (1999), *Vinagre y rosas* (2009) y *La orquesta del Titanic* (2012). En 2001 sufrió un infarto cerebral del que se recuperó, pero que le provocó una depresión que le apartó de los escenarios durante unos años. Sabina ha colaborado con un sinfín de artistas españoles y latinoamericanos como Joan Manuel Serrat, Ana Belén, Fito Páez o María Dolores Pradera. En 2010 la revista *Rolling Stone* le otorgó el premio al Artista del Año.

COMPRENSIÓN DEL TEXTO

Indica si las siguientes oraciones son ciertas (C) o falsas (F). Justifica tu elección con tus propias palabras.

1 _____La música de Joaquín Sabina tiene temáticas de compromiso social.
2 _____Sabina empezó a componer música siendo muy joven.
3 _____Sabina estudió en la Universidad de París, donde conoció a Marcel Proust.
4 _____A Sabina le gusta colaborar con otros artistas.
5 _____Sabina vivió en Argentina durante el exilio.

 I. INVESTIGACIÓN PRELIMINAR

Investiga, reflexiona y responde a las preguntas siguientes. Toma notas detalladas, ya que estas te servirán luego para desarrollar tu ensayo al final del capítulo. Puedes encontrar información en la biblioteca, en Internet, en la bibliografía al final del libro y en Sitio Web del Estudiante. Toma notas y prepárate para hacer tus comentarios en clase.

Conexiones

1 ¿Qué recuerdas sobre los tratados de libre comercio que estudiaste en el capítulo anterior? ¿Cómo afectan a las economías mundiales? Repasa tus notas.
2 ¿Cuáles son sus objetivos principales? Repasa tus notas.
3 ¿Recuerdas qué tratados tiene Estados Unidos con países hispanohablantes?

Detalles históricos y políticos

1 ¿Qué sabes de la Recesión de 1929? ¿Qué ocurrió? ¿Qué factores condujeron a ella? ¿Cuáles fueron algunas de sus consecuencias en Estados Unidos y en el resto del mundo? Investiga detalladamente.
2 ¿Qué sabes sobre la economía mundial durante la década de 1990? ¿Cómo era la economía en Estados Unidos? ¿Cuáles eran otras economías fuertes?
3 ¿Qué sabes del Fondo Monetario Internacional (FMI)? ¿Cuándo y por qué se estableció? ¿Quiénes lo establecieron? ¿Cuáles son sus objetivos principales? Investiga detalladamente.
4 ¿Qué sabes sobre el Banco Mundial (BM)? ¿Cuándo y por qué se estableció? ¿Quiénes lo fundaron? ¿Cuáles son sus objetivos principales? Investiga detalladamente.
5 ¿Qué sabes sobre los movimientos antiglobalización? ¿Quiénes los forman? ¿Cuándo se establecieron? ¿Cuáles son sus reivindicaciones? Investiga detalladamente.

6   ¿Qué sabes sobre los movimientos sociales de protesta (también conocidos como revoluciones de protesta) que comenzaron unos grupos de jóvenes y estudiantes en Túnez en 2010 y se extendieron a otros países árabes? ¿Por qué comenzaron estos movimientos de protesta? ¿Contra qué políticas protestaban? ¿Cuáles eran sus objetivos? ¿Cómo puedes relacionar estos movimientos o revoluciones sociales con la crisis económica del siglo XXI? Investiga detalladamente.

7   ¿Qué sabes sobre el movimiento de protesta social conocido como 15-M o Indignados que comenzó en 2011 en España? ¿Por qué surgió? ¿Quiénes formaban estos grupos? ¿Qué reivindicaban? ¿Cómo puedes relacionar estos movimientos sociales a la crisis económica del siglo XXI? Investiga detalladamente.

Detalles culturales

1   ¿Qué recuerdas de la llamada "canción protesta"? ¿Cuáles son sus características? ¿Para qué sirve?
2   ¿Puedes dar ejemplos de "canciones protesta" en tu país? ¿Recuerdas otras "canciones protesta" que has estudiado en capítulos anteriores?

👥 II. ANÁLISIS

A. Palabras clave

Examina el siguiente vocabulario, que pertenece a la canción "Crisis".

- ❏ jueves negro
- ❏ la Bolsa
- ❏ desvarío
- ❏ dueño
- ❏ Apocalipsis Now
- ❏ Mao
- ❏ adoquín
- ❏ dólares
- ❏ euros
- ❏ siglo XXI
- ❏ desesperación
- ❏ porvenir
- ❏ drama
- ❏ alquiler
- ❏ Superman

B. Imagina

En relación con el tema general que estamos estudiando en este capítulo y con la lista de vocabulario anterior, escribe aquí tus ideas preliminares sobre el tema de la canción. ¿Sobre qué crees que trata? Explica tus ideas en al menos dos párrafos.

_____
_____
_____
_____
_____
_____
_____
_____
_____
_____
_____

C. Antes de escuchar

Elaboren una lluvia de ideas con la información encontrada en la actividad anterior sobre las causas de la crisis económica mundial del siglo XXI.

D. Escuchar

Escuchen la canción "Crisis" (Joaquín Sabina, 2009).

E. Después de escuchar I

Completen la información que falta.

1 Otro jueves negro en el *Wall Street Journal*,
   desde el _____ la Bolsa no hace crack,
   cierra la oficina, crece el desvarío,
   los peces se _____ contra el dueño del río.
2 En el _____ a la hora del rosario
   ni carne ni pescao,
   dame otra _____ de Apocalipsis Now
   mientras se apolilla el _____ de Mao.
3 Crisis en el _____,
   todos al talego,
   crisis en el adoquín.

4 Crisis de _____,
   funeral sin flores,
   dólares de _____.

5 Crisis en la _____,
   quien no corre vuelva,
   sexo, drogas, *rock* and roll.

6 Crisis en los _____
   fotos de sucesos,
   cotos de caza menor.

7 Dan ganas de nada mirando lo que hay:
   _____ y vacas flacas de Tánger a Bombay.
   Siglo XXI, desesperación,
   este año los Reyes Magos dejan _____.

8 Y la gorda soñando que le aborda el _____
   un fiero somalí.
   A ritmo de _____ avanza el porvenir
   mirándose al espejo
   de esta España cañí.

9 Crisis en el cielo,
   crisis en el suelo,
   crisis en la catedral.

10 Crisis en la cama,
   cada _____ un drama,
   un euro es un _____.

11 Crisis en la luna,
   la diosa fortuna
   _____ un año de alquiler.

12 Crisis con ladillas,
   manchas amarillas,
   _____ del día después.

13 Crisis en la moda,
   firma y no me jodas,
   esta no es nuestra canción.

14 Guerra de _____,
   vuelvo haciendo eses,
   ábreme por compasión.

15 Putas de rebajas,
   reyes sin baraja,
   inmundo mundo mundial.

16 Sábado sin noche,
   México sin coches,
   libro sin _____.

17 Cómete los mocos,
   no te vuelvas loco,
   _____ a Nueva Orleans.
18 Gripe postmoderna,
   rabo entre las piernas,
   Clark Kent ya no es _____.
19 Mierda y disimulo,
   crisis por el culo
   del zulo de tu nariz.

   Crisis, crisis, crisis… crisis.

👥₊ F. Después de escuchar II

Analicen la letra de la canción.

1 ¿Qué temas encuentran en la canción? Busquen al menos cinco diferentes.
2 Analicen la primera estrofa. ¿A qué acontecimiento histórico se refiere? Expliquen todo lo que sepan.
3 Analicen la segunda estrofa. ¿Por qué creen que el autor menciona a Mao? ¿Cuál es su conexión con los temas de la crisis mundial?
4 Busquen una referencia a la "burbuja inmobiliaria" que se menciona en la introducción del capítulo.
5 Busquen una referencia a la crisis bancaria que se menciona en la introducción del capítulo.
6 Analicen la estrofa 8. ¿A qué hechos históricos se refiere? ¿Qué relación tiene la piratería en los mares con la crisis del siglo XXI? ¿Por qué creen que existe una conexión?
7 Analicen la estrofa 9. ¿Qué significa? Explíquenlo con detalle.
8 Analicen la estrofa 11. ¿Quién es la diosa Fortuna? ¿A quién se refiere en este contexto?
9 Analicen el verso "inmundo mundo mundial" en la estrofa 15. ¿Qué significa este juego de palabras?
10 Analicen la estrofa 16. ¿Qué significa la referencia a los coches en México? ¿Cómo se relaciona con la crisis del siglo XXI?
11 ¿Cuál creen que es la intención del autor con el verso "múdate a Nueva Orleans" (estrofa 16)? Explíquenlo.
12 Analicen la estrofa 18. ¿Qué diferentes significados (reales y metafóricos) tiene la estrofa "gripe postmoderna? ¿Por qué creen que el autor piensa que Clark Kent ya no es Superman? ¿Por qué? ¿Quién es ahora Superman en el siglo XXI?

G. Conclusiones

Escriban las ideas principales a las que han llegado. Estas ideas pueden ser útiles más tarde para desarrollar el ensayo al final del capítulo.

_____
_____
_____
_____
_____
_____
_____
_____
_____
_____
_____
_____

 ACTIVIDAD 2

Texto literario. "La banca de consumo" (Alfonso Ramos Alva, Jessica Ramos-Harthun, 2011, p. 144)

Como ya hemos estudiado en el capítulo anterior, el Dr. Alfonso Ramos Alva (Perú, 1936-2006) fue un intelectual, sociólogo, político, profesor y escritor peruano. Fue congresista, constituyente y secretario general de Ideología y Doctrina del APRA. Entre sus obras más conocidas destacan *El Estado hemisomo: crítica y alternativa al Estado neoliberal* (2005), *Escalinatas y peldaños: VERVIR* (Versificación virtual, 1998), *Haya de la Torre: creador y visionario* (1990) y *Siete tesis equivocadas del marxismo-leninismo sobre Indoamérica* (1986). Fue el creador e impulsor de la Ley de Derecho de Insurgencia, Artículo 82 de la Constitución del Perú (1979) y del Artículo 1.º. de dicha Constitución, *por la defensa de la persona humana* y no del *poder del Estado*, como daba comienzo la Constitución peruana de 1933. Justamente, el planteamiento y la alternativa al Estado neoliberal que ofrece Ramos Alva en su libro *El Estado hemisomo* es el Estado neotérico, un Estado humanista que da prioridad al hombre antes que a la economía. Fue un gran luchador por la justicia social en su país. Su pensamiento y trayectoria política y civil se sintetizan en una de sus más notorias frases: "Ni dictadura del proletariado, ni dictadura del mercado. Justicia Social sin abdicar de la Libertad" (Alfonso Ramos Alva, Jessica Ramos-Harthun, 2011, pp. 33-34). Además, disfrutaba escribiendo poesía. Creó la *Versificación Virtual* o *Verso Virtual* (VERVIR), una forma innovadora de poesía en la que el lector decide por dónde empieza a leer el poema y siempre tiene un significado lógico. El *Verso Virtual* es un experimento métrico que requiere la participación activa del lector. En este capítulo vas a leer uno de sus poemas, titulado "La banca de consumo". Como ya estudiamos en el capítulo anterior, los Versos Virtuales no sólo sirven para comunicar las ideas del escritor al lector, sino también para que el lector recree esas ideas mediante las múltiples y diferentes lecturas posibles del poema. Recuerda que puedes encontrar más información sobre *VERVIR* y sobre cómo leer e interpretar estos poemas en el Sitio Web del Estudiante.

 ## COMPRENSIÓN DEL TEXTO

Indica si las siguientes oraciones son ciertas (C) o falsas (F).

1 _____Entre sus diversas ocupaciones, Alfonso Ramos Alva se dedicó también a la docencia.
2 _____El Artículo 1.º de la Constitución del Perú de 1933 daba prioridad a la defensa de las personas.
3 _____Primordialmente escribió obras de ficción, pero también poesía.
4 _____*VERVIR* es un experimento métrico que requiere un lector activo.
5 _____Los Versos Virtuales se pueden leer de varias formas con diferentes significados.
6 _____"Justicia Social sin abdicar de la Libertad" es otro poema en Versificación Virtual.

 ## I. INVESTIGACIÓN PRELIMINAR

Investiga, reflexiona y contesta las preguntas siguientes. Toma notas detalladas, ya que estas te servirán para desarrollar tu ensayo más tarde al final del capítulo. Puedes encontrar información en la biblioteca, en Internet, en la bibliografía al final del libro y en Sitio Web del Estudiante.

Detalles sobre el autor

¿Qué más recuerdas sobre lo que estudiaste en el capítulo anterior sobre el autor Alfonso Ramos Alva? Vuelve a leer tus notas.

Detalles sobre el género literario

¿Qué recuerdas sobre los diferentes estilos de poesía estudiados en el capítulo anterior? ¿Qué características tienen? ¿Qué son los versos pareados, los alejandrinos, los octosílabos y los hexasílabos? Repasa tus notas.

Detalles sobre el trasfondo cultural y político

¿Qué papel tuvo la Banca en el colapso de las economías primero en Estados Unidos y después en el resto del mundo? ¿Cuál fue la reacción del gobierno estadounidense ante el colapso de los grandes bancos? Investiga y explícalo con detalles.

II. ANÁLISIS

A. Palabras clave

Examina el siguiente vocabulario sacado del poema "La banca de consumo", que vas a leer.

❑ vil
❑ prestamista
❑ pobre
❑ desconfía
❑ timador
❑ prisionero
❑ préstamo
❑ volátil
❑ usurero

B. Imagina

En relación con las cuestiones que estás estudiando y con la lista anterior, escribe aquí tus ideas preliminares sobre el tema del poema. ¿Sobre qué crees que trata? Explica tus ideas.

_____
_____
_____
_____
_____
_____

C. Antes de leer

Elaboren una lluvia de ideas sobre la información encontrada en la actividad anterior. Tomen notas detalladas porque estas pueden servirles más tarde para redactar el ensayo final.

D. Lectura

Lean el poema "La banca de consumo" (Alfonso Ramos Alva, Jessica Ramos-Harthun, 2011). Recuerden que puedes leer el poema de diferentes formas (de arriba abajo, de abajo a arriba, de izquierda a derecha, de derecha a izquierda, etcétera). Pueden ir al sitio web del estudiante para aprender más sobre los poemas de *VERVIR* y cómo leerlos.

LA BANCA DE CONSUMO

	gran cotidiano timador
El vil prestamista	
	de nuestros días estafador
	con interés usurero
Siempre engaña a porfía	
	te vuelve su prisionero.
	por mil soles que te presta
De pobres su lista	
	si no le pagas te encesta.
	su préstamo de consumo
Acumula y desconfía	
	es volátil como el humo.

 E. Después de leer

En grupos hagan un análisis del contenido del poema respondiendo a las siguientes preguntas.

Estructura poética

1   Cuenten las sílabas de los versos del cuarteto de la columna izquierda. ¿Cuántas sílabas tiene cada uno? Por su métrica, ¿saben cómo se llaman estos versos?

2   Cuenten las sílabas de los versos pareados de la columna derecha. ¿Cuántas sílabas tiene cada uno? Por su métrica, ¿saben cómo se llaman estos versos?

3 Fíjense en la rima del cuarteto (columna izquierda). ¿Cómo es la rima? Por ejemplo: aa, bb, aa, bb, etcétera.
4 Fíjense en la rima de los pareados (columna derecha). ¿Cómo es la rima? Por ejemplo: aa, bb, aa, bb, etcétera.

Recreación y contenido del poema

1 Busquen todas las formas de leer el poema. Para ello pueden acudir a la sección metodológica del Sitio Web del Estudiante. Lean cada forma en voz alta.
2 Vuelvan a las palabras que han estudiado en la Actividad A y analícenlas en el contexto del poema.
3 Expliquen los diferentes mensajes que el autor quiere transmitir con este poema.

F. Conclusiones

En grupos escriban las ideas principales a las que han llegado. Estas ideas pueden ser útiles más tarde para desarrollar el ensayo al final del capítulo.

_____
_____
_____
_____
_____
_____
_____
_____
_____
_____
_____

G. Poema

Usando tu imaginación, compón un poema en Versificación Virtual como los creados por Alfonso Ramos Alva, cuyo tema o temas estén relacionados con cualquiera de las cuestiones que hemos estudiado en este capítulo (caída de mercados, crisis económica, desempleo, revolución, burbuja inmobiliaria, juventud, trabajo, globalización, etcétera). No te preocupes del número de sílabas que tenga cada verso, pero sí concéntrate en la rima del cuarteto y/o de los pareados (abab, aabb). Para ayudarte a crear tu poema vuelve a leer "La banca de consumo". Puedes ayudarte de las estrategias de Versificación Virtual (Ramos Alva) que se encuentran en el Sitio Web de Estudiante.

ACTIVIDAD 3

Película. *El método* **(Marcelo Piñeyro, 2005)**

Marcelo Piñeyro (Buenos Aires, 1953) es un director y productor de cine argentino. Estudió cinematografía en la Facultad de Bellas Artes en la Universidad de la Plata. Cuando se graduó, fundó su propia productora, Cinemanía, con Luis Puenzo, Juntos hicieron (Puenzo en la dirección y Piñeyro en la producción) *La historia oficial* (1984), la primera película latinoamericana ganadora del Óscar a la Mejor Película en Lengua Extranjera. Otras de sus películas más conocidas internacionalmente son *Tango feroz* (1992), *Caballos salvajes* (1995), *Cenizas del paraíso* (1997), *Plata quemada* (2000) y *El método* (2005). Las películas de Piñeyro han ganado reconocimiento internacional con premios en los festivales de cine de San Sebastián, Sundance, Toronto, Biarritz y Río de Janeiro. *El método* (1995) es una película de suspense psicológico que ganó dos premios Goya al Mejor Actor de Reparto y al Mejor Guion Adaptado. La película se desarrolla en un edificio de AZCA, el distrito financiero de Madrid, cuando siete candidatos (cinco hombres y dos mujeres) a un puesto de alto ejecutivo en la compañía Dekia se presentan a la entrevista. Lo que ellos creían que iba a ser una simple entrevista de trabajo se convierte en un día lleno de pruebas psicológicas, incertidumbre y dudas a medida que los participantes van siendo eliminados uno por uno. Al mismo tiempo que estos siete candidatos pelean duramente por conseguir el puesto en la sala de conferencias, en las calles se puede escuchar a miles de manifestantes antiglobalización que protestan contra la Cumbre del Fondo Monetario Internacional (FMI) y el Banco Mundial (BM) que se está celebrando en la misma zona.

COMPRENSIÓN DEL TEXTO

Indica si las siguientes oraciones son ciertas (C) o falsas (F). Justifica tu elección con tus propias palabras.

1 _____Marcelo Piñeyro dirigió la primera película latinoamericana ganadora de un Óscar, *La historia oficial*.
2 _____Algunas de sus películas han ganado premios internacionales.
3 _____*El método* es una película de suspense psicológico que ha ganado un premio Óscar.
4 _____AZCA es un movimiento antiglobalización internacional.
5 _____Dekia es el nombre de la compañía protagonista en *El método*.

I. INVESTIGACIÓN PRELIMINAR

Investiga, reflexiona y responde a las siguientes preguntas. Toma notas detalladas, ya que estas te servirán para desarrollar tu ensayo más tarde al final del capítulo. Puedes encontrar información en la biblioteca, en Internet, en la bibliografía al final del libro y en Sitio Web del Estudiante.

Contexto histórico

1   ¿Qué recuerdas sobre el Fondo Monetario Internacional (FMI)? ¿Cuándo se estableció y cuáles son sus objetivos? ¿Quiénes lo dirigen?
2   ¿Qué recuerdas del Banco Mundial? ¿Cuándo se fundó? ¿Quiénes lo gobiernan? ¿Cuáles son sus objetivos fundamentales?
3   ¿Qué recuerdas sobre el movimiento sociopolítico antiglobalización? ¿Desde cuándo opera? ¿Cuáles son algunos de sus motivos de protesta? ¿Qué revindican? ¿Cuándo y dónde acostumbran a manifestarse? ¿Es un movimiento pacífico o violento?
4   ¿Qué es la zona de Madrid conocida como AZCA? ¿Qué simboliza?
5   ¿Qué sabes sobre el Método Gronholm?

Conexiones e impresiones

1   ¿Has tenido alguna vez una entrevista de trabajo? Piensa y recapacita. ¿Cómo fue? ¿Fue individual o en grupo? ¿Cómo te encontrabas? ¿Cómo ibas vestido/a? ¿Cómo era la sala? ¿Cuánto duró la entrevista? ¿Estabas nervioso/a?
2   ¿Has tenido alguna vez que competir ferozmente contra otras personas por conseguir algo como una beca, un puesto de trabajo, un premio escolar, etcétera? ¿Cuáles son algunas de las estrategias que has usado para competir en estos casos?
3   ¿Has visto alguna vez una manifestación social en la calle o en tu campus? ¿Has participado alguna vez en alguna manifestación de protesta? ¿Cómo fue esta manifestación? ¿Qué se reivindicaba? ¿Cuáles fueron los resultados?
4   ¿Crees que las manifestaciones son vehículos eficaces de protesta? ¿Por qué si o por qué no? Razona tus ideas.
5   ¿Qué otras formas de protesta social conoces? ¿Qué tienen en común y en qué se diferencian?

II. ANÁLISIS

A. Palabras clave

Lee el vocabulario y las expresiones siguientes, relacionados con la película que vas a ver.

❑ entrevista de trabajo
❑ candidatos
❑ eliminar
❑ Método Gronholm
❑ manifestación
❑ protestas
❑ topo
❑ formulario
❑ prueba psicológica
❑ movimiento antiglobalización
❑ Fondo Monetario Internacional
❑ Banco Mundial
❑ AZCA
❑ cumbre mundial

B. Imagina

En relación con los temas de este capítulo y tus ideas preliminares acerca de lo que puede ser el contenido de la película que vas a ver, responde a estas preguntas.

¿Qué ideas te vienen a la mente sobre posibles situaciones de la película? ¿Adivinas de qué puede tratar? ¿Quiénes serán los personajes? ¿Cómo se comportarán hacen? ¿Cómo será el lugar en el que se encuentran? Explica tus ideas.

_____

_____

_____

_____

_____

_____

_____

_____

_____

_____

_____

_____

_____

 # C. Antes de ver

Elaboren una lluvia de ideas sobre su investigación previa y sus ideas preliminares sobre la película.

D. Ver

Vean (en clase o fuera de clase) *El método* (Marcelo Piñeyro, 2005). Mientras ven la película, tomen notas para poder responder a las preguntas de la actividad siguiente.

 E. Después de ver

Analicen la película y respondan a las siguientes preguntas en grupos.

1   ¿Cuáles son los personajes principales en *El método*? Descríbanlos.
2   ¿Cuáles son los temas principales que aparecen en esta película? ¿Cómo se relacionan estos temas con la globalización?
3   ¿Qué referencias políticas y movimientos sociopolíticos aparecen en la película? ¿Cómo se relacionan con el tema de la globalización?
4   ¿Qué sentimientos transmite la película? ¿Positivos o negativos? ¿Por qué?
5   Si ustedes fueran uno de los personajes, ¿cuál les gustaría ser? ¿Por qué?
6   ¿Piensan que el Método Gronholm puede estar directa o indirectamente relacionado con el proceso de globalización?
7   Piensen en la escena final de la película, cuando Nieves sale a la calle. ¿Qué significado tiene? Expliquen sus ideas.
8   ¿Les ha gustado la película? ¿Por qué? ¿Por qué no?
9   Inventen un final diferente. Sean creativos.

 F. Análisis de una escena

Vuelvan a ver detenidamente la escena en la que los últimos tres candidatos – Nieves, Carlos y Fernando– están participando en una prueba de rapidez mental pasándose una pelota (minutos 1:23-1:32). Respondan a las siguientes preguntas.

1   ¿Qué elementos relacionados con la globalización observan en esta escena? Descríbanlos.
2   ¿Qué temas mencionan los tres participantes durante la prueba? Cómo se relacionan estos temas con la globalización y las economías mundiales? Analicen el discurso de esta escena.
3   ¿Qué estrategias usa cada uno de los tres participantes para superar con éxito la prueba? ¿En qué se diferencian? ¿Por qué creen que son estrategias diferentes?
4   Expliquen el desarrollo de esta escena de principio a fin. ¿Es una lucha equitativa? ¿Por qué sí o por qué no? ¿Quién creen que gana esta lucha al final? ¿Por qué?

 G. Conclusiones

Anoten las ideas principales a las que ha llegado cada grupo. Estas ideas serán útiles más tarde para desarrollar el ensayo al final del capítulo.

_____

_____

_____

_____

_____

_____

_____

_____

_____

_____

 **ACTIVIDAD 4**

Música. "Revolución" (Amaral, 2005)

Amaral es uno de los grupos españoles de música pop-*rock* más populares hoy en día. Lo forman Eva Amaral y Juan Aguirre, quienes componen toda su música juntos. Han vendido millones de copias de sus discos, y sus conciertos suelen tener un lleno absoluto. Entre sus discos destacan *Amaral* (1998), *Una pequeña parte del mundo* (2000), *Estrella de mar* (2002), *Pájaros en la cabeza* (2005), *Gato negro, dragón rojo* (2008) y *Hacia lo salvaje* (2011). Durante su trayectoria musical, Amaral ha ganado numerosos premios nacionales e internacionales por sus canciones, álbumes y composiciones. *Pájaros en la cabeza* fue el disco más vendido en España en 2005, y en él se encuentra la canción "Revolución", que vas a escuchar y analizar a continuación.

 COMPRENSIÓN DEL TEXTO

Indica si las siguientes oraciones son ciertas (C) o falsas (F). Justifica tu elección con tus propias palabras.

1 ____Amaral es un dúo musical español contemporáneo.
2 ____Eva es la vocalista y Juan es el compositor.
3 ____Su música ha ganado numerosos premios nacionales e internacionales.
4 ____El disco *Pájaros en la cabeza* tuvo muy buena acogida por el público.

I. INVESTIGACIÓN PRELIMINAR

Investiga, reflexiona y responde a las siguientes preguntas. Toma notas detalladas, ya que estas te servirán para desarrollar tu ensayo al final del capítulo. Puedes encontrar información en la biblioteca, en Internet, en la bibliografía al final del libro y en Sitio Web del Estudiante.

Contexto histórico y sociopolítico

1   Investiga sobre la tasa de desempleo actual en España. ¿Cuál es el porcentaje de españoles menores de 30 años que no tiene trabajo? Averigua cuál es la tasa de desempleo de jóvenes en tu país.

2   ¿Sabes qué es el "Plan Bolonia" en educación de la Unión Europea? Investiga qué es, cuándo se implementó, cuáles son sus principales objetivos y cuáles las críticas más importantes que ha recibido.

3   Investiga sobre el movimiento 15-M en España ¿Qué tipo de movimiento es? ¿Cuándo se formó? ¿Qué otros nombres tiene? ¿Quiénes lo forman? ¿Cuáles son sus objetivos principales? ¿Contra qué y quiénes protestan?

4   ¿Cuáles son otros movimientos similares anteriores y posteriores al 15-M en otros países europeos? ¿Y en otras partes del mundo?

5   ¿Cuál es el hilo conductor entre todos estos movimientos sociales de protesta? ¿Qué tienen en común? ¿En qué se diferencian?

Conexiones contextuales

1   Investiga algunos movimientos político-sociales que hayan ocurrido en tu país en los siglos xx y xxi. ¿Por qué surgieron estos movimientos? ¿Cuáles fueron los detonantes de estos movimientos? ¿Fueron movimientos pacíficos o no? ¿Consiguieron sus objetivos? ¿Cómo lo hicieron?

2   ¿Qué tienen en común estos movimientos sociales de protesta en tu país con los que has estudiado en la sección anterior? ¿En qué se diferencian?

3   ¿Han existido movimientos sociales de protesta contra algún sistema o aspecto de la educación en tu país? Investiga y explícalo.

II. ANÁLISIS

A. Palabras clave

Examina el siguiente vocabulario, que pertenece a la canción "Revolución".

- ❑ callar
- ❑ libros prohibidos
- ❑ entradas secretas

☐ gritar
☐ mapas
☐ milagro
☐ nuestra hora
☐ revolución
☐ pensar
☐ une

B. Imagina

En relación con los temas de este capítulo y con la lista que acabas de estudiar, escribe aquí tus ideas preliminares sobre el tema o temas de la canción "Revolución". ¿Sobre qué crees que trata? Explica tus ideas.

_____
_____
_____
_____
_____
_____
_____
_____
_____
_____

 ## C. Antes de escuchar

Elaboren una lluvia de ideas con la información anotada en la actividad anterior.

 ## D. Escuchar

Escuchen la canción "Revolución" (Amaral, 2005).

 ## E. Después de escuchar

Respondan a las siguientes preguntas sobre la canción.

1 ¿Cuáles son los temas principales?
2 ¿Creen que es una canción protesta? Expliquen.
3 ¿A quién creen que va dirigida? ¿A una generación en particular? ¿Qué les hace pensarlo?

4   Expliquen los versos "Siento que llegó nuestra hora, / esta es nuestra revolución". ¿A qué revolución o revoluciones puede referirse esta canción? ¿Cuáles pueden ser los objetivos de esta revolución?

5   Expliquen los versos "Somos demasiados / y no podrán pasar por encima de la vida / que queremos heredar". ¿Cuál es el sujeto de "somos"? ¿A quiénes se refiere? ¿Cuál es el sujeto de "podrán"? ¿A quiénes se refiere? Expliquen el significado completo de esta estrofa.

F. Conclusiones

Escriban las ideas principales a las que ha llegado cada grupo. Estas notas pueden ser útiles más tarde para desarrollar el ensayo al final del capítulo.

_____

_____

_____

_____

_____

_____

_____

ACTIVIDAD 5

Ensayo

Usando toda la información recogida a lo largo del capítulo, tus reflexiones, investigaciones, conversaciones, las producciones originales analizadas y todas tus notas de cada actividad, escribe un ensayo bien desarrollado sobre uno de estos dos temas que elijas: "La crisis económica mundial del siglo xxi y sus consecuencias en Latinoamérica" o "La crisis económica mundial del siglo xxi y sus consecuencias en España".

Debes dividir tu ensayo en introducción, desarrollo y conclusiones (1.500-2.000 palabras).

PREGUNTAS DE REFLEXIÓN

Para desarrollar tu ensayo considera las siguientes preguntas. ¿Cuáles son los temas principales que se han discutido en este capítulo? ¿En qué materiales originales (canción, películas o literatura) de los que hemos analizado aparecen estos temas? ¿Cuál es el hilo conductor entre estos temas que has estudiado?

¿Cuál es el hilo conductor entre las producciones originales que has analizado? ¿Cuáles fueron algunas de las causas que condujeron a la crisis económica mundial de principios del siglo xxi? ¿Cuáles son algunas de las consecuencias sociales de esta crisis? ¿Qué quiere decir que la crisis económica tuvo un "efecto dominó"? ¿Por qué la crisis económica afectó a México antes que a otros países de Latinoamérica? ¿Por qué España se ha visto gravemente afectada por la crisis económica mundial? ¿Qué movimientos sociopolíticos se han establecido a raíz de la crisis del siglo xxi? ¿Qué papel desempeñan estos movimientos en las nuevas sociedades globalizadas?

- **10 pautas para redactar un ensayo argumentativo.** Sigue estos pasos para redactar un ensayo mejor. En el Sitio Web del Estudiante encontrarás más información sobre la redacción de ensayos argumentativos que te puede ser de utilidad.
  1. Elige el **tema** sobre el que quieres investigar más a fondo, el que más te interesa. No debes elegir el más fácil, sino el que más te interese, para que tu texto sea mejor.
  2. **Investiga a fondo sobre el tema que has elegido**. Es importante buscar información en fuentes académicas y fidedignas. Es recomendable dar prioridad a libros, bases de datos y organismos oficiales. Vuelve a leer las preguntas de las secciones de "Investigación preliminar" de cada actividad. Además, lee todas las notas que has reunido a lo largo del capítulo. Lee los párrafos que tu grupo redactó para las conclusiones de cada actividad. Toma notas sobre cómo vas a estructurar tu ensayo y sobre los distintos argumentos que vas a exponer en tu discurso. Es importante que cada argumento o idea que expongas esté respaldado por fuentes fidedignas.
  3. Escribe tu **introducción**, con la **tesis** de tu ensayo. La introducción debe ser clara, contundente y cuidada. Tu ensayo se desarrollará a partir de esta tesis.
  4. El **cuerpo** del ensayo deberá dividirse según los argumentos que expongamos. Así, si vas a plantear tres argumentos, puedes desarrollar tres párrafos distintos, etcétera, aunque no tienen que ser igual de largos; la extensión dependerá del tema de cada argumento. Es importante que cada párrafo esté bien desarrollado y que los párrafos estén bien hilados.
  5. Finalmente, debes escribir tu párrafo de **conclusión**. En él, repasa los argumentos de manera muy concisa y añade tu opinión personal, ya que es tu ensayo.
  6. Incluye una página con las **fuentes o referencias** que has utilizado, asegurándote de que estas aparecen conforme al estilo requerido por tu profesor.
  7. Incluye una **página de presentación** conforme a las especificaciones que te haya dado tu profesor.

8   Una vez fijado el contenido del ensayo, léelo tantas veces como necesites para repasar el **uso gramatical** y realizar los cambios necesarios.

9   Hecho eso, vuélvelo a leer cuantas veces sea necesario para corregir cualquier falta de **ortografía y puntuación**, pues estas nunca deben aparecer en un ensayo académico.

10 Por último, asegúrate de que tu ensayo está redactado conforme al **estilo** requerido por tu profesor, igual que las fuentes. Haz los cambios que sean necesarios.

CAPÍTULO 12

La sociedad hispanohablante contemporánea: familia, juventud, educación y cultura

I DESCRIPCIÓN

Este último capítulo, titulado "La sociedad hispanohablante contemporánea: familia, juventud, educación y cultura", sirve como broche final a los once temas que hemos investigado y analizado en *El mundo hispanohablante contemporáneo*. En él, a través de la literatura, el cine y la música, haremos una última incursión en el análisis de algunos de los procesos socioculturales que han tenido lugar en la sociedad hispanohablante desde finales del siglo xx hasta nuestros días. Como pilares fundamentales para describir esta evolución de carácter sociológico nos centraremos en el estudio de la familia, la juventud y la educación.

II OBJETIVOS CULTURALES

Al final de este capítulo podrás:

1   Demostrar tu comprensión de algunos de los grandes cambios socioculturales en el mundo hispanohablante desde finales del siglo xx hasta nuestros días. Para lograr este resultado, investigarás, analizarás y compartirás tus ideas sobre:

   a   El proceso de identidad y dualidad de las sociedades hispanohablantes.
   b   La familia como pilar fundamental de las sociedades hispanohablantes, y el papel que esta desempeña dentro de la crisis económica mundial.
   c   La juventud hispanohablante, sus puntos en común y sus divergencias en relación con la juventud de otras comunidades.
   d   El papel de la tercera edad (los padres y los abuelos) desde el punto de vista de los jóvenes.
   e   La generación de los NiNis (jóvenes entre 18 y 30 años que "*ni* estudian *ni* trabajan") y el impacto de este colectivo a nivel económico, político y social.
   f   La educación como motor para la creación de un futuro mejor en Latinoamérica y España, visto desde antes y después de la crisis económica mundial de 2008.

2   Demostrar tu comprensión de la conexión entre las vertientes políticas, económicas y sociales de las últimas décadas en las sociedades hispanohablantes, y cómo todo ello se refleja en la producción literaria, cinematográfica y musical. Para ello, vas a estudiar y analizar las siguientes producciones originales:

   a   Películas: *Mamitas* (Nicholas Ozeki, 2011); *La gran familia española* (Daniel Sánchez Arévalo, 2013)
   b   Música: "Vivir mi vida" (Marc Anthony, 2013)
   c   Texto literario: "¿Qué les queda a los jóvenes?" (Mario Benedetti, 1984)

III OBJETIVOS LINGÜÍSTICOS

Al final de este capítulo podrás:

1   Progresar en el desarrollo de la habilidad narrativa a nivel avanzado, tanto desde el punto de vista oral como escrito.
2   Desarrollar habilidades de lectura a nivel avanzado en temas relacionados con la evolución sociocultural desde finales del siglo xx y principios del xxi.
3   Aprender y reconocer vocabulario relacionado con los movimientos sociales, la familia, la educación y la juventud.

INTRODUCCIÓN

A lo largo de este libro hemos estudiado y analizado los grandes acontecimientos históricos que han tenido lugar en el mundo hispanohablante en los siglos XX y XXI. Como hemos visto, estos cambios han tenido un impacto sobre las identidades, los nacionalismos, las economías, los sistemas políticos y las culturas en general. La historia en los dos últimos siglos nos ha ido augurando de manera paulatina un final previsible que hoy todos presenciamos, es decir, una sociedad hispanohablante globalizada, pero todavía hoy en día sustentada y, a la vez, condicionada por al menos tres pilares fundamentales: la familia, los jóvenes y la educación.

La familia es una de las estructuras sociales básicas de la sociedad hispanohablante y lo sigue siendo, a pesar de las numerosas transformaciones en la época contemporánea globalizada. En las últimas décadas las familias latinas y españolas han ido experimentando cambios en su composición y en su organización, lo cual ha repercutido en los papeles tradicionales y las perspectivas de sus miembros. Todo ello trasciende en la forma de ser de la familia hoy, en el quehacer doméstico, en la vida cotidiana, en la vida laboral, en los valores, en la definición de las necesidades e incluso en la visión de la fe religiosa. Pero sea como fuere, lo que es invariable a pesar de la globalización es que la institución familiar sigue siendo el pilar más importante y el más valorado de las sociedades hispanohablantes, aun entre los jóvenes. En momentos de crisis de cualquier tipo, la familia es siempre el vínculo socio-afectivo al que se recurre para afrontar y también para intentar superar una dificultad. Aunque los roles familiares han cambiado en las últimas décadas, por ejemplo con la incorporación de la mujer al mundo laboral, todavía sigue existiendo un sistema jerárquico por edades, donde los abuelos se mantienen en el centro de la familia y son respetados como tales.

Por su gran capacidad de adecuación a los cambios históricos, culturales y de identidad, la familia es la estructura de referencia fundamental en cualquiera de los procesos sociales y demográficos que se desarrollan. Tanto en Latinoamérica como en España crece el número de divorcios, disminuye la natalidad y se incrementa la maternidad en soltería. Además, en algunos países como España, Uruguay, Argentina y México, entre otros, desde principios del nuevo milenio la familia puede estar constituida legalmente por padres del mismo sexo. La tendencia más común en las generaciones jóvenes en España y algunos países latinoamericanos es retrasar el matrimonio hasta después de los treinta años, lo que incrementa también la convivencia prematrimonial entre las parejas o, simplemente, la convivencia no matrimonial estable. Sin embargo, en algunos países aún persisten leyes antiguas que permiten el matrimonio entre menores como en México, donde la edad mínima permitida para casarse legalmente es 14 años para las chicas y 16 años para los chicos. Este tipo de leyes están siendo revisadas por los gobiernos para adecuarlas a las necesidades del mundo contemporáneo. La familia de hoy día también se ve afectada por el mercado global y, por lo tanto, está marcada por situaciones extremas de privilegio o de marginalización social. En Latinoamérica, por ejemplo, aunque la clase media está creciendo y se ve presionada por el consumismo, aún existe una gran brecha socioeconómica entre los ricos y los pobres. España, sin embargo, que hasta hace poco gozaba de una extensa clase media que había contribuido a crear una sociedad más igualitaria, en los últimos años ha sido golpeada duramente por los efectos de la crisis económica global, y miles de familias han pasado a encontrarse en una situación de desamparo, dentro de un sistema político-social sin las herramientas institucionales necesarias para enfrentarse a esta nueva realidad.

Los nuevos jóvenes latinos y españoles son actores claves del mundo globalizado y, por lo tanto, de las nuevas democracias que se han ido constituyendo en los diferentes países. Sin embargo, son testigos igualmente —y en cierto modo herederos— de siglos de abuso político, corrupción y ausencia de derechos humanos fundamentales como, por ejemplo, la libertad de expresión. De manera cada vez más notable los jóvenes están comenzando a hacer visible su disconformidad con el funcionamiento de las instituciones. Las nuevas tecnologías y las redes sociales se han convertido en el principal lugar de encuentro de esta generación, que se une en el ciberespacio para organizarse en la lucha contra sistemas políticos que tradicionalmente han beneficiado a una minoría más establecida. Por así decir, los jóvenes buscan y quieren nuevos sistemas, nuevos paradigmas y, por lo tanto, "hacer borrón y cuenta nueva". Sin embargo, los gobiernos no son capaces de cambiar a corto plazo ese *statu quo* que ha regido durante décadas, dirigiéndose en muchos casos por un camino sin retorno. Ningún gobierno ha sido capaz todavía de proporcionar a estas nuevas generaciones las herramientas necesarias que les permitan tomar las riendas de sus países y llevarlos por los caminos adecuados para enfrentarse a los retos del futuro. Así, los jóvenes se aferran a las alegrías y al bienestar que les proporcionan algunos elementos en sus vidas como los amigos, las artes y, cómo no, los deportes, siendo el fútbol el que más apasiona y unifica a la sociedad.

Los NiNis son una generación de jóvenes entre 15 y 30 años en Latinoamérica y España que "*ni* estudia *ni* trabaja". Se trata por lo tanto de la generación sobre la que la crisis económica mundial ha tenido un mayor impacto, y cuyo futuro se prevé incierto. Una gran parte de estos jóvenes vive con sus padres: algunos no se han podido emancipar por motivos económicos, y otros han salido y han tenido que regresar a sus lugares de origen. México, Uruguay y España son tres de los países con más porcentaje de NiNis, también conocidos como "generación perdida", por la falta de recursos adecuados para gozar de una vida independiente desde el punto de vista económico. Sin embargo, la apatía política que podría haber caracterizado a esta generación en el pasado está cambiando. Ahora los más jóvenes se sienten más comprometidos con la sociedad, expresan sus opiniones con mayor frecuencia, tienen más visibilidad, son más tolerantes con otras tradiciones culturales y religiones, y también aspiran a conseguir una mayor transparencia en el funcionamiento de las instituciones y, por lo tanto, a que se valore la honestidad y el esfuerzo laboral.

En general, las sociedades hispanohablantes contemporáneas mantienen valores tradicionales relacionados con la familia, los amigos, la religión y una visión de disfrutar del presente y de no preocuparse en exceso por el futuro. En cambio, se caracterizan por ser más inconformistas con las instituciones políticas, la intolerancia y la desigualdad social. Décadas de evolución histórica han dado lugar a fuertes y contradictorios sentimientos de identidad y nacionalismo que se reflejan en la vida cotidiana.

 COMPRENSIÓN DE LA LECTURA

Responde a las siguientes preguntas con oraciones completas.

1 Según la lectura, ¿cuáles son los pilares fundamentales de las sociedades hispanohablantes?
2 ¿Cómo ha cambiado la familia hispanohablante en las últimas décadas?
3 ¿Cómo ha cambiado la sociedad española en los últimos años como consecuencia de la crisis económica?
4 ¿Cómo luchan los jóvenes contra los gobiernos y el *statu quo*?
5 ¿Quiénes son los NiNis? Explica todo lo que sepas sobre ellos.
6 ¿Qué valores y elementos sociales son importantes para los jóvenes latinos y españoles?

 ACTIVIDAD 1

Película. *Mamitas* (Nicholas Ozeki, 2011)

Nicholas Ozeki es un joven cineasta estadounidense nacido en Nueva York. Aunque no es de ascendencia latina, de niño creció en un barrio rodeado de influencia hispanohablante, igual que en las escuelas en las que se educó. Fue así como se fraguó su enorme interés por documentar la vida de los latinos y llevarla al cine. *Mamitas* fue primero un cortometraje (2007) y más tarde se convirtió en un exitoso primer largometraje (2011). Otros de sus cortometrajes son *High Maintenance* (2006) y *iSpy* (2013). La película *Mamitas* fue muy bien recibida por el público latino, por apartarse de estereotipos y temas negativos, a diferencia de otras muchas películas sobre la comunidad latina. En su lugar, *Mamitas*, refleja lo que puede ser la vida real de una escuela y varias familias latinas en Los Ángeles. Recibió numerosos galardones como el Ashland Independent Film Festival Award (2012) y el Black Reel Award (2012).

COMPRENSIÓN DEL TEXTO

Indica si las siguientes oraciones son ciertas (C) o falsas (F), y justifica tu elección con tus propias palabras.

1   _____Nicholas Ozeki es un veterano cineasta latino.
2   _____Muchas de las películas de Ozeki tratan sobre temas latinos.
3   _____*Mamitas* es un cortometraje y también un largometraje.
4   _____Al público latino le gusta *Mamitas* porque se aparta de los temas negativos que abordan muchas películas.
5   _____*Mamitas* recibió algunos premios cinematográficos.

 I. INVESTIGACIÓN PRELIMINAR

Investiga, reflexiona, toma notas y responde a las siguientes preguntas sobre el contexto cultural y las conexiones. Puedes encontrar información en la biblioteca, en Internet, en la bibliografía al final del libro y en Sitio Web del Estudiante.

1   ¿Cuáles son algunas de las características de la familia hispanohablante? ¿Cómo es la relación entre sus miembros?
2   ¿Cómo la compararías con las familias de otras culturas en Estados Unidos?
3   ¿Qué importancia tiene la educación en la comunidad hispanohablante? ¿Y en tu comunidad?
4   ¿Qué sabes sobre la situación de los estudiantes de ascendencia latina en la escuela secundaria en Estados Unidos? ¿Qué porcentaje de ellos se gradúa? ¿Cuántos continúan los estudios universitarios? Investiga.
5   ¿Qué sabes sobre la situación de los estudiantes de otras culturas en la escuela secundaria en Estados Unidos? ¿Qué porcentaje de ellos se gradúa? ¿Cuántos continúan los estudios universitarios? Investiga.

II. ANÁLISIS

A. Palabras clave

Examina el siguiente vocabulario relacionado con la película *Mamitas*.

❑ escuela secundaria
❑ graduación
❑ apoyo familiar
❑ abuelo
❑ hermanos
❑ profesora consejera

☐ proceso de solicitud a la universidad
☐ educación
☐ relación de amigos

B. Imagina

En relación con el tema general que estamos estudiando en este capítulo y con la lista de vocabulario anterior, escribe aquí tus ideas preliminares sobre el tema de la película. ¿Sobre qué crees que trata? Explica tus ideas en al menos dos párrafos.

_____
_____
_____
_____
_____
_____

 ## C. Antes de ver

Elaboren una lluvia de ideas sobre la investigación previa y las ideas preliminares sobre la película.

 ## D. Ver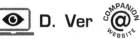

Vean (en casa o en clase) la película *Mamitas* (Nicholas Ozeki, 2011). Mientras, tomen notas para poder responder a las preguntas de la siguiente sección.

 ## E. Después de ver

Analicen la película y respondan a las siguientes preguntas.

1 ¿Cuáles son los temas principales? Identifiquen de manera detallada al menos cinco.
2 ¿Cuáles son los personajes principales? Expliquen sus características más destacadas.
3 ¿De qué manera se desarrollan los personajes de Jordin y de Felipa?
4 ¿Cómo se pueden comparar las dos familias que aparecen en la película, la de Jordin y la de Felipa?
5 ¿Qué detalles sobre la educación se muestran en esta película?
6 Describan el personaje de la profesora. ¿Cómo es? ¿Qué imagen creen que quiere proyectar el director con él?

7   Reflexionen sobre la relación de Jordin con su abuelo. ¿Creen que es típica en las familias hispanohablantes? Justifiquen su respuesta.
8   ¿Cómo se ve reflejada la comunidad Latina en California en esta película? ¿Creen que es real o se acerca a la realidad? ¿Por qué sí o por qué no? Reflexionen y explíquenlo.
9   ¿Cómo es la música a lo largo de la película? ¿Qué sentimientos o ideas creen que transmite?
10 ¿Qué mensajes creen que quiere dar el director con esta película? Justifiquen su respuesta.

 F. Análisis de una escena

Final. Vuelvan a ver detenidamente la escena final de la película, cuando Jordin, su hermano y su padre ayudan al abuelo a volver a su casa, y aparece Felipa. Reflexionen y respondan a las siguientes preguntas.

1   ¿Qué ocurre al final de la película? ¿Qué significado tiene este final? ¿Por qué creen que la película termina así? Explíquenlo.
2   ¿Qué cambios se observan del personaje del padre de Jordin? Explíquenlo.
3   ¿Qué relación creen que existe entre Jordin y su hermano? Explíquenlo.
4   ¿Creen que se trata de un final abierto o cerrado? ¿Por qué?
5   Inventen un final diferente, que sea creativo, y explíquenlo.

 G. Conclusiones

Actividad en clase. Escriban las ideas principales desarrolladas por cada grupo. Pueden utilizar estas ideas más tarde para el ensayo del final del capítulo.

ACTIVIDAD 2

Música. "Vivir mi vida" (Marc Anthony, 2013)

Marco Antonio Muñiz Rivera, más conocido por su nombre artístico como Marc Anthony, es un famoso cantante americano-puertorriqueño nacido en Nueva York. Su música, de claro corte latino, incluye géneros variados como la salsa, el bolero, la balada y el pop. Ha recibido dos premios Grammy y cuatro premios Grammy Latinos. Además ha obtenido otros prestigiosos premios como el Congressional Hispanic Caucus Chair's Award (2009) y Lo Nuestro (2014). Entre sus discos destacan *Otra nota* (1993), *Contra corriente* (1997), *Marc Anthony* (1999), *Libre* (2001), *Valió la pena* (2005), *El cantante* (2007) y *3.0* (2013). Marc Anthony ha colaborado con muchos artistas como Jennifer López, Thalía, Pitbull, Chayanne, Laura Pausini o Carlos Vives. Además de cantar, ha participado en algunos proyectos como actor de películas y de musicales. Ha estado casado con las artistas Dayannara Torres y Jennifer López. En esta actividad vas a escuchar y analizar la canción "Vivir mi vida", del disco *3.0*.

COMPRENSIÓN DEL TEXTO

Indica si las siguientes oraciones son ciertas (C) o falsas (F). Justifica tu elección con tus propias palabras.

1 ____Marc Anthony es de origen puertorriqueño.
2 ____Su música es mayoritariamente de influencia latina.
3 ____Le gusta colaborar con otros artistas.
4 ____Marc Anthony compone solamente salsa.
5 ____Marc Anthony es un músico prolífico.

I. INVESTIGACIÓN PRELIMINAR

Investiga, reflexiona y responde a las siguientes preguntas. Toma notas detalladas, ya que estas te servirán para desarrollar tu ensayo al final del capítulo. Puedes encontrar información en la biblioteca, en Internet, en la bibliografía al final del libro y en Sitio Web del Estudiante.

Contexto histórico y sociopolítico. Los latinos en Estados Unidos

Vuelve a repasar tus notas del capítulo "Los latinos en Estados Unidos" y busca más información.

1 ¿Cuántos millones de latinos hay en Estado Unidos? ¿Cuáles son los grupos de latinos mayoritarios en este país?
2 ¿En qué zonas o estados se concentran cada grupo? ¿Cuándo se establecieron?
3 ¿Cuáles son otros de los grupos menos numerosos? Explícalo detalladamente.

Cultura y sociedad. La música

Vuelve a repasar los datos sobre la música latina que has estudiado a lo largo de los capítulos anteriores.

1 ¿Qué sabes de la salsa? ¿De dónde viene?
2 ¿Es una música alegre o triste?
3 ¿Por qué crees que es un género musical muy popular entre los latinos?
4 ¿Cuáles son algunos de los cantantes de salsa más populares? Explica por qué han destacado.

👤👤 II. ANÁLISIS

A. Palabras clave

Examina el siguiente vocabulario, que pertenece a la canción "Vivir mi vida".

❑ vivir	voy a reír
❑ bailar	voy a bailar
❑ gozar	voy a gozar
❑ heridas	para limpiar las heridas
❑ sufrir	y para qué sufrir

B. Imagina

En relación con los temas de este capítulo sobre la sociedad hispanohablante contemporánea y con la lista de expresiones y vocabulario que acabas de estudiar, escribe aquí tus ideas sobre el tema o temas de la canción "Vivir la vida". ¿Sobre qué crees que trata? Expresa tus ideas en al menos dos párrafos.

_____
_____
_____
_____
_____
_____
_____
_____

_____

_____

_____

_____

 C. Antes de escuchar

Elaboren una lluvia de ideas sobre la información anotada en la actividad anterior.

 D. Escuchar

Escuchen la canción "Vivir mi vida" (Marc Anthony, 2013).

 E. Después de escuchar

Respondan a las preguntas sobre la canción y tomen notas.

1 Analicen la letra de cada estrofa. ¿Qué significado general posee cada párrafo?
2 Después de haber analizado cada estrofa, ¿qué significado general creen que quiere transmitir el autor con esta canción?
3 Expliquen estos versos y metáforas:
      "A veces sólo una gota puede vencer la sequía"
      "Voy a vivir el momento para entender el destino"
      "Siempre pa'lante, no mires pa'trás"
      "Mi gente, que la vida es una"
4 Analicen la introducción de Marc Anthony en el video previa a la canción.

> "Me preguntan cuál es mi legado. La búsqueda puede ser complicada, pero en realidad debería ser simple. Yo soy padre, soy hijo, soy hermano y soy amigo. Yo soy mi música y tu sonrisa. Soy las calles de Nueva York y Puerto Rico. Trato de tocar la vida de mi gente del mismo modo en que han tocado la mía. Yo vivo para, de alguna manera, dejar mi huella. Yo simplemente vivo…"

> ¿Qué significado encuentran a sus palabras dentro del contexto de la canción? ¿Qué mensajes hay en esta introducción que conectan con las ideas sobre la sociedad hispanohablante que estamos estudiando? Expliquen al menos tres de ellas.

5 Las imágenes. Vean el video las veces que necesiten y respondan a las preguntas.
    a ¿Qué ideas aparecen en el video que expresen diversidad? Busquen al menos tres.

b ¿Qué ideas aparecen en el video que expresen la unión entre las culturas hispanohablantes? Busquen al menos dos.

c ¿Qué imagen se ve a lo largo de todo el video que podría explicar la que debería ser la sencillez de la vida que describe la canción? Piensen y comenten.

F. Conclusiones

Escriban las ideas principales a las que ha llegado cada grupo. Pueden utilizar estas ideas más tarde para el ensayo al final del capítulo.

_____

_____

_____

_____

_____

_____

_____

_____

_____

_____

ACTIVIDAD 3

Texto literario. "¿Qué les queda a los jóvenes?" (Mario Benedetti, 1984)

Mario Benedetti (Paso de los Toros, Uruguay, 1920) fue un escritor uruguayo de la Generación del 45 y tiene una de las carreras más prolíficas de nuestros tiempos. Es autor de más de 80 trabajos literarios (novelas, poemas, obras de teatros, ensayos y cuentos). A los cuatro años se trasladó a Montevideo, escenario principal de su literatura. Asistió a un colegio alemán, donde aprendió el idioma y se apasionó por las matemáticas. De joven fue traductor y también periodista. Se casó con Luz López Alegre en 1946. Tras el golpe de Estado de 1973 en Uruguay, debido a sus ideas políticas izquierdistas, tuvo que exiliarse a Argentina. De ahí empezó un largo periodo de exilio en diferentes países: Cuba, Perú y España. Finalmente, pudo regresar a Uruguay en 1983, donde retomó su faceta periodística y otros proyectos que había tenido que dejar durante el exilio. Mantuvo residencia en España y Uruguay, donde murió en 2009 a los 86 años. Mario Benedetti recibió numerosos premios y honores por su producción literaria, entre los que destacan el Premio Llama de Oro de Amnistía Internacional, la Medalla Haydé Santamaría por el Consejo de Estado de Cuba, el Premio Morosoli de Plata de Literatura, el Premio Reina Sofía de

Poesía Iberoamericana, el Premio Etnosur o el Premio Internacional Menéndez Pelayo. Algunos de sus poemas han sido utilizados en canciones por cantautores de la talla de Joan Manuel Serrat o Nacha Guevara.

COMPRENSIÓN DEL TEXTO

Indica si las siguientes oraciones son ciertas (C) o falsas (F). Justifica tu elección con tus propias palabras.

1 _____Mario Benedetti es un escritor centroamericano muy reconocido mundialmente.
2 _____La producción literaria de Benedetti se centra principalmente en la poesía.
3 _____Benedetti salió de su país joven y nunca regresó.
4 _____Algunos de los poemas de Benedetti se han convertido en canciones.
5 _____Benedetti ha sido reconocido internacionalmente con multitud de premios por su importante producción literaria.

I. INVESTIGACIÓN PRELIMINAR

Investiga, reflexiona y responde a las siguientes preguntas. Toma notas detalladas, ya que te servirán para desarrollar tu ensayo al final del capítulo. Puedes encontrar información en la biblioteca, en Internet, en la bibliografía al final del libro y en Sitio Web del Estudiante.

Datos sobre el autor

1 ¿Qué más puedes averiguar sobre el escritor Mario Benedetti? Investiga y toma notas detalladas.
2 ¿Sobre qué temas escribe?
3 ¿Por qué se le considera uno de los grandes escritores latinoamericanos del siglo xx? Investiga a fondo y anota todos los detalles que encuentres.

Datos sobre la música y la literatura de protesta

1 ¿Recuerdas algunos temas y autores relacionados con el género de "protesta" que hemos estudiado en capítulos anteriores? Repasa los textos correspondientes y tus notas.
2 ¿Cuáles son algunos de los temas más frecuentes en estos tipos de canciones o producciones literarias? Explícalo.

Datos sobre el trasfondo histórico y político de las décadas de 1970 y 1980 en Suramérica y España

1 Vuelve a tus notas de los capítulos sobre Suramérica y España. ¿Cómo era la situación política en Uruguay durante la primera mitad de los años setenta?

2 ¿Cómo era la situación política en otros países como Argentina y Cuba?

3 ¿Por qué crees que Benedetti no pudo exiliarse a España en 1973, cuando salió de Uruguay, pero sí lo pudo hacer en los años ochenta? Explica tu respuesta de manera detallada.

II. ANÁLISIS

A. Palabras clave

Examina el siguiente vocabulario y expresiones del poema "¿Qué les queda a los jóvenes?", de Benedetti. Para ello, aprovecha la información que has recabado en la primera parte de esta actividad.

❑ les queda   ¿Qué les queda a los jóvenes?
❑ paciencia   en este mundo de paciencia
❑ asco   en este mundo de asco
❑ prisa   ser jóvenes sin prisa
❑ memoria   ser jóvenes con memoria
❑ prematuros   no convertirse en viejos prematuros
❑ consumo   en este mundo de consumo
❑ futuro   sobre todo les queda hacer futuro

B. Imagina

En relación con los temas que estás estudiando y con la lista anterior, escribe aquí tus ideas sobre el tema del poema. ¿Sobre qué crees que trata? ¿Cuáles son algunos de los temas que se te vienen a la mente? Explica tus ideas en al menos un párrafo completo.

_____
_____
_____
_____
_____
_____
_____

C. Antes de leer

Elaboren una lluvia de ideas sobre sus investigaciones preliminares de la actividad anterior.

 D. Lectura

Lean el poema "¿Qué les queda a los jóvenes?", de Mario Benedetti (1984). Tomen notas para poder responder a las preguntas de la actividad siguiente.

 E. Después de leer

En grupos respondan a las siguientes preguntas de forma detallada.

1   Identifiquen al menos cinco temas que aparecen en el poema y explíquenlos.
2   ¿Por qué creen que el autor se pregunta si a los jóvenes les queda sólo el grafiti, el *rock* y el escepticismo? Justifiquen su respuesta.
3   ¿Qué significa la metáfora de que a los jóvenes les queda "no decir amén"?
4   ¿Por qué creen que el autor se pregunta si a los jóvenes les queda probar la cocaína y la cerveza?
5   Analicen los últimos tres versos del poema desde "sobre todo" hasta "presente". ¿Qué significado poseen estas palabras dentro del contexto que estamos estudiando?

 F. Conclusiones

En grupos escriban las ideas principales a las que ha llegado en al menos dos párrafos bien desarrollados. Pueden utilizar estas ideas más tarde para el ensayo que tendrán que redactar al final del capítulo.

_____
_____
_____
_____
_____
_____
_____
_____
_____
_____
_____
_____

ACTIVIDAD 4

Película. *La gran familia española* **(Daniel Sánchez Arévalo, 2012)**

Daniel Sánchez Arévalo (Madrid, 1970) es un guionista, director y productor de cine español. Estudió cine en la Universidad de Columbia, Estados Unidos. Es hijo de la actriz Carmen Arévalo y el dibujante e ilustrador José Ramón Sánchez. Entre sus trabajos destacan los cortometrajes *¡Go!* (2002), *Física II* (2004) y *La culpa del alpinista* (2004), y largometrajes *AzulOscuroCasiNegro* (2006), *Gordos* (2009), *Primos* (2011) y *La gran familia española* (2013). Sus obras son merecedoras de numerosos reconocimientos nacionales e internacionales por ejemplo en los Premios Goya, el Notodofilmfestival y la preselección de los Óscar. *La gran familia española*, que vas a ver y analizar en esta actividad, trascurre durante el día de la boda de dos jóvenes que coincide con la final de la Copa Mundial de Fútbol en Sudáfrica entre España y Holanda en 2010. La comedia desarrolla numerosos temas serios que pueden encontrarse en una familia normal de hoy en día.

 COMPRENSIÓN DEL TEXTO

Indica si las siguientes oraciones son ciertas (C) o falsas (F). Justifica tu elección con tus propias palabras.

1   _____Daniel Sánchez Arévalo es un director e ilustrador español.
2   _____Sus padres también son actores.
3   _____Nació en Madrid, pero estudio cine en Colombia.
4   _____Ha recibido un Óscar.
5   _____*La gran familia española* fue su primer cortometraje.

 I. INVESTIGACIÓN PRELIMINAR

Investiga, reflexiona y contesta a las siguientes preguntas sobre el contexto histórico y social. Toma notas detalladas, ya que estas te servirán para desarrollar tu ensayo al final del capítulo. Puedes encontrar información en la biblioteca, en Internet, en la bibliografía al final del libro y en Sitio Web del Estudiante.

1   ¿Qué sabes del fútbol español? ¿Cuáles son los equipos más populares? ¿Por qué crees que el fútbol es tan popular entre los españoles?
2   ¿Qué sabes de la participación de la Selección Nacional Española de Fútbol en la Copa Mundial de Fútbol en las últimas décadas? ¿Cuántas veces ha llegado a jugar la final? ¿Cuántas veces, dónde y cuándo ha ganado el Mundial?

3   ¿Qué recuerdas de la situación política y económica de España en el año 2010? ¿Qué impacto tenía el desempleo en la sociedad española? ¿Qué parte de la población era la más afectada por el desempleo? ¿Qué recuerdas del papel de la familia española en la supervivencia y la lucha durante la crisis económica?

4   ¿A qué edades se casan los españoles? ¿Se casan antes o después de los estadounidenses? ¿Cuál es la tasa de natalidad en España? ¿Crees que la edad habitual de contraer matrimonio y la tasa de natalidad están relacionados? ¿Por qué? Justifica tu respuesta.

5   ¿Qué sabes sobre la tasa de divorcio en España? ¿Desde cuándo es legal el divorcio en este país? ¿Crees que hay relación con la globalización?

6   ¿Qué sabes de la tasa de embarazos en jóvenes menores de edad en España? ¿Es mayor o menor que en Estados Unidos? ¿Cuáles crees que pueden ser algunas de las razones? Analiza y reflexiona.

7   ¿Qué sabes sobre la densidad de población en las zonas rurales y urbanas en España? ¿De qué forma crees que afecta el desequilibrio de población entre unas y otras a la economía, la educación y la cultura en el país?

II. ANÁLISIS

A. Palabras clave

Lee el siguiente vocabulario relacionados con la película que vas a ver.

- finca
- boda
- jóvenes
- embarazo
- invitados
- familia
- hermanos
- padre
- partido de la final de fútbol de la Copa Mundial de 2010

B. Imagina

En relación con los temas de este capítulo, y con tus ideas preliminares acerca de lo que puede ser el contenido de la película que vas a ver, responde a estas preguntas. ¿Qué ideas te sugieren sobre posibles situaciones de la película? ¿Adivinas sobre qué puede tratar? ¿Quiénes crees que son los personajes? ¿Qué hacen? ¿Dónde crees que están? Explica tus ideas en al menos un párrafo bien desarrollado.

_____
_____
_____
_____
_____
_____
_____
_____
_____
_____
_____
_____
_____
_____

 ## C. Antes de ver

Elaboren una lluvia de ideas sobre la investigación previa y las ideas preliminares sobre la película.

 ## D. Ver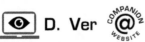

Vean (en casa o en clase) *La gran familia española* (Daniel Sánchez Arévalo, 2012). Tomen notas durante la película para poder responder después a las preguntas de la siguiente sección.

 ## E. Después de ver I

Análisis de la película. Analicen la película y respondan a las siguientes preguntas en grupos.

1 ¿Cuáles son los personajes principales? Expliquen sus características principales.
2 ¿Cómo es la relación entre los cinco hermanos, y la relación de ellos con su padre?
3 ¿Cómo es la relación entre Carla y Mónica?
4 ¿Cómo se desarrolla el personaje de la mujer en esta película?
5 ¿Por qué creen que el director ha elegido el día de la final del Mundial de Fútbol para el día de la boda? ¿Cuál es el mensaje que quiere trasmitir?
6 ¿Cómo evoluciona la relación entre Efra y Carla a lo largo de la película? ¿Por qué creen que fingieron el embarazo?
7 ¿Cómo se ve reflejada la sociedad española en esta película? ¿Qué elementos creen que pueden acercarse a la realidad? ¿Por qué sí o por qué no?

8   ¿Cómo es la música a lo largo de la película? ¿Qué sentimientos o ideas creen que inspira?
9   ¿Qué mensajes creen que quiere dar el director con esta película?

F. Después de ver II

Análisis de una escena. Analicen las siguientes dos escenas y respondan a las preguntas.

Escena I

Conversación entre Efra y Carla al borde de la piscina. (1:30-1:32). Vuelvan a ver la escena. Reflexionen y respondan a las siguientes preguntas.

1   ¿Sobre qué trata la conversación entre Efra y Carla?
2   ¿Cuáles son las "señales" que menciona Efra? ¿Por qué Efra cree en estas señales y Carla no?
3   ¿Qué significado creen que tiene la expresión que le dice Efra a Carla: "Carla, ¿tú me *I love you*"? ¿Qué crees que transmite este juego de palabras dentro del contexto de la película?
4   ¿Cuáles son las preocupaciones de Efra? ¿Y las de Carla? ¿Creen que son preocupaciones propias de gente de su edad o no? Explíquenlo.

Escena II

Escena de cuatro de los hermanos (Adán, Efra, Caleb y Dani) y Cris cuando está empezando el partido (21:42-23:00). Lean el diálogo de la escena.
    Entra Caleb.

> EFRA.–¿Cómo está padre?
> CALEB.–No está bien. Padre ha sufrido una angina de pecho, su corazón está muy débil, ya lo sabéis.
> DANI.–¿Y por qué no llamamos a una ambulancia o lo llevamos al hospital?
> CALEB.–Padre no quiere.
> DANI.–Y ¿qué más da lo que él quiera?
> CALEB.–No da igual lo que él quiera. Es su decisión.
> DANI.–Voy a hablar con él.
> CRIS.–Bolita… Dani, ahora está tranquilo, ¿vale? Vamos a dejar que descanse.
> DANI.–Vamos a cancelar la boda.
> EFRA.–¡No vamos a cancelar nada! Padre es fuerte y se va a poner bien.
> CALEB.–Hoy no está en condiciones, ¿eh? Ni va a estarlo.
> EFRA.–Caleb, no me voy a casar sin padre. Padre es la razón por la que me caso, y si no está él, no me caso.

CRIS.–Cásate otro día y ya está.

EFRA.–Sí, otro día. Díselo tú a tu sobri, a ver si le parece bien.

Adán enciende la televisión. Suena el himno nacional de España.

DANI.–Pero, ¿qué haces?

ADÁN.–El partido…

DANI.–¿Tú te crees que estamos ahora para partidos, Adán?

ADÁN.–¿Qué necesitamos ahora? Esperanza, ¿no? Pues ahí hay esperanza, en el partido.

DANI.–Apaga la tele (intenta agarrar el mando, pero Adán no le deja).

EFRA.–No se apaga ni se cancela nada, ¿eh? Hay catering, hay bebida y una puta final de futbol. ¿Qué es lo que queríais todos? Ver el partido, ¿no? Pues ahí está. Conseguido.

Efra Sale y los demás quedan apesadumbrados.

Respondan a las siguientes preguntas sobre el diálogo.

1   ¿Por qué en esta escena no aparecen todos los hijos? ¿Por qué creen que en esta escena no está Ben?

2   ¿Cómo describirían el tono de la escena?

3   ¿Por qué Dani no quiere respetar la voluntad de su padre?

4   ¿Por qué dice Efra que su padre "es la razón por la que se casa"?

5   ¿Por qué Adán relaciona el partido con la esperanza? ¿A qué esperanza se refiere?

6   ¿Cuáles son algunos de los mensajes que se pueden extraer de esta escena?

 ## G. Conclusiones

Actividad en clase. Escriban las ideas principales a las que ha llegado cada grupo. Pueden utilizar estas ideas más tarde para el ensayo al final del capítulo.

_____

_____

_____

_____

_____

_____

_____

_____

_____

_____

_____

_____

 **ACTIVIDAD 5**

Ensayo

A partir de la información recogida a lo largo del capítulo, tus reflexiones, investigaciones, conversaciones, etcétera, los materiales analizados y todas tus notas de cada actividad, escribe un ensayo argumentativo (1.500-2.000 palabras) sobre uno de estos tres temas: "La sociedad hispanohablante contemporánea", "La juventud hispanohablante contemporánea" o "La familia hispanohablante contemporánea".

PREGUNTAS DE REFLEXIÓN

Utiliza las siguientes preguntas a modo de reflexión preliminar. ¿Cuáles son los temas principales que se han discutido en este capítulo? ¿En qué producciones originales (canciones, películas o textos literarios) que hemos analizado aparecen estos temas? ¿Cuál es el hilo conductor entre estos temas? ¿Cuál es el hilo conductor entre los materiales originales? ¿Cuáles son las características principales de las sociedades hispanohablantes contemporáneas? ¿Qué características poseen en común? ¿En qué difieren y qué tienen en común con la sociedad de tu país? ¿Cómo son los jóvenes en general en el mundo hispanohablante? ¿En qué se parecen y en qué se diferencian de los de tu país? ¿Qué procesos históricos han influido en la evolución de estas sociedades?

- **10 pautas para redactar un ensayo argumentativo.** Sigue estos pasos para redactar un ensayo mejor. En el Sitio Web del Estudiante encontrarás más información sobre la redacción de ensayos argumentativos que te puede ser de utilidad.
  1. Elige el **tema** sobre el que quieres investigar más a fondo, el que más te interesa. No debes elegir el más fácil, sino el que más te interese, para que tu texto sea mejor.
  2. **Investiga a fondo sobre el tema que has elegido**. Es importante buscar información en fuentes académicas y fidedignas. Es recomendable dar prioridad a libros, bases de datos y organismos oficiales. Vuelve a leer las preguntas de las secciones de "Investigación preliminar" de cada actividad. Además, lee todas las notas que has reunido a lo largo del capítulo. Lee los párrafos que tu grupo redactó para las conclusiones de cada actividad. Toma notas sobre cómo vas a estructurar tu ensayo y sobre los distintos argumentos que vas a exponer en tu discurso. Es importante que cada argumento o idea que expongas esté respaldado por fuentes fidedignas.
  3. Escribe tu **introducción**, con la **tesis** de tu ensayo. La introducción debe ser clara, contundente y cuidada. Tu ensayo se desarrollará a partir de esta tesis.

4   El **cuerpo** del ensayo deberá dividirse según los argumentos que expongamos. Así, si vas a plantear tres argumentos, puedes desarrollar tres párrafos distintos, etcétera, aunque no tienen que ser igual de largos; la extensión dependerá del tema de cada argumento. Es importante que cada párrafo esté bien desarrollado y que los párrafos estén bien hilados.

5   Finalmente, debes escribir tu párrafo de **conclusión**. En él, repasa los argumentos de manera muy concisa y añade tu opinión personal, ya que es tu ensayo.

6   Incluye una página con las **fuentes o referencias** que has utilizado, asegurándote de que estas aparecen conforme al estilo requerido por tu profesor.

7   Incluye una **página de presentación** conforme a las especificaciones que te haya dado tu profesor.

8   Una vez fijado el contenido del ensayo, léelo tantas veces como necesites para repasar el **uso gramatical** y realizar los cambios necesarios.

9   Hecho eso, vuélvelo a leer cuantas veces sea necesario para corregir cualquier falta de **ortografía y puntuación**, pues estas nunca deben aparecer en un ensayo académico.

10 Por último, asegúrate de que tu ensayo está redactado conforme al **estilo** requerido por tu profesor, igual que las fuentes. Haz los cambios que sean necesarios.

Otros recursos de interés

Agencia Latinoamericana de Noticias: http://portaldelsur.info/

Banco Mundial: www.worldbank.org/

Canales televisivos de Estados Unidos en español: www.univision.com/; www.telemundo.com/

Casa Real Española: www.casareal.es/

Diccionario de la Real Academia Española (DRAE): www.rae.es/recursos/diccionarios/drae

Embajadas y Consulados de España: www.exteriores.gob.es/portal/es/serviciosalciudadano/paginas/embajadasconsulados.aspx

Facultad Latinoamericana de Ciencias Sociales: www.flacso.org/

Federación Internacional de Derechos Humanos: https://www.fidh.org/International-Federation-for-Human-Rights

Fundación Transición Española: www.transicion.org/

Gobierno de España: www.lamoncloa.gob.es/Paginas/index.aspx

Latin American Network Information Center (LANIC): http://lanic.utexas.edu/

National Council La Raza (NCLR): www.nclr.org/

Noticias de Mercosur y de Latinoamérica: http://es.mercopress.com/; http://en.mercopress.com/

Noticias televisivas de Latinoamérica: www.telesurtv.net/; http://cnnespanol.cnn.com/; http://latino.foxnews.com/espanol/index.html

Organización de Estados Americanos (OEA): www.oas.org/es/

Organización de las Naciones Unidas (ONU): www.un.org/es/

OTAN / NATO: www.nato.int/

Parlamento Europeo: www.europarl.europa.eu/Periódico ABC: www.abc.es/

Periódico *El Mundo*: www.elmundo.es/

Periódico *El País*: www.elpais.es/

Periódico *MARCA* (Deportes): www.marca.com/

Periódicos de todos los países: www.prensaescrita.com/

Periódicos en español: www.todalaprensa.com/

Portal de la Comunidad Andina (CAN): www.comunidadandina.org/

Portal de Mercosur: www.mercosur.int/

Portal de Unasur: www.unasursg.org/

Radio Cadena SER: http://cadenaser.com/

Radio Nacional de España: www.rtve.es/radio/

Real Academia Española (RAE): www.rae.es/

Revista de noticias semanales de Latinoamérica: www.larevistasemanal.com/

Sistema de Información de la OEA sobre acuerdos de mercado libre: www.sice.oas.org/agreements_e.asp

Televisión de la Comunidad Andina (CAN) por Internet: http://tvcan.comunidadandina.org/

Televisión Española: www.rtve.es/

Tratados de libre comercio con Estados Unidos: https://ustr.gov/trade-agreements/free-trade-agreements/; www.caftadr-environment.org/

Unión Europea: http://europa.eu/

United States Census Bureau: www.census.gov/

Bibliografía

Alarcón, D. (2005). "Ausencia". *Guerra en la penumbra*. Harper Collins.

Alcina, J. A. (2014). *Felipe VI: la formación de un Rey*. La Esfera.

Almodóvar, P. (1999). *Todo sobre mi madre*. El Deseo, S.A.

Alux Nahual (1990). "Alto al fuego". *Leyenda I*. Guatemala: DIDECA International.

Amaral (2005). "Revolución". *Pájaros en la cabeza*. EMI Music Spain, S.A.

Amat, N. (2003). "Colombia y el monstruo". *El País*, 13 de junio. Recogido el 23 de septiembre de 2004 de http://elpais.com.

Ana Belén (1979). "Desde mi libertad". *Ana*. CBS.

Arango, M. A. (2007). *Historia, intrahistoria y compromiso social en siete poetas hispánicos*. Bern, Switzerland: Peter Lang International Academic Publishers.

Arce, M. (2014). *Resource Extraction and Protest in Peru*. Pittsburgh, PA: University of Pittsburgh Press.

Asher, K. (2009). *Black and Green: Afro-Colombians, Development, and Nature in the Pacific Lowlands*. Durham, NC: Duke University Press.

Baker, P. (2014). "U.S. to restore full relations with Cuba, erasing a last trace of Cold War hostility: American is freed–surprise deal ends long stalemate". *The New York Times*, V. CLXIV, 18 de diciembre.

Barton, J. (1997). *A Political Geography of Latin America*. Nueva York, NY: Routledge.

Benedetti, M. (2003). "¿Qué les queda a los jóvenes?". *Antología poética*. Reimp. Madrid: Biblioteca Benedetti, Alianza Editorial.

Berryman, P. (1987). *Liberation Theology: The Essential Facts about the Revolutionary Movement in Latin America and Beyond*. Nueva York, NY: Pantheon Books.

Booth, J. A., Wade, C.J. y Walker, T.W. (2006). *Understanding Central America: Global Forces, Rebellion, and Change*. 4.ª ed. Boulder, CO: Westview Press.

Boron, A. (comp.) (2003). *Nueva hegemonía mundial: alternativas de cambio y movimientos sociales*. Buenos Aires: CLACSO Libros.

Borrás Betriu, R. (1999). *Los últimos Borbones: de Alfonso XIII al príncipe Felipe*. Barcelona: Flor del Viento.

Broad, D. (1993). "Revolution, counterrevolution, and imperialism: ¡La lucha continúa!". *Latin American Perspectives* 77, 20(2), 6-20.

Brockett, C. D. (2005). *Political Movements and Violence in Central America*. Nueva York, NY: Cambridge University Press.

Bruckmann, M. y Dos Santos, T. (2006). "Los movimientos sociales en América Latina: un balance histórico". *Prokla*, 142(1). Recogido de *Mémoire des Luttes* www.medelu.org.

Bruckmann, M. (2009). "Civilización y modernidad: el movimiento indígena". *Agencia Latinoamericana de Información*, 3 de agosto. Recogido de www.alainet.org.

– (2011). *Recursos naturales y la geopolítica de la integración suramericana*. Recogido de www.cronicon.net/paginas/Documentos/Libro-Bruckmann.pdf.

Burroughs, J. (1987). *Cuba: In the shadow of doubt*. Nueva York, NY: Filmmakers Library.

Calle 13 (2010). "Latinoamérica". *Entren los que quieran*. Sony U.S. Latin.

Camacho, D. y Menjivar, R. (coords.). (1989). *Los movimientos populares en América Latina*. México: Siglo xxi y Universidad de las Naciones Unidas.

Cameron, M. A. (1998). *Democracy and Authoritarianism in Peru: Political Conditions and Social Change*. Nueva York: St. Martin's Press.

Carranza, M. M. (1997). *El canto de las moscas (versión de los acontecimientos)*. Bogotá: Arango Editores.

Carvajal, P. y Casas, J. M. (2005). *Memoria socialista: 125 años*. Madrid: Temas de Hoy.

Castaño, P. y Trujillo, A. (1990). *Las otras guerras de la coca*. Documental de Colombia: Equal Media Productions.

Castro Caycedo, G. (2013). *La tormenta*. Bogotá: Editorial Planeta Colombiana, S.A.

Castro Ruz, R. (2014). "Alocución de Raúl Castro anunciando el restablecimiento de relaciones diplomáticas entre Cuba y Estados Unidos". *Red Voltaire*, 17 de diciembre. Recogido el 18 de diciembre de 2014 de www.voltairenet.org.

Cebrián, J. L. (2003). *Franco Moribundia*. Madrid: Alfaguara.

Ceceña, A. E. (coord.). (2006). *Los desafíos de las emancipaciones en un contexto de militarización (Antología)*. Buenos Aires: CLACSO Libros.

CEPAL (2010). *La República Popular China y América Latina y el Caribe: hacia una relación estratégica*. Santiago de Chile: Autor.

Chase Brenes, A. (1985). *Armas de la luz: antología de la poesía contemporánea de la América Central*. San José, Costa Rica: DEI

Coordinadora Andina de Organizaciones Indígenas (2006). *Declaración de Cuzco*. 17 de julio. Recogido el 15 de septiembre de 2014 de www.alainet.org.

Corcuera, J. (s.a.). "En Colombia: la voz de las piedras". *Invisibles*. Documental, parte 1/3, España: 2tve. Recogido el 30 de diciembre de 2014 de https://www.youtube.com/watch?v=eaADfhAGcC8.

Coronado, J. (2009). *The Andes Imagined: Indigenismo, Society, and Modernity*. Pittsburgh, PA: University of Pittsburgh Press.

Crassweller, R. D. (1966). *Trujillo: The Life and Times of a Caribbean Dictator*. Londres: Macmillan.

Cuerda, J. L. (2011). *La lengua de las mariposas*. España: Sotegel.

Cullather, N. y Gleijeses, P. (1999). *Secret History: The CIA Classified Account of Its Operations in Guatemala 1952-1954*. Stanford: Stanford University Press.

Danner, M. (1994). *The Masacre at El Mozote: A Parable of the Cold War*. Nueva York, NY: Vintage Books.

Dávalos, P. (comp.) (2005). *Pueblos indígenas, Estado y democracia*. Buenos Aires: CLACSO Libros.

De Arístegui, G.(2005). *La Yihad en España: la obsesión por reconquistar Al-Ándalus*. Madrid: La Esfera de los Libros.

Delcrow, R. y Sharpe, J. (1999). *In the Company of Fear*. Documental, Canadá: Reel-Myth Productions, Inc.

Dos Santos, T. (2004). *Economía mundial: la integración latinoamericana*. México: Editorial Plaza & Janés.

El Tri (1996). "Hoyos en la bolsa". *Hoyos en la bolsa*. Warner Bros.

Enríquez, C. y Oliva, E. (2014). *Felipe y Letizia, Reyes de España. Una monarquía del siglo XXI*. Aguilar.

Esteban, A. (2011). *De Gabo a Mario: el boom latinoamericano a través de sus premios Nobel*. Nueva York, NY: Vintage Español.

Estrada, L. (1999). *La ley de Herodes*. México: Bandidos Films.

Eyre, P. (2011). *La soledad de la Reina*. [Madrid], La Esfera de los Libros.

Farber, S. (2014). "The future of the Cuban Revolution". *Jacobin*, 5 de enero. Recogido el 5 de mayo de 2014 de https://www.jacobinmag.com/2014/01/the-cuban-revolution.

Follari, R. (2003). "La crisis argentina y la política de los medios masivos". *Comunicação & Política*, 10(2): 49-130.

Fritz, S. (1994). "Dreams ensnared: the Dominican migration to New York". Nueva York: Cinema Guild [distribuidor].

Fuentes, C. (1999). *The Buried Mirror*. Nueva York: Houghton Mifflin Company.

Gaitán, O. L. (2014). "Colombia: la construcción de sentencias de Justicia y Paz y de la 'parapolítica'". *Centro Internacional para la Justicia Transicional* (ICTJ). Junio. Bogotá: Opciones Graficas Editores LTDA.

García Abad, J. (2005). *Adolfo Suárez: una tragedia griega*. [Madrid], La Esfera de los Libros.

García Berlanga, L. (1953). *Bienvenido Míster Marshall*. España: UNINCI.

García Cárcel, R. (2011). *La herencia del pasado: las memorias históricas de España*. Barcelona: Galaxia Gutenberg.

Gill, L. (2004). *The School of the Americas: Military Training and Political Violence in the Americas*. Durham, NC: Duke University Press Books.

Gómez, M. (2008). *Colombia vive*. Bogotá: Caracol Televisión y Revista Semana.

Gonzales Olarte, E. (1993). "Economic stabilization and structural adjustment under Fujimori". *Journal of Interamerican Studies and World Affairs*, 35(2): 51-80.

González, F. y Cebrián. J. L. (2001). *El futuro no es lo que era: una conversación*. Madrid: Aguilar.

González Bermúdez, J. F. (2013). "El neoliberalismo y la historia del saqueo económico de América Latina: los casos de México, Brasil, Argentina y Chile". *Observatorio de la Economía Latinoamericana*, 177. Recogido el 30 de diciembre de 2014 de www.eumed.net/cursecon/ecolat/la/13/neoliberalismo-historia-saqueo-economico-america-latina.html.

González Iñárritu, A. (2010). *Biutiful*. España: Cha Cha Cha Films.

González, G. G. (2013). *Chicano Education in the Era of Segregation*. Reimp. Denton, TX: University of North Texas Press.

Guillén, N. (1967). "Che comandante". Cuba: *Revista Bohemia*, 20 de octubre.

Gutiérrez, G. (1975). *Teología de la liberación: perspectivas*. 7.ª ed. Salamanca: Ediciones Sígueme.

Gutiérrez Alea, T. (1968). *Memorias del subdesarrollo*. Cuba: ICAIC.

Guzmán Pardo, T. (coord.) (2012). "Pueblos indígenas, dialogo entre culturas". *Colección Cuadernos INDH*. Programa de las Naciones Unidas para el Desarrollo. Recogido el 30 de noviembre 2014 de http://pnud.org.co.

Guzmán, P. (1997). *Chile, obstinate memory*. (Videorecording). Nueva York, NY: First Run/Icarus Films.

Gwynne, R. y Cristobal, K. (2004). *Latin America Transformed: Globalization and Modernity*. Londres: Arnold, Oxford University Press.

Hayden, T. (ed.). (2001). *The Zapatista Reader*. Nueva York: Nation Books.

Hernández, P. (2002). *Herencia*. Argentina: Azpeica Cine.

Hershberg, E. y Rosen, F. (eds.). (2006). *Latin America after Neoliberalism: Turning the Tide in the 21st Century?* Nueva York: The New Press.

Holden, R. y Zolov, E. (eds.). (2002). *Latin America and the United States: A Documentary History*. Nueva York: Oxford University Press.

Iglesias, M. A. (2003). *La memoria recuperada: lo que nunca han contado Felipe González y los dirigentes socialistas*. Madrid: Aguilar.

Jarabedepalo (2001). "En lo puro no hay futuro". *De vuelta y vuelta*. EMI Music.

Kamins, M. (prod.) (1995). *A Mi Raza: The Writings of Sabine Ulibarri*. Performed by Sabine Ulibarri. New Mexico PBS.

Korsbaek, L. y Sámano-Rentería, M. A. (2007). "El indigenismo en México: antecedentes y actualidad". *Ra Ximhai*, 3(1): 195-224.

Kozloff, N. (2006). *Hugo Chavez: Oil, Politics, and the Challenge to the U.S.* Nueva York, NY: St. Martin's Press.

Landler, M. y Gordon, M. R. (2014). "Journey in a world of popes and spies overcame years of Diplomatic Discord". *The New York Times*, 18 de diciembre.

Lecchi, A. (1996). *El dedo en la llaga*. Argentina-España: Fernando Colomo Producciones Cinematográficas S.L., Kompel Producciónes y Mandala Films.

Leguina, J. (2005). *Recuerdos casi políticos*. Madrid: Santillana.

Los Lobos (1976). "Huelga en general". *Desde el principio*. RMM Records & Video.

Luis Miguel (2004). "México en la piel". *México en la piel*. Warner Music Latina.

Machín Sosa, B., Roque Jaime, A. M., Ávila Lozano, D. R., y Rosset, P. M. (2010). *Revolución Agroecológica: el Movimiento de Campesino a Campesino de la ANAP en Cuba*. La Habana: Asociación Nacional de Agricultores Pequeños. Recogido el 5 de enero de 2015 de www.viacampesina.org/downloads/pdf/sp/2010-04-14-rev-agro.pdf.

Maná (2002). "Pobre Juan". *Revolución de amor*. WEA International.

Mandoki, L. (2004). *Voces inocentes*. México: Altavista y Santo Domingo Films.

Mantilla, A., Houghton, J., Caviedes, M., Novoa, E., Vélez, G., Fajardo, D., Bartra, A. y Pickard, M. (2007). *TLC y pueblos indígenas: entre el saqueo y la resistencia*. Bogotá, DC: Ediciones Antropos Ltda.

Manu Chao (2000). "Clandestino". *Clandestino*. Virgin Records.

Marc Anthony (1999). "Preciosa". *Desde un principio*. RMM Records & Video.

– (2013). "Vivir mi vida". *3.0*. Sony Music Latin.

Martín Gaite, Carmen (1978). *El cuarto de atrás*. Madrid: Editorial Destino.

McSherry, P. (2005). *Predatory States: Operation Condor and Covert War in Latin America*. Lanham, MD: Rowman & Littlefield Publishers.

Menéndez Rodríguez, M. (1982). *El Salvador: el porqué de esta guerra*. 2.ª ed. Bogotá: Oveja Negra.

Mercader Martínez, M. (1974). *Cristianismo y revolución en América Latina*. México: Editorial Diógenes S.A.

Meyssan, T. (2014). "Comunicado de la Secretaria de Estado en el restablecimiento de las relaciones entre Cuba y los Estados Unidos". *Red Voltaire*. 17 de diciembre. Recogido el ****** de www.voltairenet.org.

Meza, A. (2014). "Resumen del año: la inflación, la escasez y el precio del petróleo lastran a Venezuela". *El País (Internacional)*, 26 de diciembre. Recogido el 26 de diciembre de 2014 de http://internacional.elpais.com.

Miroff, N.(2014). "In Colombia, a palm oil boom with roots in conflict". *Washington Post*, 20 de diciembre. Recogido el 20 de diciembre de 2014 de www.washingtonpost.com.

Miroff, N.(2014). "Ecuador's popular, powerful president Rafael Correa is a study in contradictions". *Washington Post*, 15 de marzo. Recogido el 16 de marzo de 2014 de www.washingtonpost.com.

Molano, A. (2012). *Desterrados: crónicas del desarraigo*. 9.ª reimp. Bogotá: Prisa Ediciones.

Molineu, H. (1990). *U.S. Policy toward Latin America*. Boulder, CO: Westview Press.

Montero, R. (1979). *Crónicas del desamor*. Madrid: Editorial Debate.

Morales Campos, E. (coord.) (2006). *Infodiversidad y cibercultura: globalización e información en América Latina*. Buenos Aires: Alfagrama Ediciones.

Morán, G. (2009). *Adolfo Suárez: ambición y destino*. Madrid: Editorial Debate.

Morel, A. y su Orquesta (s.a.). *Mataron al Chivo. Folklore de Santo Domingo*.

Morrison, F. M. (1994). *Children of Zapata*. Canadá: Canadian Broadcasting Corporation.

movimientos sociales. Buenos Aires: CLACSO Libros.

Muñoz, C. (2007). *Youth, Identity, Power: The Chicano Movement*. New York, NY: Verso.

Nino Bravo (1972). "Libre". *Mi tierra*. Fotogram.

Obama, B. (2014). "Alocución de Barack Obama anunciando la normalización de relaciones de Estados Unidos con Cuba". *Red Voltaire*, 17 de diciembre. Recogido el 18 de diciembre de 2014 de www.voltairenet.org.

Ocampo López, J. (1987). *Historia de la cultura hispanoamericana: siglo xx*. Bogotá: Plaza & Janes.

Onaindía, M. (2001). *El precio de la libertad*. Madrid: Espasa Hoy.

– (2004). *El aventurero cuerdo*. Madrid: Espasa Hoy.

Onega, F. (2015). *Juan Carlos I: el hombre que pudo reinar*. Barcelona: Plaza & Janés.

Ozeki, N. (2011). *Mamitas*. Right Brain Films.

Pastrana, A. (2005). *La palabra bajo fuego*. Bogotá: Editorial Planeta Colombiana, S.A.

Paz, O. (2003). *El laberinto de la soledad*. 10.ª ed. Madrid: Ediciones Cátedra.

Piñeyro, M. (2005). *El método*. Tornasol Films.

Preston, P. (2011). *Franco: Caudillo de España*. Barcelona: DeBolsillo.

Preston, P. (2011). *Juan Carlos I: el Rey de un pueblo*. Barcelona: DeBolsillo.

Priest, D. (2013). "Covert action in Colombia: U.S. intelligence, GPS bomb kits help Latin American nation cripple rebel forces". *The Washington Post*, 21 de diciembre. Recogido el 30 de diciembre de 2013 de www.washingtonpost.com.

Puebla, C. (1980). *Carlos Puebla y Los Tradicionales*. La Habana, Cuba: Areito.

Radomila, L. J. (2011). *Heritage Hispanic-American Style/Patrimonio hispanoamericano*. Ed. bilingüe. Novato, CA: Vinceró Enterprises.

Ramírez, P. J. (2004). *El desquite: los años de Aznar (1996-2000)*. Madrid: La Esfera de los Libros.

Ramos Alva, A. (2005). *El Estado hemisomo: crítica y alternativa al estado neoliberal*. Lima: Génesis.

– (1998). *Escalinatas y Peldaños: VERVIR, Versificación Virtual*. Lima: Editorial Idegraf.

– (1990). *Haya de la Torre, creador y visionario*. Lima: IDEA.

– (1986). *Siete tesis equivocadas del marxismo-leninismo sobre Indoamérica*. 6.ª ed. Lima: Instituto de Estudios Antimperialistas.

Ramos Alva, A. y Ramos-Harthun, J. (2011). "La banca de consumo". *VERVIR: Una nueva manera de leer y escribir poesía*. Pennsylvania: Infinity Publishing.

– (2011). "Neoliberalismo". *VERVIR: Una nueva manera de leer y escribir poesía*. Pennsylvania: Infinity Publishing.

Reid, M. (2007). *Forgotten Continent: The Battle for Latin America's Soul*. New Haven, CT: Yale University Press.

Reyes, E. (2014). "Un senador de la izquierda acusa a Uribe de nexos con el narco y el paramilitarismo". *El País*, 18 de septiembre. Recogido el 6 de octubre de 2014 de http://internacional.elpais.com.

Riggen, P. (2007). *La misma luna*. Fox Searchlight Pictures, The Weinstein Company.

Rosana (2009). "Llegaremos a tiempo". *A las buenas y a las malas*. Warner Music.

Rubio. M. J. (2012). *Reinas de España: Siglos XVIII-XXI: De María Luisa de Saboya a Letizia Ortiz*. Madrid: La Esfera de los Libros.

Rueda, A. (2014). *Franco*. Madrid, Nowtilus.

Sabina, J. (2009). "Crisis". *Vinagre y rosas*. Sony BMG.

Sánchez Arévalo, D. (2013). *La gran familia española*. España: Atípica Films.

Sanchez, G. J. *Becoming Mexican American: Ethnicity, Culture and Identity in Chicano Los Angeles, 1900-1945*. Nueva York, NY: Oxford University Press.

Sánchez-Toledo, A. C. (2009). "Migración y desarrollo. El caso de América Latina". *Contribuciones a las Ciencias Sociales*, noviembre de 2009, www.eumed.net/rev/cccss/06/acst.htm.

Scharfenberg, E. (2014). "La oposición venezolana convoca a una gran marcha contra la violencia". *El País*, 16 de febrero. Recogido el 20 de febrero de 2014 de http://internacional.elpais.com/internacional/.

Schulz, D. E. (1993). "The United States and Cuba: from strategy of conflict to constructive engagement". *Journal of Interamerican Studies and World Affairs* 35(2): 81-102

Semana (2014). "Las víctimas del conflicto son más de 6.8 millones". *Semana (Nación)*, 29 de diciembre. Recogido el 30 de diciembre de 2014 de www.semana.com/nacion/.

— (2015). "Medio ambiente: del infierno al paraíso". *Semana (Nación)*, 4 de enero: 34-35.

Serra, L. (1993). "Democracy in times of war and socialist crisis: reflections stemming from the Sandinista Revolution". *Latin American Perspectives*, 77, 20(2): 21-44.

Shorris, E. (1992). *Latinos: A Biography of the People*. Nueva York, NY: W.W. Norton & Company, Inc.

Solanas, F. (2004). *Memoria del saqueo*. Argentina, Francia, Suiza: Cinesur S.A., ADR Productions, Thelma Film AG.

Sosa, M. (1993). "Canción con todos". *Mercedes Sosa 30 años*. Buenos Aires: Polygram Discos S.A.

Stokes, D. (2005). *America's Other War: Terrorizing Colombia*. Londres: Zed Books.

Tamames, R. (1977). *La República. La era de Franco*. Madrid: Alianza Editorial Alfaguara.

The Economist (2014). "A conversation with President José Mujica". *Author, August 1st*. Recogido el 25 de agosto de 2014 de www.economist.com/blogs/americasview/2014/08/uruguay.

Tijoux, Ana (2013). "No al TPP". https://www.youtube.com/watch?v=OBLtU-X5oVk.

Tono, Lucía (1995). "La poesía de María Mercedes Carranza: palabra, sujeto y entorno". En Jaramillo, M. M., Osorio de Negret, B., y Robledo, A. I. (eds.), *Literatura y diferencia: escritoras colombianas del siglo xx*, 2. Bogotá, Medellín: Uniandes, Universidad de Antioquia. pp. 16-47.

Torres, F. (2012). "¿Qué es el convenio UPOV91 y por qué nos debe preocupar?: El peligro de los transgénicos crece, debido al lobby en Chile". *Veoverde*, 18 de mayo. Recogido el 15 de septiembre de 2014 de https://www.veoverde.com.

United States Government (1975). *United States and Chile during the Allende Years, 1970-1973*. Hearings before the Subcommittee on Foreign Affairs House of Representatives. Washington: U.S. Government Printing Office.

Urbano, P. (2011). *El precio del trono: biografía de Juan Carlos I*. Barcelona: Planeta.

– (2014). *La gran desmemoria: lo que Suárez olvidó y el Rey prefiere no recordar*. Barcelona: Planeta.

Vargas Hernández, J. G. (2001). "La transición económica y política del Estado mexicano en el umbral del siglo xxi: Del Estado empresario al Estado de empresarios". *Revista Mad*, 4. Departamento de Antropología. Universidad de Chile.

Vargas, Z. (2010). *Crucible of Struggle: A History of Mexican Americans from the Colonial Period to the Present Era*. Londres: Oxford University Press.

Vargas Llosa, M. (2000). *La Fiesta del Chivo*. Madrid: Santillana Ediciones Generales, S.L.

Villareal, J. A. (1989). *Pocho*. 2.ª ed. New York, NY: Anchor Books.

Vivanco, J. M. & Schoening, M. (2014). "Colombia's compromise with murder". *The New York Times*, 12 de noviembre. Recogido el 27 de noviembre de 2014 de www.nytimes.com.

Von Wobeser, G. (coord.) (2010). *Historia de México*. México, DF: Fondo de Cultura Económica.

Wadhwani, A. (2014). "Illegal immigrants prepare for application process". *The Tennessean*, 28 de noviembre.

Wiarda, H. J., y Kline, H. F. (eds.) (2013). *Latin American Politics and Development*. 8.ª ed. Boulder, CO: Westview Press, Inc.

– (2011). *American Foreign Policy in Regions of Conflict: A Global Perspective*. Nueva York, NY: Palgrave Macmillan.

Wilkinson, D. (2002). *Silence in the Mountain: Stories of Terror, Betrayal, and Forgetting in Guatemala*. Boston, MA: Houghton Mifflin.

Williamson, E. (2009). *The Penguin History of Latin America*. London: Penguin Group.

Wilson, M. (2010). "Colombia: Latin America's, if not the world's, capital of internally displaced people". *Council on Hemispheric Affairs*, comunicado de prensa, 5 de mayo. Recogido el 5 de noviembre de 2014 de www.scoop.co.nz/stories/WO1005/S00098.htm.

Zarsky, L. (ed.) (2002). *Human Rights and the Environment: Conflicts and Norms in a Globalizing World*. Nueva York, NY: Earthcan Publications LTD.

Índice de autores y canciones, películas y textos literarios